壹
卷
YE BOOK

洞　见　人　和　时　代

艺术史：事实与视角
王家葵 贺宏亮 主编

西西里访古纪行

刘皓明 著

四川人民出版社

图书在版编目（CIP）数据

西西里访古纪行/刘皓明著. -- 成都：四川人民出版社, 2024.4
（艺术史：事实与视角/王家葵, 贺宏亮主编）
ISBN 978-7-220-13496-8

Ⅰ.①西… Ⅱ.①刘… Ⅲ.①西西里岛—地方史 Ⅳ.①K546.9

中国国家版本馆CIP数据核字（2023）第180314号

XIXILI FANGGU JIXING
西西里访古纪行

刘皓明 著

出 版 人	黄立新
策划统筹	封 龙
责任编辑	封 龙 苏 玲 石 龙
版式设计	张迪茗
封面设计	周伟伟
责任印制	周 奇
出版发行	四川人民出版社（成都市三色路238号）
网 址	http://www.scpph.com
E-mail	scrmcbs@sina.com
新浪微博	@四川人民出版社
微信公众号	四川人民出版社
发行部业务电话	（028）86361653 86361656
防盗版举报电话	（028）86361661
照 排	四川胜翔数码印务设计有限公司
印 刷	成都东江印务有限公司
成品尺寸	170mm × 240mm
印 张	18.625
字 数	260千
版 次	2024年4月第1版
印 次	2024年4月第1次印刷
书 号	ISBN 978-7-220-13496-8
定 价	108.00元

■版权所有·侵权必究
本书若出现印装质量问题，请与我社发行部联系调换
电话：（028）86361656

如今在岛上请播种奥林波山之主宙斯
赠与斐耳色丰奈的光华,他向她的
秀发颔首应许,将会推举多产的西西里
为肥沃土地的翘楚,让她由于富赡至极而得受抬举

——品达

没有西西里的意大利在心灵里是无法成像的:这里是初启一切的钥匙

——歌德

序

    2021年春，我来到位于德国西南的古城特里尔市的特里尔大学从事诗歌研究。随着夏季的到来，新冠疫情略显缓解，欧洲以内的国际旅行限制得以放松，我趁这个机会于6月下旬到7月上旬前往西西里和南意大利作了一次访古旅行。旅行结束回到德国后，我便着手开始把其中的西西里一段以游记的形式记录下来。由于冗务繁忙，写作的过程断断续续，全书直到一年以后才告完成。

    去西西里访古的想法产生于近年来我对古希腊诗人品达的翻译与研究，因为在此期间我深刻地感到，陆游的"纸上得来终觉浅，绝知此事要躬行"的古训若放在攻读希腊文艺上面是尤其中肯的：不踏上品达曾经到过、在作品中多方歌颂过的西西里，就不可能真正领会占其现存完整作品一大部分的与西西里有关的诗作。在西西里一趟走下来，果然觉得不虚此行，而且在这次访古之行中，我收获之丰富，超过了原来的预期。这些超过的部分就包括，我一路上的所见不仅仅限于西西里的古希腊遗迹，除了与品达直接或间接相关的古代遗迹外，我在西西里（乃至随后在南意大利）之行中对拜占庭—诺曼时期、文艺复兴后期和巴洛克时期的建筑艺术也给予了特别的关注。这些见闻都在这部纪行中得到了反映。书中除了对这些西西里的古代和近代建筑本身进行描述和评论外，还尽可能地将它们与我自幼见到过的中国开埠城市（特别是我的故乡天津）中的西洋或中西合璧式的相关建筑联系起来。这样做的目的一是想以此显示西方建筑艺术传统的连续性及其在陌生文化中,特别是在后殖民时代的命运,二是想为天津、上海等地修建于二十世纪上半叶的这些历史建筑的艺术价值呈上一份艺术史的证词。由于其中天津的这些建筑和景观大多已遭毁灭或毁灭性损坏,我也意欲借此向那些曾经装饰了我的故乡和童年世界的珍贵的建筑艺术品献上一份灌以乡愁和伤逝的薄奠。

如果说作为一种文体,纪行必然要以记叙和描述作为其主要表达手段,而不是人们通常从学者们那里所期待的论说式陈述,我以为这样的描述比论说文体要更适合揭示这部纪行所讨论的艺术的真理。就像瓦尔特·本雅明早就指出的那样:"哲学思维的王国并不是在连续不断的线性概念的演绎中演化出来的,而是在对一个观念世界的描述中逐渐形成的。它的实现是通过把每个观念重新当作本源的来开始的。因为这些观念构成了一个不可削减的多。"观念对于本雅明来说就等同于体现在具体的对象上的理念,换句话说,就等同于象征。在这个意义上,这部纪行中对沿途景物的描述,对这些景物的追根溯源,其最终目的在于要呈现出一个包含了诗歌、建筑、造型艺术和历史的观念世界甚至象征世界。对一件艺术品的共时性描述与对它以及与之相关的一切的历时性——既包括其前史也包括其后续——的叙述仿佛一经一纬织出了作为观念的艺术品的完整性。在这个意义上,作为一次旨在追寻品达的踪迹的访古旅行的记载,这部纪行便是在一种非常广泛的意义上为品达的相关诗歌提供的整体性刻画,又由于它所记录的不仅限于古希腊遗迹,因此它在实际上也是对作为观念世界存在的西西里的刻画。

书中作为文字描述图解的照片,除少数几幅外,大都是我这次在西西里一路上随手拍摄的,少量照片是我不同时期在罗马、希腊德尔菲、天津和上海等地拍摄的。书中还有个别照片不是我亲自拍摄的,而是委托我的学生和朋友们代拍的,这些学生和朋友分别是钱亦蓓、孙兆祺、王艺煊和李靖,凡属他人拍摄的照片,在图片下面都一一注明了拍摄者,作者在此向她们一并致谢。我的学生梁津铭在书稿准备阶段帮我做了很多校对工作，在此也表示感谢。最后，我要特别感谢我的老友白谦慎教授，"艺术史：事实与视角"丛书主编贺宏亮先生，以及四川人民出版社壹卷工作室的封龙先生，是他们的热心和专业精神促成了本书能以这种图文并茂的形式与读者及早见面。

刘皓明

2022年9月15日于美国纽约

目 录

卡塔尼亚（卡塔奈），2021年6月25日晚 / 001

卡塔尼亚机场— 斯台西库洛和品达— 西西里之行的筹划— 路线和导游— 斯台西库洛广场和罗马角斗场— 圣母神龛—《乡村骑士》间奏曲

卡塔尼亚（卡塔奈），6月26日 / 015

老电梯— 古希腊时代的卡塔尼亚— 建筑的前脸和山墙— 在世修士会宗座圣殿— 抬十字架路— 圣本笃修道院跨街拱楼— 古罗马剧场— 主教座堂广场和象驮尖碑喷泉— 尖头棱体石碑的广泛应用— 圣亚加大主教座堂— 圣亚加大修会堂— 远眺埃特纳火山— 意大利矿泉水和餐饮业的行规— 阿墨纳诺喷泉— 马志尼广场— 乌尔西诺城堡— 旧房子和城市记忆— 鱼市— 卡塔尼亚大学

纳克所，陶耳米纳，埃特纳火山，叙剌古，6月27日 / 065

租车上路— 西西里的高速公路— 近观埃特纳火山喷发— 纳克所海滩— 驾车登山迷路— 陶耳米纳— 科尔瓦亚宫— 古代剧场遗址·歌德的描述— 俯瞰伊奥尼亚海— 古罗马水师馆遗址— 在开往埃特纳火山顶的路上半途而废— 叙剌古的傍晚

叙剌古，6月28日 / 091

古希腊时代的叙剌古 — 俄耳图癸亚岛阿波罗神庙— 叙剌古主教座堂广场— 至圣玛利亚诞生主教座堂— 古朴的罗曼式内堂— 雅典娜神庙— 从希腊神庙到基督堂— 主教座堂广场下的考古发现— 圣路济亚修会堂— 阿惹推撒泉— 马尼亚刻堡垒— 使徒圣伯多禄堂— 叙剌古的现代城区— 叙剌古遗迹公园— 狄奥尼西奥之耳— 古希腊剧场遗址— 泉水姹女洞窟— 希厄戎二世祭台— 罗

目 录 | i

马角斗场— 圣奥古斯丁论戒除观赏角斗之瘾— 阿基米德墓— 考古博物馆闭馆— 推迟的午餐

阿格里真托（阿克剌迦），6月29日 / 139
古代叙剌古周边的城邦— 叙剌古荒废的古罗马裸练场遗址— 西西里夏季的乡野一片枯黄— 阿格里真托的神庙谷— 赫剌神庙— 歌德的记载— 同心神庙— 古迹修复与存古— 赫剌克勒庙— 台戎陵— 奥林匹亚宙斯神庙— 石雕大力士人形柱— 宙斯双子庙— 灵魂转世：恩培多克勒、品达、荷尔德林— 离开遗迹公园在阿格里真托入住酒店— 游览阿格里真托老城— 圣灵修道院— 圣洛伦佐堂— 圣哲耳兰多主教座堂— 二十世纪七八十年代的欧洲生活

色林农特（色利努），色各斯塔（厄各斯塔），巴勒莫（帕诺耳谟），6月30日 / 184
古代的色林农特— 色林农特遗址公园— 色林农特古城东坡神庙E— 神庙F— 神庙G— 从东坡摆渡到卫城— 卫城神庙群：神庙O、A和B— 神庙C— 神庙D— 荷尔德林和黑格尔关于古代废墟的论述— 神庙区后面的古代街区— 色各斯塔— 色各斯塔古代剧场— 色各斯塔神庙— 色各斯塔与叙利亚的棕榈城— 在驶往巴勒莫的路上

巴勒莫（帕诺耳谟），7月1日 / 215
机场还车— 洗衣店和文具店— 巴勒莫考古博物馆— 腓尼基人石棺— 色林农特神庙Y陇间壁浮雕— 色林农特神庙C陇间壁浮雕— 色林农特神庙C山花高耳戈陶塑— 色林农特神庙E陇间壁浮雕— 四区路口— 先导广场和先导大水法— 歌德的批评— 圣迦塔尔德堂— 圣加大肋纳堂

尾声：巴勒莫（帕诺耳谟），7月2日 / 256
水师提督的圣玛利亚堂——戴蒂尼会圣若瑟堂——博洛尼亚广场——维拉弗兰卡的阿利亚塔官府——韦伯斯特和亨利·詹姆斯——巴勒莫新圣母主教座堂——诺曼王宫——王宫礼拜堂——独修者若望堂和修道院

图版目录

卡塔尼亚（卡塔奈），2021年6月25日晚 / 001

图1：卡塔尼亚的斯台西库洛广场（Piazza Stesicoro）前的古罗马遗址，现代添加的右面的墙上铭刻着介绍古希腊诗人斯台西库洛的文字
图2：斯台西库洛广场，背后是十八世纪的教堂圣比亚吉奥堂
图3：以西西里的著名歌剧作曲家命名的贝利尼广场位于斯台西库洛广场对面
图4：前景是卡塔尼亚的古罗马角斗场遗迹，背后是圣比亚吉奥堂
图5：位于德国古城特里尔的古罗马角斗场遗址
图6：罗马城里的古罗马角斗场遗迹（图中后景）外观
图7：罗马城里的古罗马角斗场遗迹内景
图8：改造中的天津民园体育场
图9：卡塔尼亚破败的街道
图10：卡塔尼亚的圣婴堂
图11：卡塔尼亚街头的圣母神龛
图12：卡塔尼亚街头夜景

卡塔尼亚（卡塔奈），6月26日 / 015

图13：官府式酒店内的老式电梯
图14：朝阳初照下的卡塔尼亚的埃特纳路
图15：卡塔尼亚埃特纳路边的大天使圣米迦勒堂并方济各会小兄弟修院
图16：旧时天津东马路街景，右边两座建筑上面都有山墙甚至山花
图17：卡塔尼亚的在世修士会宗座圣殿的巴洛克式前脸
图18：罗马的四泉圣嘉禄堂是一座巴洛克式经典建筑，教堂街角的雕像是环路口的四尊四泉雕刻之一
图19：从卡塔尼亚的修士会道仰望圣本笃堂
图20：卡塔尼亚的修士会道，街边建筑的黑色墙面系火山岩材质，阳台上的铁艺栅

图版目录 | iii

栏也十分讲究

图21： 卡塔尼亚的抬十字架路，路西边远处并排坐落着圣本笃堂和圣方济各·波尔吉亚堂两座巴洛克式教堂，街道的尽头是本笃修道院跨街拱楼

图22： 卡塔尼亚的抬十字架路西边的圣方济各·波尔吉亚堂前脸（图中近处）和圣本笃堂前脸（图中远处）

图23： 卡塔尼亚的抬十字架路西边的圣本笃堂前脸

图24： 天津圣路易堂，巴洛克式前脸（李靖　摄）

图25： 圣方济各·波尔吉亚堂前脸下层细部

图26： 卡塔尼亚的抬十字架路东边的圣朱利亚诺堂

图27： 本笃修道院跨街拱楼近景

图28： 从本笃修道院跨街拱楼下眺望圣方济各广场

图29： 卡塔尼亚的抬十字架路西边的圣本笃堂内的天使台阶

图30： 卡塔尼亚的圣方济各广场上圣方济各奉始胎无玷堂和卡塔尼亚大主教和红衣主教杜斯梅特纪念碑

图31： 卡塔尼亚的希腊剧场道边的古代剧场残存外围遗迹

图32： 卡塔尼亚的古代剧场内观众席下的通道

图33： 从卡塔尼亚古代剧场眺望圣方济各奉始胎无玷堂的尖顶

图34： 圣亚加大主教座堂

图35： 卡塔尼亚主教座堂广场上的象驮尖碑喷泉

图36： 罗马密涅瓦广场上的大象驮尖头碑雕像，贝耳尼尼作品（1667）（王艺煊　摄）

图37： 贝耳尼尼设计的罗马的四水喷泉

图38： 苏联尼·安·安德列叶夫设计的苏维埃宪法纪念碑（1919），图片据列昂节夫等著《苏维埃俄罗斯美术》冯湘一中译本（1957）

图39： 卡塔尼亚主教座堂内僧侣们举行法事

图40： 卡塔尼亚的圣亚加大修会堂（左）

图41： 从卡塔尼亚的圣亚加大修会堂的穹顶之上的钟楼眺望伊奥尼亚海

图42： 从卡塔尼亚的圣亚加大修会堂穹顶之上的钟楼眺望埃特纳火山

图43： 卡塔尼亚的主教座堂广场西南角的阿墨纳诺喷泉

图44： 卡塔尼亚的马志尼广场西南角

图45： 卡塔尼亚的马志尼广场的东北角的布鲁卡宫，这座官府是路口的四座建筑中唯一保留了十八世纪原貌的建筑

图46： 上海福州路与江西中路四角路口上三座彼此相对、风格相同（艺术装饰风格，Art Deco）的大厦之一，西北角上的第四座系新古典式

图47： 卡塔尼亚的帕耳多府

图48： 卡塔尼亚的奥泰里路街边水果摊

图49： 卡塔尼亚的乌尔西诺城堡（熊堡）

图50： 通往卡塔尼亚的乌尔西诺城堡的铁道天桥

图51： 乌尔西诺城堡前的棕榈树和意大利石松

图52：乌尔西诺城堡前的仙人掌树
图53：乌尔西诺城堡周边破败的民居
图54：铁道拱桥下面已经收摊的鱼市
图55：从主教座堂广场上看到的乌泽达门，建筑上黑色的外墙是用了火山岩砌成的，这是卡塔尼亚建筑的一大特色
图56：卡塔尼亚主教座堂广场边上的象官
图57：象官大门拱洞内陈列的十八世纪马车
图58：卡塔尼亚大学及其前面的大学广场

纳克所，陶耳米纳，埃特纳火山，叙剌古，6月27日 / 065

图59：纳克所的伊奥尼亚海滩
图60：陶耳米纳的街道上悬挂着金银箔条
图61：陶耳米纳的加泰罗尼亚式哥特风格科尔瓦亚官
图62：从卡塔尼亚古代剧场遗址今天的入口处仰望剧场的外墙
图63：陶耳米纳的古代剧场遗址（面向西方）
图64：陶耳米纳的古罗马剧场舞台所在的戏楼背墙的建筑遗存
图65：从陶耳米纳的古罗马剧场东墙外向东眺望伊奥尼亚海
图66：从陶耳米纳的古罗马剧场东墙外向南眺望西西里岛的东海岸线，地平线上右上方是埃特纳火山
图67：陶耳米纳的古罗马剧场观众席上面窑砖砌成的柱廊和外壁
图68：陶耳米纳的古罗马水师馆遗址
图69：从高速公路上回望埃特纳火山
图70：叙剌古的新城区翁贝托大道街景：官府式民用建筑

叙剌古，6月28日 / 091

图71：连接俄耳图癸亚岛（叙剌古老城）与西西里本岛上的现代叙剌古城的桥
图72：叙剌古的俄耳图癸亚岛上的阿波罗神庙遗址
图73：叙剌古的俄耳图癸亚岛上的阿波罗神庙南面石柱残迹
图74：叙剌古的俄耳图癸亚岛上的阿波罗神庙残损的多里亚式石柱，其中右边的那根完整地保留了柱头垫、托檐石以及上面的额枋石；柱身上的柱槽即便考虑了风化的因素仍然可以看出比较浅，柱头垫的造型较扁平，这些都是多里亚风格初期的特征
图75：叙剌古的俄耳图癸亚岛上的阿波罗神庙遗址的东面（正面）残存的台阶、基座和柱座，外柱廊内还有一排石柱，它们之间的空间是前庭
图76：俄耳图癸亚岛上的大海关，从这里进入叙剌古古城

图77：通往叙剌古主教座堂广场的小巷两边房屋的建筑十分精美
图78：叙剌古的俄耳图癸亚岛上的至圣玛利亚诞生都会主教座堂，教堂前面的广场是叙剌古的主教座堂广场
图79：叙剌古的俄耳图癸亚岛上主教座堂广场边上的博斯科官府，在1693年大地震后重建于1779—1788年间
图80：叙剌古的俄耳图癸亚岛上主教座堂广场边上的圣路济亚修会堂
图81：叙剌古至圣玛利亚诞生都会主教座堂巴洛克风格的前脸
图82：上海北京东路190号原沙美大厦的巴洛克风格主导的前脸（钱亦蓓 摄）
图83：叙剌古至圣玛利亚诞生都会主教座堂的诺曼式内堂
图84：叙剌古至圣玛利亚诞生都会主教座堂内原古希腊雅典娜神庙的多里亚式立柱，这些立柱包括托檐石、柱头垫和柱身上的柱槽在内，都保存得十分完整
图85：叙剌古的圣路济亚修会堂的前脸下层正面图
图86：叙剌古的圣路济亚修会堂的前脸下层的侧面图，在大门口两边所立的是所罗门立柱
图87：希腊的德尔菲的阿波罗神庙前的蛇形铜柱，现在立于此处的是2015年仿品，原件在古罗马时代被君士坦丁迁移到君士坦丁堡
图88：梵蒂冈的圣伯多禄教宗座堂内的所罗门立柱，前景中的所罗门式铜柱是文艺复兴后期艺术家贝耳尼尼设计的纯铜圣伯多禄天篷的支柱，但是背景中右边圣龛边上的所罗门石柱是全意大利最早的所罗门立柱，据记载是古罗马皇帝君士坦丁一世自希腊劫来放置于此的
图89：上海四川中路原卜内门化工公司大厦，建筑的上层中心窗边上有半含式所罗门柱装饰
图90：俄耳图癸亚岛上的阿惹推撒泉，水中的草是莎草
图91：俄耳图癸亚岛上的马尼亚刻堡垒
图92：俄耳图癸亚岛上贝洛莫宫地区美术馆
图93：俄耳图癸亚岛上叙剌古市立剧院
图94：俄耳图癸亚岛上最古老的教堂，使徒圣伯多禄堂
图95：使徒圣伯多禄堂内由多重拱券和多重细径壁柱组合而成的拱门
图96：叙剌古新邦古代遗址公园入口
图97：叙剌古保禄·奥尔西地区考古博物馆入口
图98：叙剌古古代遗址公园内的乐园劳役采石场
图99：叙剌古古代遗址公园内的狄奥尼西奥之耳
图100：叙剌古古代遗址公园内被临时演出设施所覆盖的古希腊剧场遗址
图101：叙剌古古代遗址公园内阿波罗寺院山坡
图102：叙剌古古代遗址公园内泉水蛇女洞窟，也叫作妙撒圣所遗址
图103：叙剌古古代遗址公园内的墓街遗址，其所对的前方就是阿波罗寺院遗址
图104：叙剌古古代遗址公园内希厄戎二世祭台
图105：叙剌古古代遗址公园内的古罗马角斗场遗址

阿格里真托（阿克剌迦），6月29日 / 139

图106：电影《教父》中西西里牧羊人的镜头，除了没有看见羊群，我穿过西西里岛中部的A19高速公路时所看到的两旁的风景与此非常相像
图107：抵达阿格里真托遗址公园前的最后一个路口
图108：进入阿格里真托遗址公园后出现的第一座神庙遗址，赫剌神庙的北侧柱廊
图109：阿格里真托遗址公园内的赫剌神庙（从东南角度面向西北方向）
图110：赫剌神庙西端
图111：赫剌神庙北侧南端完整的多里亚石柱以及残缺的托檐石和额枋石
图112：在阿格里真托的遗址公园里从赫剌神庙附近俯瞰同心神庙
图113：同心神庙（东南角度面向西北方向）
图114：同心神庙细部
图115：赫剌克勒庙南侧柱廊
图116：台戎陵
图117：阿克剌迦古城遗迹
图118：奥林匹亚宙斯神庙遗址
图119：法国画家乌埃尔绘：阿格里真托的奥林匹亚宙斯庙遗址 法国巴黎卢浮宫收藏
图120：原奥林匹亚宙斯神庙倾圮的人形柱
图121：本土神明圣所遗址
图122：宙斯双子庙遗址
图123：罗马的古罗马韦斯帕夏庙遗址
图124：图中近处的废墟是神庙L的遗址，在它后面矗立的是宙斯双子庙遗迹，远处的山坡上是现代阿格里真托城
图125：阿格里真托老城中的雅典娜道街景
图126：阿格里真托老城内南北走向的阶梯小巷
图127：阿格里真托的熙笃隐修会圣灵修道院的前脸，前脸下方左边有台阶的门是教堂入口，中间的小门通向修道院的庭院
图128：阿格里真托的圣灵教堂一侧的飞拱垛
图129：阿格里真托的熙笃隐修会圣灵修道院入口
图130：阿格里真托的熙笃隐修会圣灵修道院的拱窗
图131：阿格里真托的熙笃隐修会圣灵修道院内的拱肋
图132：天津安里甘教堂背面的拱券柱廊
图133：美国纽约州凡萨大学小礼拜堂正门（孙兆琪 摄）
图134：阿格里真托老城中的圣洛伦佐堂，也叫作炼狱堂
图135：阿格里真托老城中圣哲耳兰多主教座堂侧面

色林农特（色利努），色各斯塔（厄各斯塔），巴勒莫（帕诺耳谟），6月30日 / 184

图136：色林农特遗址公园里位于东坡上的神庙E
图137：色林农特遗址公园里位于东坡上的神庙E（东北角度）
图138：色林农特遗址公园里位于东坡上的神庙E内部（自正门朝向西方）
图139：色林农特遗址公园里从神庙E遥望神庙F遗迹
图140：色林农特遗址公园里位于东坡上的神庙G废墟，废墟中矗立着的两根立柱中左边的一根是1832年人们打算像神庙E那样重建神庙G时重建的，但是重建计划后来搁浅。照片中位于废墟上方的几个柱鼓上没有柱槽，显示着神庙在古代从未竣工
图141：神庙G废墟中散落的柱头垫（前排左侧）显示其形状相较于建造于多里亚风格初期的叙剌古的阿波罗神庙更为厚实，标志着其风格从上古时代的初期向古典时期的过渡
图142：在色林农特遗址公园里的东坡下面回顾神庙E和神庙G遗址
图143：古色利努卫城遗址，从前面向后依次是神庙O、A和B遗址，最远处露出的檐部是神庙C遗址
图144：色利努古城卫城的神庙A遗址，后面露出的矗立着的立柱和檐部是重建后的神庙C遗迹
图145：色利努古城的卫城遗址中的环壁式神庙R遗址
图146：色利努古城的卫城遗址中的重建后的神庙C遗址（神庙北侧）
图147：色利努古城的卫城遗址中的神庙D废墟
图148：色利努古城的卫城遗址中神庙区后面的居民区遗址
图149：色利努古城的卫城北门内遗址
图150：从色利努古城卫城北门遗址向东眺望东坡的神庙E
图151：色利努古城卫城前方的西西里海
图152：从色利努古城卫城遗址西边的河谷中仰望卫城中的神庙C遗迹
图153：色利努古城的卫城遗址西边的小道，通往产苹果的地母女神圣所或神庙M
图154：色各斯塔古代遗迹公园所在的巴耳巴罗山景
图155：色各斯塔的山上通往古代剧场遗址道边的现代艺术装置
图156：色各斯塔的古希腊时代的剧场遗址（面向西北方向）
图157：色各斯塔的古希腊时代的剧场遗址（面向东北方向），剧院观众席前面的戏楼建筑已荡然无存
图158：色各斯塔的古希腊时代剧场，从原舞台的角度面向南方的观众席
图159：从色各斯塔的古希腊时代的剧场遗址俯瞰古希腊时代的神庙遗址
图160：维修中的色各斯塔的多里亚式神庙
图161：色各斯塔的古希腊时代神庙南侧的柱廊；多里亚式的立柱上没有柱槽，除了立柱下面有柱座石以外，地面上其他部位柱座石缺失，都说明这座神庙在古代尚未竣工便中止了修建

巴勒莫（帕诺耳谟），7月1日 / 215

图162：巴勒莫考古博物馆设在圣伊纳爵堂（右）旁边的司铎祈祷会（左）故址里

图163：巴勒莫考古博物馆藏《顺风的宙斯》雕像，古罗马时代原作，那波利的波旁王朝宫廷雕刻家维拉雷亚莱修补

图164—165：巴勒莫考古博物馆藏腓尼基石棺雕像

图166：巴勒莫考古博物馆藏色林农特神庙Y陇间壁浮雕：人面狮身兽

图167：巴勒莫考古博物馆藏色林农特神庙Y陇间壁浮雕：累陶与她的女儿阿耳太米和儿子阿波罗

图168：巴勒莫考古博物馆藏色林农特神庙Y陇间壁浮雕：宙斯化作公牛劫掠欧罗巴

图169：巴勒莫考古博物馆藏色林农特神庙Y陇间壁浮雕：厄琉西秘仪，参与的三位女神分别是（从左至右）地母逮美底耳、她的女儿哥热和有多重复杂功能的女神贺卡底

图170：巴勒莫考古博物馆藏色林农特神庙Y陇间壁浮雕：日神和月神（或认为是地母逮美底耳与其女儿哥热）一同驭车

图171：巴勒莫考古博物馆藏色林农特神庙C幸存的三幅完整的陇间壁和相间的三陇板

图172：巴勒莫考古博物馆藏色林农特神庙C陇间壁浮雕之一：阿波罗的驷马之乘

图173：巴勒莫考古博物馆藏色林农特神庙C陇间壁浮雕之二：珀耳修（中）斩首墨兑撒（右），左侧站立者是雅典娜

图174：巴勒莫考古博物馆藏色林农特神庙C陇间壁浮雕之三：赫剌克勒肩担倒吊着的林怪科耳叩珀

图175—176：巴勒莫考古博物馆藏色林农特神庙C山花陶塑高耳戈残片和复原图

图177：巴勒莫考古博物馆藏色林农特神庙E陇间壁浮雕：赫剌克勒与亚马逊女武士格斗

图178：巴勒莫考古博物馆藏色林农特神庙E陇间壁浮雕：宙斯揭开赫剌的头纱

图179：巴勒莫考古博物馆藏色林农特神庙E陇间壁浮雕：处女猎神阿耳太米唆使猎人阿克泰翁的猎犬撕咬其主人

图180：巴勒莫考古博物馆藏色林农特神庙E陇间壁浮雕：雅典娜在众癸冈与众神的决战中手戮癸冈之一嗯科拉多

图181：巴勒莫考古博物馆藏色林农特神庙E陇间壁雅典娜浮雕局部一：衣褶

图182：巴勒莫考古博物馆藏色林农特神庙E陇间壁雅典娜浮雕局部二：雅典娜的双足

图183：属于上古晚期的神庙F陇间壁浮雕，众神大战癸冈，左边的是雅典娜和酒神狄奥尼修斯共同作战，右边是雅典娜单独击毙一个癸冈

图184：巴勒莫博物馆藏来自阿格里真托和色林农特神庙的一些其他檐部残片，彩绘的花纹向我们透露了神庙的檐部等处原本是涂有重彩的

图185：巴勒莫老城内马克达道接近四区广场的街景

图186：巴勒莫老城中心四区广场的四角上四座相同建筑之一：西北角的建筑，其中下层的神话寓意雕像主题是夏，中层的历史人物雕像是西班牙国王腓力

二世，上层的宗教圣徒雕像是圣宁法

图187：巴勒莫老城中心四区广场的四角上四座相同建筑之一：东南角的建筑，其中下层的神话寓意雕像主题是冬

图188：罗马四泉路口四角的建筑前脸下方均有一座泉水雕像（1588—1593年修建）（王艺煊 摄）

图189：巴勒莫老城中心的先导广场或称耻辱广场，图中右边（南边）的建筑是元老院宫

图190：先导大水法（面朝西方），背后的教堂是戴蒂尼会圣若瑟堂

图191：巴勒莫老城中心的先导广场上的先导大水法（面朝东北方向）

图192：罗马的三岔口大水法

图193：巴勒莫老城中心的水师提督的圣玛利亚堂

图194：巴勒莫老城中心的圣迦塔尔德堂，教堂所处的高台本是迦太基时代古城墙遗址

图195：圣迦塔尔德堂内的突角穹顶

图196：圣迦塔尔德堂内的祭台

图197：巴勒莫老城内的圣加大肋纳堂的文艺复兴后期风格的前脸

图198：圣加大肋纳堂的巴洛克风格的内堂和天顶壁画

图199：圣加大肋纳堂内玛瑙错金黄铜"景泰蓝"祭台，祭台两边各有一尊镀银天使木雕像

图200：圣加大肋纳堂内位于横殿右端的小礼拜堂，神龛里的雕像是圣加大肋纳

图201：圣加大肋纳堂的正门里面

图202：从圣加大肋纳堂的穹顶外的露台上向南俯瞰贝利尼广场对面的水师提督的圣玛利亚堂（左下方）和圣迦塔尔德堂（右下方）

图203：从圣加大肋纳堂的穹顶外的露台上向西南眺望佩莱格里诺山

图204：从圣加大肋纳堂的穹顶外的露台上俯瞰先导广场和先导大水法

图205：先导大水法设置于第二层侧壁的喷水兽头

图206：慈悲圣亚纳堂巴洛克风格的前脸

尾声：巴勒莫（帕诺耳谟），7月2日 / 256

图207—208：巴勒莫水师提督堂内穹顶上的拜占庭时期的镶嵌画和壁画，图207中正中的圆室部分的壁画是巴洛克时代绘制的，图208是侧殿穹顶上的拜占庭风格彩绘装饰

图209：戴蒂尼堂南面临街的正门

图210：戴蒂尼堂的巴洛克风格内堂

图211：上海外滩原汇丰银行大厦内部用从意大利进口的整块大理石雕凿成的伊奥尼亚立柱

图212：巴勒莫老城中心区的博洛尼亚广场，前景是卡尔五世雕像

图213：巴勒莫的博洛尼亚广场西边的阿利亚塔—弗朗宫破败的大门和族徽（族徽下的纪念牌是后来加上去的，纪念加里波第曾在此下榻）
图214：巴勒莫圣母南门加泰罗尼亚式拱廊
图215：中央圆室外部，建筑风格混合着诺曼、阿拉伯、西班牙哥特式和巴洛克风格
图216：巴勒莫主教座堂正门（西门，在路右）及其一侧的钟楼，正门对面（路左）是大主教官，现为博物馆
图217：巴勒莫的诺曼王宫，建筑中间的部分保留着诺曼时代的原貌
图218：巴勒莫的诺曼王宫内文艺复兴时期增建的三层敞廊内庭
图219：王官礼拜堂内的主祭台及其背后墙壁和拱顶上的镶嵌画
图220：王官礼拜堂内伊斯兰的法蒂玛式屋顶
图221：王官礼拜堂内的布道坛，图中最前面的木雕柱是著名的复活节烛台
图222：独修者若望堂，建筑风格为含有阿拉伯因素的早期诺曼风格
图223：独修者若望修道院花园遗址，拱廊内石砌的小房为阿拉伯式泉

二〇二一年六月二十五日晚

卡塔尼亚（卡塔奈）

读者，请想象你突然被投放到一个陌生的海岛上，发现自己来到一个沐浴在暮霭中的滨海城市，眼前的一切全都笼罩在昏黄、破旧、埃尘和嘈杂中，满眼望去尽是棕榈树、黄色墁灰的墙皮多有脱落的楼屋，墨绿或深褐色的木质百叶窗后或有一位老妇人在俯瞰窗下的街道与行人，轰鸣的摩托车咆哮着，载着青年男女们风驰电掣般驶过，炎热的空气中飘来阵阵淡淡的榕树或类似气味的花香，掩映于房屋与树木之间，不时可以瞥见黄昏下的碧海——这些，朋友，这就是西西里岛上第二大城市卡塔尼亚（Catania），我西西里访古之行的第一站，给我留下的最初印象。

若以国别论，这早已不是我第一次来意大利了，但踏上意大利半岛之外的西西里岛却还是头一回。尽管在抵达之前自以为心里做足了准备，甚至在飞机上还一直在做功课，可是当我拖着行李箱，从卡塔尼亚机场的候机楼出来时，还是感受到一种内外交攻的冲击：视觉、听觉、嗅觉、气温，无不令我瞬间产生一种强烈的时空转换的感觉：从清凉、阴沉、潮湿、人口稀疏但整洁且循规蹈矩的德意志，到炎热、阳光、干燥、熙熙攘攘、脏乱、人流与交通都令人目不暇接的西西里，这是一种天翻地覆的变换，而且这还没有算上语言的变化。抵达时间是将近晚上7点，机场航站楼前的一切，包括三三两两或聚集或游走在楼前广场上的人群,都笼罩在金黄的、暖暖的余晖里,后来我才懂得,这个色调、这种氛围,并不完全是因为黄昏的缘故……

卡塔尼亚机场

　　航站楼前的人们无疑大都是进出航站楼的旅客和迎送他们的亲友,可是这里却完全没有其他机场里常见的匆忙和奔波,人们更像是在三两成群地扎堆儿交谈着,就跟我20年前在翡冷翠见到过的傍晚聚集在Piazza(广场)上聊天的人们别无二致。这种喧嚣和闲暇的完美混合,是意大利,特别是她的南方城市,所独有的气质。这种气质在黄昏的衬托下,让人即刻感受到这里的生活的闲暇和——我为什么要在这儿犹豫了呢——诗意:是的,诗意,一种美国或德国、一种北方国家或以北方新教精神立国的国家都不具备的迷人的情调,一种我很多年前曾在别的地方拥有过,却失去已久的生活的真实的、本真的感觉。

　　在与出售小商品和公交车票的亭子里的工作人员用英语夹杂着意大利语一番沟通之后,我找到了进城的Alibus(机场巴士)的车站。在站前等了一会儿,就有Alibus的班车驶进机场来。车在候车站台前十来米处先停了下来,让目的地是机场的抵达乘客下车,然后再空车驶入候车站台,接进城的乘客。大概因为是晚餐时间,司机要交接班,然而要下班的司机似乎并不急于把车交给接班的司机后便离开,而是两人在交换了驾驶座位后便聊了起来——我稍后才明白,下班的司机大约是要乘返城的车回他在城里的家,所以就一路站在上车门处跟接班的司机说话。他们身着浅蓝色的制服衬衣,但是由于衬衣似乎没有浆过,显得并不挺括,下摆也不扎在裤腰里。这让我想起二十世纪八九十年代北京公交司机夏季穿着的类似的制服衬衣,而且此时其中一个司机在交谈时,手里握着一个水杯,更是像极了北京的公交司机。刹那间,我似乎明白了,为什么在这个时空变换的陌生地方,我打从走出了航站楼,心底里就有了一种难以觉察的安全感、熟悉感和归属感。

图1：卡塔尼亚的斯台西库洛广场（Piazza Stesicoro）前的古罗马遗址，现代添加的右面的墙上铭刻着介绍古希腊诗人斯台西库洛的文字

斯台西库洛和品达

依照意大利的习惯，我已在车站前的售票亭里买好车票。持票上车的时候，告诉了司机我酒店的名字和地址，司机说我应该在Piazza Stesicoro下车。我把司机说出的地名在心里先转写成文字，才恍然意识到，这是个用西西里的古希腊诗人斯台西库洛（Στησίχορος，Stesichorus，约前632或629—前556或553）的名字命名的广场（随后我在以他命名的广场上看到了介绍诗人成就的铭文，图1，遂印证了我的理解）。这听上去是我这次西西里之行的一个吉利

的起点，因为我这次来西西里并非度假，而是冲着古希腊诗歌来的，是为了亲自体验古希腊伟大的抒情诗人品达（Pindaros，约前522或518—前442或438）在诗歌中多所赞颂的西西里的自然和人文。斯台西库洛虽然不是品达，却是与品达一同跻身于古希腊九大抒情诗人之列的大诗人，被认为是在古希腊诗歌史上从荷马向品达过渡过程中的一个关键人物。特别是他第一次给合唱歌引入了正转、反转和副歌这样的三分诗章结构，成为品达歌颂竞技赛会得胜者之歌的最常用的格律和演唱格式。这一诗歌体裁还进而启发了古希腊悲剧的诞生，因为古希腊悲剧中在结构上起重要作用的合唱歌也采纳了这种格律和演唱格式。我想，正像历史上的这位诗人开辟了通向品达的诗歌道路那样，在我的西西里之行中，以他命名的广场将我引向品达曾经踏足、曾经歌颂的地方，岂不是再恰当不过了么？

西西里之行的筹划

这次西西里之行在我的潜意识里已经酝酿了很久。至少在过去3年里，在翻译品达诗歌的时候，我就一直怀着有朝一日要踏上这个位于地中海中央的海岛的愿望。但是具体成行却是在出发前两天才定下来的。我这次在新冠疫情肆虐全球期间来到德国，起初，不要说跨国旅行，就是在德国境内旅行也基本上是不可能的，因为火车虽然还开，入住酒店却需要特殊的许可。所幸随着2021年夏天的到来，欧洲大陆上的多数国家情况好转，放松了旅行限制，跨国境的旅行恢复了，我到西西里一游的愿望这才有可能实现。于是，在我在德国等待疫苗接种（且不论其有效性如何）仍然遥遥无期的情况下，便决定戴好口罩、做好防护，先行朝我向往已久的西西里进发了。不过，远在世界各地的几乎所有的朋友都觉得，我在没有接种疫苗的时候就出去旅游太冒险了，特别是考虑到意大利在2020年春疫情暴发初期，状况曾一度十分严重。可是只有我自己知道，这是我实现这一夙愿的最好时机。我默诵着英语诗歌史上第一首品达式赞歌中的诗句，决定为了品达，甘愿冒些风险：

It is not growing like a tree

In bulk, doth make man better be;
Or standing long an oak, three hundred year,
To fall a log at last, dry, bald, and sere;

那不是像棵树一样，体格
增大便能使人变得更好；
或如一棵橡树三百年长矗立，
最后倒作木头，干秃且枯萎；

感谢网络时代的便利，在我决定了行期之后的一两个小时里，就在互联网上预订好了机票和酒店。

路线和导游

从我所寓居的位于德国西南一隅的特里尔（Trier）市出发前往西西里，路线应该怎么规划，并不是自明的。如果从位于特里尔东面的法兰克福机场出发，由于这个机场是德国乃至中欧的航空枢纽，就可以不用转机，有直达的航班飞到西西里。但是自从德意志铁道公司（Deutsche Bahn，DB）从特里尔到法兰克福一线的主要路段特里尔至科布伦茨（Koblenz）这一截的城际特快运营中退出，转由地方铁路公司经营以来，在这段并不太远的路上乘火车出行，变得异常缓慢耗时。而要是从毗邻特里尔的卢森堡大公国的机场出发，虽然要经由第三国而且也要在法兰克福转机，却能在去机场的路上省去不少时间和麻烦。于是我把出发地选为卢森堡机场。至于选择卡塔尼亚为西西里之行的第一站，则是参考了我此行将要全程依赖的Brigit Carnabuci所著的导游书《西西里：东西方之间的岛》（*Sizilien: Insel zwischen Orient und Okzident*，以下简称《西西里》）中的建议。依照这部书里推荐的旅游路线，西西里之游的起点应是位于岛上东海岸中部的卡塔尼亚城，在这里先参观这座历史名城再顺带游览东海岸其他的景点，然后沿海岸向南到叙刺古城（Siracusa / Syrakus）并顺便参观周边的景点，再按顺时针方向沿南海岸从西西里岛的东南部向西再到北岸，结束于岛上第一大城市

2021年6月25日晚

巴勒莫（Palermo）以及周边的景点——有兴趣的旅行者还可以再往西去参观离意大利半岛最近的墨西拿（Messina）。《西西里》这部厚达500多页的书是德国一个出色的导游书系列"杜蒙艺术导游"（DuMont Kunst-Reiseführer）中的一本，《西西里》这一册从第一版的出现至今已经快半个世纪了，最近一次修订，也就是该书第7版，是在2013年。在全球进入网络和智能手机时代以来，像这样的旅行手册的销售市场肯定受到了很大冲击，因为我看到这套丛书中的许多其他单册最后的重印本或修订本的出版日期也都截止于2010年前后。然而我还是希望这套丛书能延续下去。从二十世纪九十年代起，我去意大利等地旅游，就一直使用这套丛书作为导游。虽然系列中各本具体的导游书水准不一，但是整体上还是极其实用又极具专业水准的。专营美术类书籍的杜蒙社针对不同的旅游者还出版过不同的系列，但是艺术导游系列（Kunst-Reiseführer）是其中最出色的，在艺术和历史等专业解说方面是最详实可靠的。今天，当我再次越过阿尔卑斯山，踏上这个地中海南国的土地时，就像先于我234年从德意志来到西西里游览的诗人歌德随身携带1771年出版的艺术史家文克尔曼（J. J. Winckelmann）的仰慕者里德泽尔（Johann Hermann von Riedesel）所著的《西西里与大希腊游记》（Reise durch Sizilien und Großgriechenland）那样，我将一路随身携带Carnabuci的《西西里》，把它当作我唯一的向导。

由于卡塔尼亚城市不是很大，所以机场距离市中心并不远。半个多钟头后，我就抵达酒店安顿了下来，不过我没有待在酒店休息，而是放好行李后就出来找地方进晚餐。离开酒店前我还特意问了店员有无推荐的餐馆，店员给我推荐了一个名叫骑士（Cavaliare）的西西里风味餐馆，并给我描述了大致方位。

斯台西库洛广场和罗马角斗场

我出了酒店，来到斯台西库洛广场（图2）。广场位于卡塔尼亚古城主要街道埃特纳路（Via Etnea）中段的西侧，与东侧的以在西西里出生、有"卡塔尼亚天鹅"之称的歌剧作曲家贝利尼（Venzenzio Bellini, 1801—1835）命名的贝利尼广场（Piazza

图2：斯台西库洛广场，背后是十八世纪的教堂圣比亚吉奥堂

图3：以西西里的著名歌剧作曲家命名的贝利尼广场位于斯台西库洛广场对面

图4：前景是卡塔尼亚的古罗马角斗场遗迹，背后是圣比亚吉奥堂

图5：位于德国古城特里尔的古罗马角斗场遗址

Bellini）相对（图3）。虽然我此行的首要目的是寻访西西里岛上古希腊的遗迹，却没想到，在西西里的第一站，从一开始就先被呈现了一处与古希腊非常接近的景点：斯台西库洛广场的中央其实是个古代遗迹坑，这里是大约建于二世纪的古罗马时代的一个角斗场或者叫斗兽场（Anfiteatro Romano di Catania，图4）遗址。角斗场当初可容纳一万六千名观众，是西西里岛上最大的古罗马角斗场。角斗或斗兽是古罗马人独有的大型大众娱乐活动，它受古罗马人的欢迎程度，不亚于足球之于当代世界。这在今天仍然可以从角斗场遗址数量之众多、分布之广泛中得以窥见。可以说，凡有罗马人聚居的地方就有角斗场，就连远在罗马帝国边陲的特里尔也有一处角斗场遗址（图5），虽然特里尔的那座总体上比较简陋。当然，最有名、最大，也是保存最完整的古罗马角斗场遗址要数罗马城里的那一个（Colosseum或Amphitheatrum Flavium / Colosseo或Anfiteatro Flavio，图6—7），那是所有去罗马观光的人首先要游览的景点之

图6：罗马城里的古罗马角斗场遗迹（图中后景）外观

图7：罗马城里的古罗马角斗场遗迹内景
图8：改造中的天津民园体育场

一。在西洋历史上，作为大众娱乐活动的角斗和斗兽虽然在基督教兴起以后逐渐衰落，直至从历史上彻底消失，但是古罗马角斗场作为一种建筑样式，却在近代体育场所的修建中得以复活和光大。我所熟悉的建造于二十世纪初的美国耶鲁大学的耶鲁钵（Yale Bowl）体育场和由生于天津、在日本降服、中国光复前数月死于设在山东潍坊的日本占领军集中营里的苏格兰传教士、体育名将、1924年巴黎奥运会400米赛跑金牌得主李爱锐（Eric Liddell）设计建造于同一时期的中国天津民园体育场（图8），都是仿古罗马角斗场建筑风格的体育场，而且两者的造型颇为相似。天津民园体育场的原貌虽历经二战期间日寇的破坏以及二十世纪五十年代以来历次改建而多有失真，特别是在最近一次改建中拆除了看台，但在除去缺乏看台这一遗憾之外，在主体上仍然保留了古罗马角斗场，特别是它的外围柱廊的基本形态。

2021 年 6 月 25 日晚

斯台西库洛广场下的角斗场遗址其实只是原址的一小部分，其余部分早已为后世的建筑所覆盖。在广场上，我只是扶着环露天遗址而立的围栏向下看了看那些砖砌的残迹，并没有打算等到第二天开放后进去参观。因为不久前我在特里尔同来访的复旦大学的刘震博士一家刚刚参观了那里的斗兽场遗迹，包括其地下的结构，所以对于这里保存有限的残迹，并没有参观的兴趣。

在角斗场后方继续朝西走，地势渐高，有一个其实原本建在斗兽场遗址之上的十八世纪的教堂圣比亚吉奥堂（Chiesa San Biagio in Sant'Agata alla Fornace，图4）。由于已是晚上七八点钟，教堂的门已经关闭了，我进不去。不过，卡塔尼亚现存十八世纪建造的教堂等楼宇非常多，除非有特别之处，否则在这座古城里就未必能被列为大众观光景点，Carnabuci的书中就没有把它包括在内。尽管如此，像圣比亚吉奥堂这样的至少有二三百年历史的建筑对于这座城的景观风貌和人文历史的贡献是不容忽视的，它们同更古老的遗迹和更著名的古建筑、古街道一起，共同构成了连续的和统一的卡塔尼亚历史与艺术的空间，保存了作为一件艺术品的卡塔尼亚城的完整性。

圣母神龛

沿着教堂一侧的街道，我继续朝我以为的酒店店员跟我说起的餐馆的方向向西走。在先穿过一条十分狭窄的小巷，再过了一条两个反向单行道汇聚的街道后，我进入了一片看去十分破败的街区（图9）。这时候我已经意识到，我大约是走错方向了。这个街区虽然破败，但是显然在它衰落之前，周边的房屋在建筑艺术上曾经是十分考究的，其中有一座圣婴堂（Chiese Cattolica del Santo Bambino）的建筑风格在这条街上尤显突出（图10），只不过而今它们大都为涂鸦把粉饰墁灰（stucco）尚未脱落的外墙弄脏弄乱了。而且街道上到处是垃圾和宠物或城市野生动物遗留的粪便，有些地方的建筑墙壁甚至成了危墙，被人用钢架加固起来。然而就是在这样破败、此时几乎阒无一人的街道的一侧，有个在意大利街头常见的镶着玻璃的圣母神龛（Madonnelle，图11），神龛下面摆放着仍然新鲜的百合花束：虔诚镶嵌在凋敝之中，仿佛亘古以来这两者就一直是浑然一体、是人的最本真的处境的写照似的。所以，我虽然明知走错了路，却在这里逗留良久，不愿离去，在暮霭中感受这破败中的辉煌，凋敝了的优美，沉浸于一种莫名的感伤里。只是到了后来我才知道，斯台西库洛广场背后人迹稀少的这片街区所带有的一缕忧伤，成为我的西西里印象的基调，让我在接下来的一周里，哪怕在面对古希腊遗留的宏大的神庙残迹时，在蓝天碧海和红色岩土

图9：卡塔尼亚破败的街道

图10：卡塔尼亚的圣婴堂

图11：卡塔尼亚街头的圣母神龛

之间，在恍惚中仿佛听到的雄伟、宏大的主旋律的背后，仍能察觉到在我心中的深处，有一缕细若游丝的、感人至深的熟悉而亲切的旋律，始终萦绕不去。

终于，饥饿和旅途的劳顿迫使我放弃了寻找酒店员工推荐的餐馆，而是在返回酒店的路上、在斯台西库洛广场旁边，走进一家看上去还不错的餐馆，在它搭在街边的露台里坐下。晚餐的正菜我点了一份由数种海产拼成的拼盘，味道出乎意料地鲜美。在餐馆落座的时候，天就已经完全黑下来，但是在我用过晚餐、离开餐馆后回到埃特纳路的时候，却看到依然有很多人在游逛。我此时虽略感疲倦，却大约受刚才喝的一杯本地出产的白葡萄酒的刺激，也觉得仍然意犹未尽，要在这陌生而亲切的感受中再沉浸一会儿，多消受一下西西里的第一个夜晚，而不是直接回酒店去。于是我便在路边另一个餐馆的露天座位上坐下来，要了一小杯浓缩咖啡。我知道，旅途的疲劳会让我今晚睡个好觉的，不会因为喝了这点儿咖啡而失眠（图12）。就在我在夜色中呷着醇厚的西西里咖啡的时候，在仍然感觉温热但同时令人舒适的空气里，我自抵达卡塔尼亚机场那一刻起便感受到却始终难以捕捉的感情变得清晰了，那个一直在我脑海中细若游丝的熟悉旋律找到了——它是马斯卡尼（Pietro Mascagni, 1863—1945）关于西西里爱恨

《乡村骑士》间奏曲

2021 年 6 月 25 日晚

图12：卡塔尼亚街头夜景

情仇的歌剧《乡村骑士》（*Cavalleria rusticana*）里著名的间奏曲：黄昏里圣比亚吉奥堂后面的街道、遍地的垃圾和动物粪便、铺满街面的黑色的埃尘、脱落的墙皮和涂鸦、似乎被遗弃的建筑精美的楼宇、圣母神龛和墙下的百合花，所有这一切都已包含在马斯卡尼的感伤旋律中了。一时间我忽然觉得从这个变得更清晰的情感和情感的表达中若有所悟，却又说不清所悟的因由具体是什么。

我于是决定带着纷纭的感触和模糊的怀旧情绪就此结束这漫长而难忘的一天，早点儿回酒店休息，准备好明天正式开始对古城卡塔尼亚的探索。

二〇二一年六月二十六日

卡塔尼亚（卡塔奈）

老电梯

我入住的酒店，就像开设在意大利城市中老城区里的大多数酒店一样，原本是一幢宫府式的楼。昨天傍晚我拖着行李入住时就已发现，楼里的电梯是二十世纪前半期常见的那种老式电梯（图13）。这种电梯一般安装在楼内盘旋而上的楼梯中间空出的天井里，电梯运行的空间由黑色铸铁的栅栏围起来。各楼层上电梯的入口也是同样的黑铁栅栏样式的伸缩门。进入电梯时需要横向侧推外层的铁栅栏门，再推开电梯车厢上多为木制的内门，进入后要回身把外门和内门都拉回原位关好，再依照要去的楼层揿黑色赛璐珞质的按钮，电梯才会启动。下了电梯，也要转身把内外门都关好，这样有人在别的楼层揿下

图13：官府式酒店内的老式电梯

按钮呼叫电梯的时候，电梯才会启动，上升或下降到有人呼叫的楼层，否则它就会一直停在原地不动，耽误他人使用。由于电梯外层四周是铁栅栏，而电梯车厢四面或三面有玻璃窗，所以在电梯运行过程中，无论是站在电梯前等候或是在楼梯上上行或下行，人们是可以眼看着电梯里的人上升或下降的。而且这样的电梯一般最多只可容纳一两个人，更为电梯的升降增添了一种仪式感。我乘着这种二十世纪前期风格的老电梯，一种亲切的感觉再次油然而生，这也是我昨晚感受到的那种亲切气氛的一部分。因为在我的童年时代，在故乡天津，由法国人保罗·慕乐（Paul Müller）设计的带有巴洛克因素的折衷风格的劝业场里的电梯就跟眼前的这个是一模一样的：记得那时进入电梯，揿下按钮，便在站在商场一楼的彩石拼砌的地板上候乘电梯的顾客们的注视之下、在商场中间透过天窗照射下来的一束阳光的沐浴中，缓缓升起。在今天，早已凋敝的天津劝业场里的老电梯连同彩石地板早已被拆除了，就像民园体育场因改建而拆除了观众看台一样（今天就我所知在天津唯一保留下这样的老电梯的地方是利顺德大饭店）。当一个有精致的、自成一体的审美，且有与之相匹配的工艺为这样的审美提供物质化实现的时代过去了，被一个与这个时代的文明完全不同的新世代取代了之后，前一时代的美以及与之密切相连的风俗往往不仅不再受到欣赏，而且甚至会被视为丑恶和堕落而遭遇仇恨和清洗。在这一过程里，前一时代精心建造的建筑，连同其他更小规模的艺术品，都会成为牺牲品，无一幸免，它们全都会被粗暴地改造、拆除，直至被当作无主的建材遭到掠夺，而旧时代的营造法式和工艺也会迅速失传。民园体育场也好、劝业场也好，乃至更著名的北京西郊的圆明园也罢，无一例外。在西西里，我也将很快看到古希腊建筑在文明灭亡之后遭遇的类似命运。

到达卡塔尼亚的第二日清晨我起得很早。出了酒店走到街上，人还很稀少，同昨晚熙熙攘攘的情形形成鲜明对比。清晨的阳光洒在埃特纳路西侧大多有三四层高的楼宇的上方两层的面墙和窗户上，预示着令人心情舒畅的新的一天（图14）。

图14：朝阳初照下的卡塔尼亚的埃特纳路

我的西西里之行最大的动力虽然来自品达，但是也计划在时间和行程允许的前提下，尽量多看一些岛上其他名胜古迹，希望借此对西西里的历史、文物、艺术、风土乃至人情能有个尽量充分的了解。同西西里岛上其他主要沿海古城古镇一样，卡塔尼亚原本是古希腊人——具体地说是位于希腊中部的恺尔基人（Χαλκιδῆς）——在公元前八世纪时在西西里岛上建立的殖民定居点，这座城邦的希腊名叫作卡塔奈（Κατάνη）。关于西西里殖民的过程乃至希腊人到来之前更早的西西里历史，古希腊史家修昔底德（Thykidides，约前460—约前400）曾在《珀罗之岛战史》卷六里有详细的叙述。关于品达盛年之前的西西里历史，比修昔底德更早的史家希罗多德

古希腊时代的卡塔尼亚

2021年6月26日

（Herodotos，约前484—约前425）也曾作过详尽的记述。到了品达生活的时代，公元前476年，即在品达为其写下《第一首奥林匹亚竞技赛会庆胜赞歌》的那一年，叙剌古僭主希厄戎（Hieron，卒于前467/466年）——那位"挥舞生杀予夺的权杖于盛产羝羊的西西里"的君主——攻陷了卡塔奈，随即将其改名为埃特纳（Aitna）——他为了获得该城邦人民的好感甚至一度以埃特纳人自居，——而后强行将其居民远迁，再迁入来自希腊本土珀罗之岛（俗称"伯罗奔尼撒半岛"）的多洛人（Dorieis，由这个民族的名称衍生的词在其他领域里，特别是在建筑学里，多被译为多里亚）以及叙剌古人作为新的卡塔奈/埃特纳居民，所以卡塔奈乃至叙剌古等主要希腊殖民地城邦的文化，特别是这些地区的神庙建筑风格，主要都是多洛式或者说多里亚式的。在这样给这座古城换血之后，希厄戎任命他的儿子戴诺墨奈（Deinomenes，此人与他的祖父、希厄戎的父亲同名）为埃特纳之君。这段历史在品达继《第一首奥林匹亚竞技赛会庆胜赞歌》问世后数年再次为希厄戎所赋的竞技赞歌中有所反映。作为同属于多洛人、使用多洛人的方言和旋律谱曲填词的诗人，品达称已为希厄戎所征服的埃特纳/卡塔奈为"新建的"城邦，还说：

> 那么，来！就让我们为埃特纳的王［指希厄戎之子戴诺墨奈］觅得可爱的颂歌；
> 希厄戎依循旭尔罗［多洛人三大部落之一］的法统为他立下那座城，连同神筑的自由。

诗人在这里不仅为希厄戎再造卡塔奈提供了民族上和法理上的依据，而且还在这首赞颂希厄戎在匹透赛会上赛车得胜的诗歌里，一并夸奖了他的儿子。为此诗人还称赞为父的希厄戎"教子有方"，真是把父子都夸到了。

戴诺墨奈对卡塔奈的统治标志着戴诺墨奈王朝在西西里东海岸的主要城邦所达到的权势的顶点。在这之后，趁着叙剌古人驱逐希厄戎一世的继承者、希厄戎的兄弟忎剌叙鲍罗（Thrasyboulos）和西西里原住民反叛之机，卡塔奈人也推翻了戴诺墨奈家族的僭主统治。此后卡塔奈施行了寡头众议制。然而几十年后于公元前403年，卡塔奈再次被叙剌古征服，其直接缘由是卡塔奈人与远征西西里的雅典人结盟，威胁到了叙剌古。在雅典远征军被此时叙剌古的僭主狄奥尼修斯一世（Dionysos I，前405—前367在位）打败后，卡塔奈遭到了报复，城邦被攻陷，居民沦为奴隶。可惜古希腊时代卡塔奈的这段波澜曲折的历史除了卡塔尼亚博物馆里的一点零碎文物以外，今天已经难寻踪迹了。除了包括昨天晚上我已经看到的古罗马角斗场遗迹等两处古罗马遗址之外，卡塔尼亚古城的总体风貌和游人皆趋的数个名胜古迹主要都是巴洛克时代留下来的。因此我在西西里岛上正式开始游览的第一天，在卡塔尼亚要看的主要景观，其实并非品达时代的遗存，而是距离我们的时代更近的文物。

然而我不曾料到的是，在我开始这一天的游览之前，在品达所盛赞的"肥沃土地的翘楚""盛产羝羊的西西里"，早餐却成为一道难题。今日的西西里人早餐习惯上吃羊角面包（croissant）等甜面包圈类纯碳水的面食，配以小嘉布遣会僧人咖啡或者俗称为卡布奇诺（cappuccino）的咖啡。可是我由于采纳生酮饮食（keto）已有多年，不吃面食，便想找个提供英式早餐的餐馆，结果居然找不到，只好马马虎虎吃了点东西了事。早餐的问题后来一直困扰我随后的行程，直到我最终到达巴勒莫，西西里岛上第一大城市，才得到彻底解决。

用过早餐后9点钟左右我便出发了。由于昨晚回到酒店后，我已经参照导游书对次日的游览路线作了规划，我知道我只需沿着埃特纳路向南走，步行便可抵达几乎所有我要看的景点。

穿过斯台西库洛广场和贝利尼广场之间的街道，首先看到马路西边一所门面墙高耸的教堂：大天使圣米迦勒堂并方济各会小兄弟修院（Chiesa di san Michele Arcangelo ai Minoriti，图15）。这又是一座十八世纪修建的教堂，它引人注目的前脸（faccia或者façade）在建筑风格上属于西西里特有的本地巴洛克风格。虽然同圣比亚吉奥堂一样，Carnabuci的书中也未将它列为景点，然而既然

图15：卡塔尼亚埃特纳路边的大天使圣米迦勒堂并方济各会小兄弟修院

我顺道，而且它此刻开着大门，我还是进去参观了一下它仍属巴洛克，却相当简洁的内堂。

建筑的前脸和山墙

就像铁栅栏电梯一样，临街建筑的高耸且富于装饰性的前脸连同顶部凸起的山墙，也让我感到十分亲切，因为这是我童年时在天津曾经十分熟悉的建筑样式，虽然它在那里出现的地方并不是宗教场所的建筑，而是临街商铺。昔日天津环绕老四城的四条马路上——特别是最繁华的东马路和北马路——直至南市里的临街商铺，很多晚清民国以来建造的商厦都有这样高耸的前脸面墙和山墙（图16），只可惜它们在最近几十年里遭遇了比民园体育场更惨烈的毁坏，今天已经整体湮灭了。而且据我对中国当代城市建筑的观察，湮灭的不仅是这些老建筑，还有建造门脸和山墙的营造法式。

图16：旧时天津东马路街景，右边两座建筑上面都有山墙甚至山花

因为直到二十世纪五六十年代，在东北和华北地区连很多乡镇供销社建筑的门脸上都立有简约的山墙，而今这种建筑法式在新建筑中却已经完全消失了。如果像山墙这样的传统建筑元素可以被看作传统建筑语言中的成语和词汇，那么中国当代的建筑师们似乎已经完全丧失了它们，已经说不出、看不懂这种本就不甚丰富的舶来的建筑语言了。

从教堂出来的时候，我注意到门口一角坐着乞讨的吉普赛妇人，这个人类进化史上遗留的化石民族在南欧的许多国家就这样世世代代流窜在人类社会的各个角落里，同时繁衍着、繁衍着，然后还是继续繁衍着。

出了圣米迦勒教堂继续沿埃特纳大街向南走，过两三个路口，便看到同样屹立于马路西边的在世修士会宗座圣殿（Basilica della Collegiata，图17）。这是卡塔尼亚城中最著名的教堂和文物之一，原本是一世纪时在古代神话中的冥后波洛色耳宾娜（Proserpina）庙的旧址上改建的基督堂，到了中世纪，在西西里的西班牙人建立的阿拉贡王朝时期，西西里国王马丁一世（Martino I di Sicilia, 1401—

在世修士会宗座圣殿

1409为西西里王）将它提升为宗座圣殿（basilica），十五世纪时教皇恩仁四世（Eugenio IV）又将它纳为在世修士会（Collegiata），即由不出家的教士们组成的教会团体。原堂在1693年毁于一场几乎使卡塔尼亚遭遇灭顶之灾的大地震，它现在的样子是那之后重建后的样子，从里到外，我已经完全看不到古代神祇庙宇的任何遗迹了。从建筑艺术的角度看，建于1768年、由伊塔耳（Stefano Ittar）设计的这幢教堂的外观是颇显特别的，它那具有典型的巴洛克特征的分作两层前脸——更确切地说是它每一层横向分割为三部分的前脸中居中的主面——不是平面的，而是个凹形的曲面。是这个曲面带给这幢规模较小的教堂一种别致的风格。这个设计效法了文艺复兴晚期著名的建筑师博罗米尼（Francesco Borromini）的风格而有所

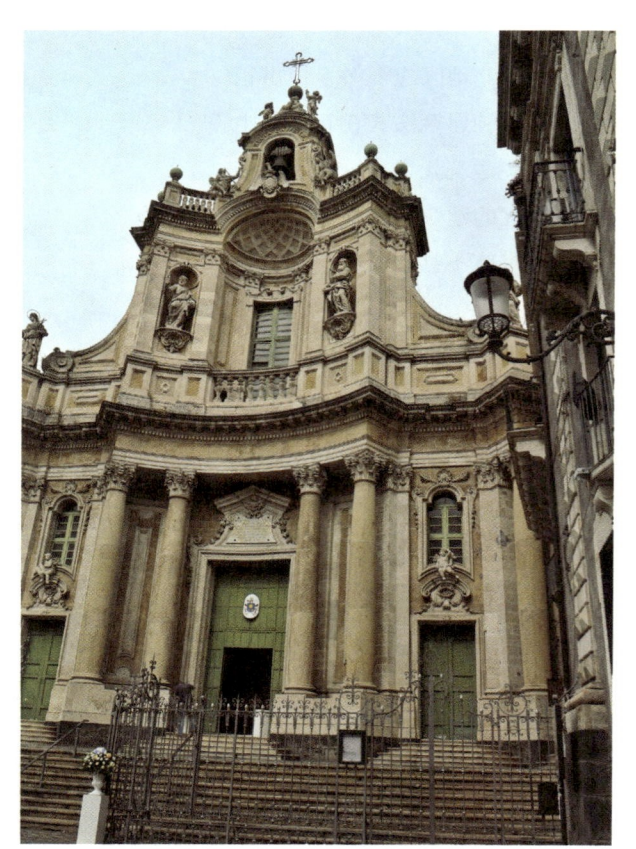

图17：卡塔尼亚的在世修士会宗座圣殿的巴洛克式前脸

图18：罗马的四泉圣嘉禄堂是一座巴洛克式经典建筑，教堂街角的雕像是环路口的四尊四泉雕刻之一

变通，后者的代表作中有一座罗马的四泉圣嘉禄堂（San Carlo alle Quattro Fontane，图18），其前脸下层所分割成的三面皆为曲面，中间为凸状曲面，两边则各呈凹状，而它的上层的三部分却皆作凹面。不过，与罗马的四泉圣嘉禄堂不同的是，卡塔尼亚的这座在世修会堂前脸的顶部上面有个钟楼，这是典型的西西里教堂建筑的组成部分。与它引人注目的外部设计相比，在世修会堂的内部却让我感到失望，从中我没有看到值得描述的地方。

从在世修士会堂出来，在街角处右转，我要去寻访著名的抬十字架路（Via Crociferi）。站在引向它的呈东西走向的小街修士会道（Via Collegiata）的路口上（图19），就已经可以看到抬十字架街上著名的圣本笃堂（Chiesa di San Benedetto）了，只是抬十字架路比埃特纳路及其周边地区要高出约七八米，走到修士会道尽头要登上数层石阶方能抵达。——在地图上看起来相毗邻的街道往往在实

抬十字架路

图19：从卡塔尼亚的修士会道仰望圣本笃堂

图20：卡塔尼亚的修士会道，街边建筑的黑色墙面系火山岩材质，阳台上的铁艺栅栏也十分讲究

际中高低有差，甚至有非常大的高度差，这是我在西西里之行中获得的最重要的一项实用知识，因为这样的地形往往可以让你事先策划的步行乃至车行路径变得费时费力数倍或者更多。不过好在这里的高度差不算大，台阶不算多，坡度算不上陡峻。

然而先不说抬十字架路的景观，就是修士会道其实也已经相当值得细细观赏了。街两侧的房屋因多使用本地盛产的火山灰岩而呈深灰甚至黑色，可是门楣窗楣则由于是用砂岩或者石灰岩雕凿的，颜色浅而且偏暖（图20）。我很快就会知道，这样的配色是距离埃特纳火山仅40多公里的卡塔尼亚建筑的一大特色。此外，临街窗户和阳台外的铁艺栅栏的造型也十分讲究。西洋建筑中门窗阳台上常用叶饰状铁艺作为外门或护栏，它们是西洋建筑中的一个重要组成部分。在设计制造这些铁艺部件的技艺上，意大利也有着悠久且高超的传统。令人遗憾的是，在中国的主要开埠城市中的现存西洋或中西合璧式建筑上，装饰性铸铁构建是相当稀有的，我只记得在已经堕落为大杂院的天津哈尔滨道75号原汇记钱庄楼内见过比较精美的铁艺楼梯栏杆的残存，想必其他地方曾经也有一些，大约都已遭

2021年6月26日

图21：卡塔尼亚的抬十字架路，路西边远处并排坐落着圣本笃堂和圣方济各·波尔吉亚堂两座巴洛克式教堂，街道的尽头是本笃修道院跨街拱楼

到毁灭而不复存在了。

抬十字架路是条只有200多米长的小街（图21），今日看去颇显荒僻，然而由于它自十八世纪修成之后就一直保持了原貌，而且街道两边有数座著名的教堂，所以历来都是卡塔尼亚的一处观光胜地。来到这里后我看到，街上的数座教堂和修道院的建筑都属于巴洛克时代，美轮美奂。其中位于路西边彼此相邻的两座教堂，圣本笃和圣方济各·波尔吉亚（San Francesco Borgia）堂，最为精美（图22）。这两组教堂的前脸同在世修士会宗座圣殿一样，也是分为上下两层，其中圣本笃堂前脸（图23）的每层都以半含立柱（Blendsäule，即立柱的一部分没入背后的墙壁里，而非完全独立的立柱，半含立柱和独立立柱都是为巴洛克风格的建筑师们所偏爱的立柱形态）分割为三个面，不过它的这些分割面都是平面的，不像在世修士会宗座圣殿那样，中间的主面是凹面的。值得一提的是，这样的檐口分为上下两层，且有立柱、半含立柱或壁柱将各层

026　　｜　西西里访古纪行

图22：卡塔尼亚的抬十字架路西边的圣方济各·波尔吉亚堂前脸（图中近处）和圣本笃堂前脸（图中远处）　图23：卡塔尼亚的抬十字架路西边的圣本笃堂前脸

分为三个面的典型的巴洛克风格的教堂前脸，我在中国见到过的最典型的，只有天津的圣路易堂（L'Église Saint-Louis，俗称"紫竹林教堂"，图24）的前脸一例。圣本笃堂前脸上浮雕的立柱都呈伊奥尼亚式，其中下层的立柱都是半含立柱，上层的为巴洛克时代之前的文艺复兴时期建筑师们更偏爱的壁柱（parastra/pilaster），即浅平刻纹装饰立柱，并非真立柱。在它左侧的圣方济各·波尔吉亚堂的前脸（图25），在大的结构划分上，同圣本笃堂的前脸类似，不过它各层的主要立柱却不采用半含立柱或壁柱的形式，而是使用真正独立的石柱，因而具有更完足的巴洛克风格特征。有意思的是，它上下两层的柱式是不同的：下层的大立柱为希腊人之后在罗马时代才发展出来的图

图24：天津圣路易堂，巴洛克式前脸（李靖　摄）

图25：圣方济各·波尔吉亚堂前脸下层细部

斯坎式（Tuscan），上层才是伊奥尼亚式。但是下层里作为正门门柱的小立柱，则又采用了哥林多式。因此可以说，它的前脸下层的立柱穷尽了古典柱式的花样。它大门以上的檐口所分割出的上层，在对应于下层的大门的位置辟出窗户，窗边作为窗框的装饰却同圣本笃教堂一样，也使用的是壁柱而非独立的真立柱，而且壁柱的样

希腊神庙的三种柱式
（左）多里亚式；（中）伊奥尼亚式；（右）哥林多式

罗马时代发明的图斯坎柱式，出自维尼奥拉著《建筑五柱式规范》1563年版

式也是用的伊奥尼亚式。两座教堂的前脸在人像雕刻的安排上，也呈现有意味的对比。圣本笃堂的中心雕像圣母像位于上层的窗户之上的神龛里，而西班牙的耶稣会神父圣方济各·波尔吉亚堂的核心雕像方济各·波尔吉亚像则被置于底层大门的门楣上方和檐口下面开放式的拱券中间的神龛里，其他位于门楣之上的和位于下层的左右两截面里的雕像，无论在身份、性别和年龄等方面，都互成对比或差异：本笃堂多为抽象概念的寓意（allegoria）拟人女性像以及儿童模样的天使像；圣方济各·波尔吉亚堂多为耶稣会男性圣徒像。在处理石柱与前脸分割面的关系和檐口分割的上下层中各元素的安排上，两座教堂也各呈异彩。圣本笃教堂的大门带有相对细窄的石雕门框，之上有小型的闭合式拱券，而大门两侧分别为三根一组的半含立柱与位于墙角的两根一组的半含立柱将前脸分割为三个平面，而中间这两组半含立柱所托举的檐部之上、仍属于下层结构的一部分的位置，安置着一对在西西里巴洛克时代的教堂建筑中常见的开放式半拱形拱券（frontone curvilineo spezzato / gesprengter Segmentgiebel / broken segmental pediment），这个分开的拱券又将上层的窗户包含于其间，让上下层之间形成一种套环一般的密切关联。与之相比，圣方济各·波尔吉亚堂的前脸在立柱的布置上却采取了很不同的方案：它把圣本笃堂中间的两组立柱缩小，让它们（在这里是每组两根）连同相应地缩小了的檐部上面的开放式拱券完全成为大门的装饰，在高度与整体尺寸上与大门相协调，同时把圣本笃堂墙角的立柱向中心移动而且放大，使之成为前脸中最突出的部分，并且在这对大立柱组上面檐部的上限、即分割上下层的檐口之上，分别在这两组立柱之上的位置再加两组上层的立柱，进而把立柱之上的开放式三角形拱券放置到上层立柱之上，让上下层通过立柱和拱券形成叠加式的一体。就这样，这两座设计日期大约同时、建成时间前后不远的并排而立的同属后期巴洛克风格的教堂，将相同的建筑元素在规模、位置、隐显等方面进行调节，使得它们在风格统一的前提下彼此产生了巧妙的变化，避免了雷同和重复，无怪乎它们成为这条古街上最让人惊艳的两座建筑。与这两座相

图26：卡塔尼亚的抬十字架路东边的圣朱利亚诺堂

比，街的东侧，在它们斜对面，那座圣朱利亚诺堂（Chiesa di San Giuliano，图26）就显得简约多了，虽然它的前脸是凸形而非平面的。

圣本笃修道院跨街拱楼

抬十字架路的南端，作为这条街的地名上和文化意义上的终点，有个跨街拱楼，本笃修道院跨街拱楼（Arco delle Monache Benedettine，图27）。不过在纯空间意义上，这条街到这里并不是一个死胡同，因为穿过拱楼下的拱洞再过去，就是圣方济各广场（Piazza San Francesco D'Assisi，图28）了。跨街拱楼是西洋传统建筑中非常有意味的一种结构，在抬十字架路这里，它为街道增添了一种截断感，让它与圣方济各广场在空间上分割开来，同时还增强了远景中的景观价值。它既让人感到抬十字架路这一侧的空间的相对完整性，同时却并不将它完全封闭隔离起来，不会形成死胡同或者死角。记得中国山西等地古村镇里偶尔也能见到跨街拱楼或拱廊，只是跨度要小得多，而且应该原本都是私宅的一部分，几乎完全没有在传统的城市规划和公共建筑中得到采用。然而在西方，这种设计在后世的公共建筑中被相当广泛地采纳。例如耶鲁大学艺术系所在的仿诺曼风格的格林楼（Holcombe T. Green, Jr. Hall）就有一座跨街（High Street）拱楼，它的建立既制造出老校园空间的相对完整性，又为校园与周边街道的交通保留了通道。

图27：本笃修道院跨街拱楼近景

图28：从本笃修道院跨街拱楼下眺望圣方济各广场

卡塔尼亚的这幢拱楼作为一座有使用功能的楼屋，在结构上是坐落于抬十字架路南口的圣本笃修道院（Monache Benedettine）的一部分，它联通了修道院位于路东的大修会（Badia Maggiore）与路西的小修会（Badia Minore）。我虽然没能进入拱楼内参观，却惊喜地发现修道院作为一个博物馆如今是对公众开放的，更令我惊喜的是，我发现从里面还可以进入圣本笃教堂。因为刚才我从抬十字架路走过来的时候，看到圣本笃堂的正门是关闭的，还为无缘进去参观而感到遗憾呢。

我在修道院里面由侧门进入了圣本笃堂，首先看到的是教堂入口处的两层台阶的中层平台。这座汉白玉砌成的台阶是这座教堂里一个十分精美的组成部分，由于台阶两侧分别有两排天使雕像而被称为天使台阶（Scalinata dell'Angelo，图29）。只可惜由于正门紧闭，我无法从台阶的正面欣赏它的整体结构和效果。内堂的立柱等构件也都是汉白玉凿制的，立柱、神龛、堂顶等都雕砌有巴洛克建筑特有的繁复藻饰。圣本笃堂的内部比我刚才看过的在世修会堂等其他教堂的内部要精美些，只可惜同一条街上的圣方济各·波尔吉亚堂和圣朱利亚诺堂教堂此时都是关闭的，让我无缘参观其内堂了。我注意到圣方济各·波尔吉亚堂已经被政府征收，改辟为文化处，而圣朱利亚诺堂的沿街一侧搭上了脚手架，显然是在维修。无论如何，抬十字架路及其周边的教堂分布得如此密集，实在引人瞩目，

图29：卡塔尼亚的抬十字架路西边的圣本笃堂内的天使台阶

图30：卡塔尼亚的圣方济各广场上圣方济各奉始胎无玷堂和卡塔尼亚大主教和红衣主教杜斯梅特纪念碑

虽然这在意大利的古城里屡见不鲜。人们不免感叹，千百年来，西西里人倾注了多少财富到教堂圣殿的修建里！

从抬十字架路南端进入圣方济各广场，就看到同样也是在1693年大地震之后重建的圣方济各奉始胎无玷堂（Chiesa di San Francesco d'Assisi all'Immacolata）和教堂前树立在广场中心的二十世纪上半叶修造的纪念卡塔尼亚大主教和红衣主教杜斯梅特（Giuseppe Benedetto Dusmet）的雕像（图30）。然而我没有闲暇仔细观看这些太过近现代的文物，此时我要去寻找我书中的地图标志的古罗马剧场遗址（Teatro Romano）。很快，在广场西北角，我看到了铁栅栏后面的剧场遗址一角，隔着铁栅栏，我已经看得到剧场的部分阶梯状观众席了，只是一时不知道遗址的入口在哪里。我于是退到跨街拱桥前面的小街，沿着那里的希腊剧场道（Via Teatro Greco）向西走去，因为我刚才经过这里时远远看到古罗马建筑标志性的砖结构的残迹，以为剧场遗址的入口应该就在这条以之命名的小街上（图31）。我这样沿街向西走，不承想竟绕了剧场几乎整整一周，直走到了它南面的厄玛奴耳二世道（Via Vittorio Emanuele II）上，才最终找到入口。这样走了一圈下来，我已是充分领教了位于北纬37.5°线上的卡塔尼亚的夏日骄阳的威力了，因为此刻我已汗流如注，不得不先在厄玛奴耳道旁一家冷饮店的路边座椅上坐下来，喝下一整瓶冰镇矿泉水降温。就这样略事休息之后，我才买票进入一旁的古罗马剧院遗址，开始参观卡塔尼亚的第二个古代遗迹。

图31：卡塔尼亚的希腊剧场道边的古代剧场残存外围遗迹

古罗马剧场

这座可容纳七千人的古罗马剧院建在古代卡塔尼亚卫城（akropolis）的坡地上，据考古学家们猜测，它是罗马人在古希腊剧院的原址上扩建而成的，并非古罗马人原建的，当地人至今还称其为希腊剧场，只是今天已经看不到古希腊的遗迹了。我之所以绕了一圈才找到剧院遗址的入口，是因为就像斯台西库洛广场下的古罗马角斗场遗址那样，许多位于现代城市中心地区的古代遗址，或是被后来的建筑几乎完全覆盖，或是已经部分地融入了后世的建筑里，卡塔尼亚的古罗马剧场就曾经完全隐没在后世利用它的结构所修建的民居里，直到1959年，这些民居被部分地拆除，才显露出剧场的部分原貌，但是虽然如此，它的入口和东西南三面的外围几乎仍然完全隐没于街市上其他房屋后面，走在街上是看不到它的外围的。遗址在厄玛奴耳道上的入口从外面看去就像这里任何一栋房屋的大门口似的，极容易被人错过。在西西里乃至意大利其他地方，我到处都看得到城市中的这种历史的、考古的和建筑的年代层的叠压。如果说罗马不是一天建成的，那么西西里的古城也不是一个时代一个世纪里建成的，它们是在不同的历史时期里一层层累建的，而且每个累积的层次直到二十世纪之前在建筑艺术上都各具特色。这就造就了意大利古城的独特魅力，因为人们只要走在这样的城市

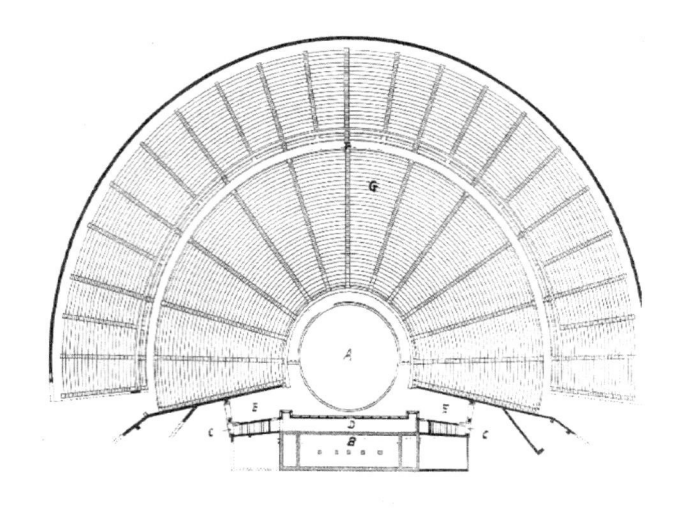

古希腊剧场平面图
A.歌舞队场地；B.舞台；C.登台侧阶；D.舞台前区；E.上下场门；F.横隔通道；G.区位

里，就已经身处为历史所融合的艺术与美当中了，而人们在其中驻足的各个景点，也无非是历史上有机地发展的美的理念和偏好之中一个又一个的高光点，在观赏者的内心引发一浪又一浪的惊叹和高潮。

进入剧场遗址，参观者便走在了阶梯形石砌座位下面最高一层的通道里（图32），由此可以从规律分布的通向观众看台（cavea）的通道朝剧场中心的歌队场（orchestra）方向沿阶梯登上阶梯状分布的观众席。站在距离入口最近的环形看台的南边一侧观看，可以对剧院的规模有个直观的感受。从这个方向望去，只见剧院背倚坡地，北边座席的最高一排之上与我刚才从外面绕行的希腊剧场道街面大约持平，不过座席与街道之间为一圈环形砖石砌成的外墙所隔绝，这层外墙据考古学家们推测可能是在古罗马时代剧场最后一次改建时增添的。按照古罗马剧场的通常营造法式，外墙上本应有装饰性的廊柱（porticus），而今已经不见了。需要指出的是，古罗马

图32：卡塔尼亚的古代剧场内观众席下的通道

建筑学家维特鲁威（Marcus Vitruvius Pollio，前一世纪）提到过的古代剧院设置于观众座位下面的所谓共鸣缸（echea），在后世的考古发掘与研究中是从未得到过印证的，这里自然也看不到这种设置的遗迹。看台的最低一圈与歌队所在的大理石砌成的圆形区域之间，原本有防水石板相隔，因为古罗马人酷爱观看水上表演，这些隔板可以方便在剧场中间蓄水，把罗马戏剧并不需要的歌队区域转化为一个大水池。我从南边的观众席先饱览了剧场的结构，再沿环状的通道走到西北侧的观众台，从那里背对着希腊剧场道，站在北边最

图33：从卡塔尼亚古代剧场眺望圣方济各奉始胎无玷堂的尖顶

高一层的观众席上，可以看到剧院外面东南方向突起的圣方济各奉始胎无玷堂的尖顶，那是我不久前在走出抬十字架路之后刚刚经过的（图33）。

主教座堂广场和象驮尖碑喷泉

我结束了这里的参观，从剧院出来沿着厄玛奴耳二世大街朝东走，很快就到达了卡塔尼亚的中心：主教座堂广场（Piazza del Duomo，图34）。意大利乃至欧洲的各个区域的中心城市，在城市的中心照例都有作为主教教区中心机构的圆顶或尖顶的大教堂，即所谓主教座堂。它们作为城市中心的坐标，通过四散的街巷向外

图34：圣亚加大主教座堂

辐射，是城市的天然中心，卡塔尼亚也不例外。眼前的这个广场及其周边的建筑也像埃特纳路街边的在世修士会宗座圣殿等建筑一样，是在1693年大地震中摧毁的中世纪建筑的旧址上，按照巴洛克时代的建筑风格和时尚重建的。然而广场上造型最别致的，其实并非大教堂，而是它对面的一座由西西里著名的建筑师瓦卡里尼（Giovanni Battista Vaccarini）设计建造的象驮尖碑喷泉（Fontana dell'Elefante，图35）。这个卡塔尼亚城的地标建筑的主体是一头驮着尖头石柱（obelisco）的大象。其特别之处在于使用了古埃及的主题：除了大象本身就是埃及文化中特有的动物形象之外，大象身上驮着的花岗岩石柱是所谓的obelisco，就是古埃及神庙中常见的棱体尖头石碑，这种石碑除了尖头这一特色外，碑体一般为棱体而非古希腊罗马建筑中常见的圆柱体立柱，而且我眼前这座石碑上面据说有用古埃及庙镌文（geroglifici / Hieroglyphen，中国人习惯上称其为象形文字）镌刻的赞颂古埃及女神伊希斯（Isis）的铭文。由于石碑很高，也因为我的视力不济，铭文我是在泉的周围绕了几圈也看不到的。直到晚上回到酒店后整理这一天拍摄的照片时，我把所拍

2021年6月26日 | 039

图35：卡塔尼亚主教座堂广场上的象驮尖碑喷泉

的石碑照片放大了若干倍，才影影绰绰看出石碑碑面上的一些纹路来，但是仍然无法确认它们就是庙镌文。为了落实这一细节，我还特地查阅了一些相关资料，看到有研究说，其实那并非文通字顺的庙镌文，只是些大约冒充庙镌文的装饰性花纹而已，这一点姑且存疑吧。

瓦卡里尼设计的这个大象喷泉摹仿了罗马城里万神庙（Pantheum / Pantheon）附近密涅瓦广场（Piazza della Minerva）的大象驮尖头碑雕像（图36），后者由文艺复兴晚期著名的雕刻家和建筑师贝耳尼尼（Gian Lorenzo Bernini，1598—1680）设计并雕刻，于1667年落成。不过罗马的那座只是个石碑，并无喷泉。有意思的是，贝耳尼尼更早的（1651年）作品，罗马四水喷泉（Fontana dei Quattro Fiumi，图37），却是以埃及尖头石碑为主题的喷泉建筑，不过这座喷泉建筑里却不包含大象雕像。文艺复兴之后，在城市的广场上树立埃及尖头碑成为一种西洋建筑和城市规划的传统。

尖头棱体石碑的广泛应用

图36：罗马密涅瓦广场上的大象驮尖头碑雕像，贝耳尼尼作品（1667）（王艺煊 摄）

除了梵蒂冈和包括罗马在内的意大利各地之外，世界各地著名的尖头石碑建筑有这样一些特别值得一提：十九世纪三十年代，法国人从奥斯曼土耳其统治下的埃及接受了来自埃及古城台拜的一根尖头碑，运到法国后被立在巴黎的协和广场上（Place de la Concorde）。同样在十九世纪，英国和美国分别接受了埃及政府类似的馈赠，在埃及原址原本配对设立的两根尖头碑被人为地分离，一根被立在了英国伦敦威斯敏斯特的维多利亚河堤（Victoria Embankment）畔，另一根被立在了美国纽约的中央公园。尖头碑的营造法式在现代建筑中更为人熟知的应用是各种民政的纪念碑，其中世界上现存最高的尖头碑是用花岗岩等石料建造于十九世纪后半叶的美国首都华盛顿特区的华盛顿纪念碑。另一座现代尖头碑的杰作是早已被拆除的苏联莫斯科苏维埃广场上矗立的砖与混凝土结构的第一部苏维埃宪法纪念碑（图38）。回到当下，此时我眼前的由瓦卡里尼设计建造的这座喷泉建筑，虽然在创作灵感上吸收了贝耳尼尼作品中的因

图37：贝耳尼尼设计的罗马的四水喷泉

图38：苏联尼·安·安德列叶夫设计的苏维埃宪法纪念碑（1919），图片据列昂节夫等著《苏维埃俄罗斯美术》冯湘一中译本（1957）

素，却仍然颇具独创性。我绕着大象喷泉从各个角度反复观看这个纪念碑，注意到大象立于其上的底座、大象的象牙、它背驮的石柱基座下面在它背上垫的鞍鞯，都是用汉白玉雕刻成的，大象黑色的身体则是用卡塔尼亚所独有的黑色火山岩雕刻而成的。尖头石碑的尖上顶着一个青铜球，装饰有青铜制成的象征殉教的棕榈叶和象征纯洁的百合花；再往上还有一块青铜方板，上面有奉献给卡塔尼亚出生的卡塔尼亚城护城圣徒、殉教的童贞女圣亚加大（Sant'Agata，约231—251）的铭文缩写：MSSHDEPL（据说应解读为"Mente sana e sincera, per l'onore di Dio e per la liberazione della sua patria"，中文是"健全且诚恳的心，为了上帝的荣光并为了她父国的解放"）；最顶尖则矗立着一个十字架。象驮尖碑喷泉的大象头朝着东面，正对着主教座堂广场因以得名的那座大教堂。

圣亚加大主教座堂

大教堂的全称是圣亚加大主教座堂（Cattedrale di Sant'Agata，图35），这是座坐东朝西的教堂，它目前的样子是由建筑师帕拉佐托（Girolamo Palazzotto）在1693年大地震之后在中世纪教堂的基础上重建后的样子。由于今天是礼拜六，大教堂内正在举行宗教活动，我只能在教堂内离门口不远的地方远远观看在教堂内堂举办的

图39：卡塔尼亚主教座堂内僧侣们举行法事

活动而不便进去参观。看着身着白袍法衣的修士们跟随着领头的举着法器的3位教士，列队游行于堂内的侧廊中（图39），我只能想象每年2月初在卡塔尼亚纪念圣亚加大的节日上在此举办的黎明弥撒（Messe dell'Aurora）的场景和随后由此出发的浩荡的环城游行了。不过，在进入教堂之前，我还留意了一下大教堂的前脸。在规模上，它比我今天到目前为止所看过的所有教堂的前脸都大，然而在设计的巧妙与建造的精美方面却明显地落了下风，许多被分割的小的面墙感觉原本可以增添更精细的装饰，却只是用平白的石板填充于其间，边际上也只是用直线形的框条来镶边，非常简约，实在不那么巴洛克。不过，大教堂的建筑更独特的地方主要在于其结构中所包含的各个历史层次，其中在建筑史上最有价值的，是据说位于它内堂深处的圆形拱顶堂（apsis）部分，那里唯一完整地保存了九世纪后期到十一世纪中期一度征服和统治了西西里的信奉伊斯兰教的阿拉伯人所带来的建筑元素。可惜这个圆形拱顶堂，连同堂内南侧的横殿（transetto / Querschiff）内陈列的借用古罗马时代石棺装殓的中世纪西西里王族、来自西班牙的阿拉贡列王的石棺、诺曼时代的建筑遗存，以及陈列在教堂中的作曲家贝利尼的陵寝，我这次统统都无缘得见了。教堂内举办的法事一时结束不了，我没有时间在这里无限期地等下去，又由于我的日程排得很满，也不可能他日另找时间来重游，我只好前往下一个景点，虽然不无遗憾。

圣亚加大修会堂

从大教堂出来，我随即走向大教堂南侧的圣亚加大修会堂（Chiesa della Badia di Sant'Agata，图40）。这座坐北朝南的教堂虽然比大教堂小很多，却在建筑史上值得大书一笔，被公认为巴洛克晚期建筑的一个杰作。它的前脸同在世修士会宗座圣殿类似，下层分割为三面的中间面呈凹形曲面，而两边的面均略呈凸起的球面状；上层则三面皆呈凹状曲面，总体上似乎是在向对面的大教堂显示一种守势的姿态。前脸除了大门两侧分别有两根一组的真体立柱以外，其他部位作为三面边缘的元素只使用壁柱，既不使用真立柱，也不使用半含立柱；连装饰性的人像雕刻也很小，而且被分别

图40：卡塔尼亚的圣亚加大修会堂（左）

放置在下层和上层的檐部之上；上层檐部之上甚至都没有山墙，而是让教堂前堂之上的屋顶成为露台，前脸的檐部相应地成为露天的石栏杆；所有这一切最终都造成一种相对简朴的效果，益发强化了它相对于主教座堂的谦逊姿态。不过这座教堂的后堂之上是有穹顶的，这让它超越了一般小型教堂的规模，与它对面的大教堂能够分庭抗礼。然而真正能够显示其奢华的是它的内堂，因为整个内堂都是用晶莹的汉白玉雕凿垒砌而成的，几何图形的石砌地板和内堂中间的玻璃吊灯，都与整个内堂的华丽风格相得益彰。除了华丽的内堂，这座位于卡塔尼亚中心地带的教堂的另外一个绝妙之处是，游人可以登上它的穹顶上面拱托着钟楼的最高圆顶周围的露台，从那里远眺卡塔尼亚全城。通向钟楼的楼梯口位于教堂正门内的右侧，游客沿着螺旋楼梯向上攀行，可以到达教堂顶部不同层次上的露台。螺旋楼梯越往上越窄，到了最后一段，楼梯通道的宽度就仅容一人了。从到达最高一层之前的那一层露台上上行或者从顶部下行之前，游人都得先叫喊一声，好让上下行的对方避让一下，免得走到中间与相对而来的人碰头，互相把楼道堵死。

远眺埃特纳火山

登上最高的钟楼露台，眼朝东南边，可以看到刚才参观过的主教座堂的后堂之上的穹顶，再远处就是伊奥尼亚海了（图41）。能这样清楚地看到令每个古希腊诗歌的读者都神往不已的伊奥尼亚海在阳光下波光粼粼，我此刻的心情是颇为激动的。站在露台的南边再往西南方向看去，还可以俯瞰我不久前徜徉于其上的主教座堂前的广场，广场中心的象驮石碑喷泉也尽收眼底。我在穹顶上的环形露台南侧流连了许久，想多享受一会儿艳阳之下海、天和古城的美景，然而我未曾料到的是，这样的胜景还不是今天我站在这个制

图41：从卡塔尼亚的圣亚加大修会堂的穹顶之上的钟楼眺望伊奥尼亚海

图42：从卡塔尼亚的圣亚加大修会堂穹顶之上的钟楼眺望埃特纳火山

高点上所能看到的最精彩的景观。当我终于从环形露台的南边踱步走到北边时，我的眼前出现了比伊奥尼亚海的远景更令人激动的风景：那是远方的地平线以上隐隐若现的一座山，此时看上去笼罩在一片朦胧的雾霾里。我认出来——但同时也几乎不敢相信——那就是我到西西里来追寻的诗人品达在《匹透赞歌第一首》的开头用强力神奇的诗句歌颂过的埃特纳火山（图42）：

  还有他，躺在悲惨的塔耳塔洛的
  百首图菲，众神之敌，基利基亚人
  多所歌颂的洞窟曾养育他，而如今却被远到
  居马、为海环绕的岩礁
  和西西里簇挤着他
  多毛的胸膛；那座天柱，
  积雪的埃特纳，镇压住他，终年凛冽的雪的乳母；
  从它最深处呕出不可接近之火的最属神的
  泉流；河川在白昼

倾泻冒烟的炽燃之

流；然而在暗夜里，岩石

为绯红的翻滚火焰在溅落声中

裹携落入浩海深处。

赫费斯托的这头委蛇怪兽发上来

最恐怖的喷泉；一个看去

令人惊异的奇景，就连

在场的人听来也是奇事。

品达的诗提纲挈领地讲述了古希腊人所传诵的关于埃特纳火山的神话，说埃特纳火山下镇压着一个出生在小亚细亚的基利基亚（Kilikia）、长着一百个头的怪兽图弗（Typhon）；此时它已经被罚入地狱（塔耳塔洛，Tartaros），在地下受到远到意大利半岛南部的维苏威火山附近的希腊人城邦居马、近到西西里岛的岩礁挤压；被镇压在地底下的它从埃特纳山的"最深处呕出不可接近之火的最属神的泉流"。诗人还想象出夜间火山喷发时，火山岩浆流入海里，令海水鼎沸的壮丽场景。不过品达似乎并没有来过卡塔奈，也没有登上过埃特纳火山。他对这座火山最近距离的瞻仰大概是在他应叙剌古僭主希厄戎等人之邀从希腊本土前来西西里岛的航船上。古希腊时代人们在地中海中航行，最安全的航道应该是沿着海岸线在近海航行，就是希腊人所说的 περίπλοος，环海岸航行，故而假如那时的人从希腊本土的阿提卡出发前来西西里，选择的航线应该是先沿希腊本土的西海岸向北航行，离开希腊海域后再沿着意大利的亚底亚海岸向南航行，而不是从希腊本土出发，直接横穿深海向西直线航行到西西里。如果这样的推测不错的话，那么在抵达位于卡塔尼亚南方的海边的叙剌古城之前，品达所乘坐的航船必定先经过了卡塔尼亚以北的近海地区，从那里可以眺望这座闻名全希腊的火山。然而无论如何，我此时站在教堂钟楼上所看到的，是远较诗人诗中所描绘的更平和的埃特纳山，既看不到山顶上的积雪，也看不到"绯红的翻滚的火焰"裹携岩石岩浆进入大海，更见不着火神

"赫费斯托的这头委蛇怪兽发上来最恐怖的喷泉"。可就是这样平和的火山远景，也足以令一个想在西西里追寻品达的足迹、想通过实地景物来印证他的奇异诗歌的旅行者如我感到深深的震撼了。

由于是在旅行受到限制的全球新冠疫情期间，在我到达卡塔尼亚后遇到的游客迄今为止几乎全都是意大利人。此时在圣亚加大修会堂穹顶的露台上，有个像我一样独自游览的姑娘请我帮她拍照。我本以为她也是意大利人，聊了一下才知道她是个波兰的空乘。这是我在西西里遇到的第一个外国游客，不过她说她此时能来西西里，是随她服务的航班过来的，所以她其实算不得是普通的外国观光客。

意大利矿泉水和餐饮业的行规

时间约摸已是下午两点，此时我感觉饥肠辘辘。从教堂出来，头顶着烈日，我也只能就近用餐了，于是便在教堂一侧的一家餐馆坐下。菜上来以后，不知是否是怀旧的情愫放大了记忆中的美好，还是我的口味真的比二十多年前变刁了，反正我此时感觉西西里的美食不如多年前我在威尼斯和翡冷翠吃的那么可口。不过老板很友善，此刻我是他餐馆里唯一的客人，而且我甚至怀疑也是他今天营业以来的第一位，虽然时间早已过了正午。疫情期间，全球的旅游业都受到近乎毁灭性的冲击，然而他的友好态度却也明显地并非因为我是个稀客。总的来说，意大利是个非常友善的国家，同欧洲北方一些国家例如卢森堡等不同，意大利人待人和蔼，物价也很公平，几乎看不到景区宰客的情形：在卡塔尼亚，一杯浓缩咖啡到处都是一欧元五角，一杯白葡萄酒到处都是四欧元，不会因位于城中的不同地段而有所差别。不过，不同餐馆的厨艺风味自然还是有高下之分的。自从抵达了西西里，我总觉得既然我现在身处海岛，就应当多吃些海产，今天便又点了鱼。可是端上来尝过之后感觉却不如昨晚的海产拼盘口味细腻，所以引发了我今不如昔的感觉。不过此时对于我来说果腹是更要紧的，也就马马虎虎吃了个一干二净。公平地说，尽管这一餐口味算不得出色，但是全意大利餐馆业的最低标准，仍要远高于全世界的平均水准。比如意大利餐馆里首先送

2021 年 6 月 26 日

上来的矿泉水，就值得称赞。那些本地出产的玻璃瓶装的加气的冰镇矿泉水，喝起来极其甘美，比起在美国或中国等世界各地常见的进口的意大利乃至法国产的矿泉水要好喝得多。意大利餐饮业的另一个让人敬佩的行规是，如果菜里面使用了冷冻的鱼肉等食料，菜单上就会一一标出，否则便一律都是新鲜食材。这也就是为什么，在卡塔尼亚这样的地方，卖鲜鱼鲜肉乃至蔬菜水果的占街露天农贸市场是很常见的，也是很著名的，虽然它们往往把街面弄得污水横流、腥臭刺鼻。

在候餐和餐后喝咖啡的时候，我翻看起随身携带的Carnabuci的西西里导游书，规划着今天后半晌的游览路线。这样的途中阅读其实非常必要，因为导游书的使用秘诀在于，你预先做的功课，由于并无实地实体的对象可以参照，无论是细节记忆的准确性还是对重点信息的辨别和关注，都有很大的局限；你需要在游览的过程中，在到达某个景点后，现场翻看相关的章节来具体引导游览路线和寻找需要特别留意的观赏对象。然而我很快就发现，随着天气愈来愈炎热，在景物、游人、沉重的相机、对个人财物安全的时刻警惕、日晒和挥汗如雨——疫情期间再加上口罩——的窘境之间，在仓促之中、在不同的光照条件下，能在现场详细参阅厚达500页的道林纸印刷的导游书的条件几乎是不存在的。因此能在午餐或喝咖啡休息时翻看一下，是参观途中难得的温习和修正机会。然而饶是这样忙里偷闲地查看了一下，我还是漏掉了两处值得去的景点，其中的一处，本笃会的圣普拉奇多堂（Chiesa San Placido），就在我此时所处地点的东边不远处；另一处，是欧洲第二大本笃会修道院红沙圣尼各老修道院（Monastero di San Nicolò l'Arena），距离我上午去过的罗马剧场较近。错过了它们，令我过后感到十分遗憾。

阿墨纳诺喷泉

离开餐馆后，我决定朝大教堂广场的西南方向进发。广场的西南角另有一个更小的喷泉阿墨纳诺喷泉（Fontana dell'Amenano，图43），虽然从艺术史的角度看，这个建造于1867年、以原本流经于此的河流命名的喷泉并无特别引人瞩目之处，然而作为点缀广场及

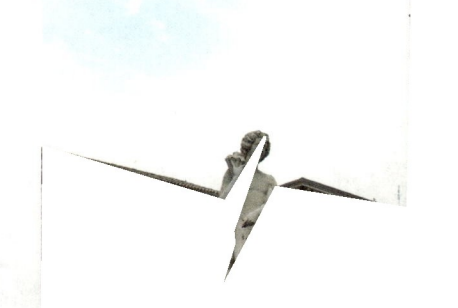

图43：卡塔尼亚的主教座堂广场西南角的阿墨纳诺喷泉

其周边环境的一部分，其存在却是非常必要的，显示出设计者精准的空间和风水意识。关于这个不起眼的喷泉，有一点是我在结束了西西里之行以后才幡然意识到的：它竟然是我此行在西西里看到过的各种各样的泉中水流最充沛的！

从小喷泉前出发，沿着与厄玛奴耳大街平行的加里波第道（Via Giuseppe Garibaldi）向西走，很快就到达了从抬十字架路略微错位向南延伸的寄书的圣玛利亚路（Via Santa Maria della Lettera）的街口，这个十字路口中间有一个规模不大的马志尼广场（Piazza Mazzini）。对它的背景不了解的游客极容易在此毫不留意匆匆走过，不知道这个修建于十八世纪的路口在建筑史上其实颇为有名，值得仔细品味。因为这个十字路口的四角各有一个彼此造型等同的有敞廊（loggia）的三层楼屋，这四幢楼的敞廊均立有八根从古罗

马志尼广场

2021 年 6 月 26 日

图44：卡塔尼亚的马志尼广场西南角

马王宫（basilica）遗址中掠夺来的多里亚式汉白玉石柱（其中每幢楼的两边上的立柱并列为一组），分别矗立在黑色火山岩凿成的方柱形柱础上（图44）。这样，路口四角的四组敞廊合拢起来就呈现为一个环广场的敞廊。敞廊所属的这四幢如今看去颇显破败的楼屋其实也并非凡品，都曾是西西里王公们的宫府，在它们临街的楼屋背后分别都有设计精湛的花园和其他用于居住与娱乐的结构。从东北角的那一幢顺时针数起，这四幢宫府分别是布鲁卡宫（Palazzo Scammacca della Bruca）、阿司蒙多宫（Palazzo Asmundo di Gisira）、佩拉托内耳宫（Palazzo Peratoner）和迦涅亚尼宫（Palazzo Gagliani）。不过，这几幢楼在十九世纪时曾被改建，结果四幢中有三幢在上层窗口外加建了阳台，而且这三幢改建的楼体

图45：卡塔尼亚的马志尼广场的东北角的布鲁卡宫，这座宫府是路口的四座建筑中唯一保留了十八世纪原貌的建筑

的颜色也被涂成了橘色，只有位于东北角的在历史上最早建成的那一幢仍然保留了卡塔尼亚常见的火山岩的黑色，而且也只有这幢没有在三层的窗外加建阳台（图45）。依照原初的设计，马志尼广场是要用作卡塔尼亚城的中心农贸市场的，然而农贸市场后来移到了别处，其中一处我将在傍晚的时候经过，另一处就在我下榻的斯台西库洛广场的背后。失去了市场功能，马志尼广场的四角结构其实就等同于传统意大利城市规划中处理交叉路口的一种特殊的布局方案，即让街口的四角都各立有一幢完全相同的房子。在我此次西西里之行的最后一站、在西西里今日最大的城市巴勒莫，我将会看到一个更著名的四角路口。值得一提的是，在十字路口的四个街角建立四幢相同建筑的城市设计和规划方案日后被欧洲殖民者带到了中

图46：上海福州路与江西中路四角路口上三座彼此相对、风格相同（艺术装饰风格，Art Deco）的大厦之一，西北角上的第四座系新古典式

国，上海的福州路（旧时俗称"四马路"）与江西中路的十字路口四角上的汉弥尔登大厦（The Hamilton House）等三座装饰艺术风格（Art Deco）的高楼加一座新古典式建筑，就呈这样的四角布局（图46）。这四座大厦前脸皆呈凹面，尤其体现了马志尼广场四周的柱廊设计初衷，见证着西洋建筑的审美和设计传统的延续性。

马志尼广场不仅本身值得参观，它周边的街道建筑也多是珍宝。除了四角的四幢宫府外，加里波第街上十八世纪修建的帕耳多府（Palazzo Pardo，图47）也值得参观。可惜这些宫府如今多已改作他用，我没有时间详细询问它们开放与否或者开放的时间，这次只能是过其门而不入了。寄书的圣玛利亚路过了马志尼广场到南边就

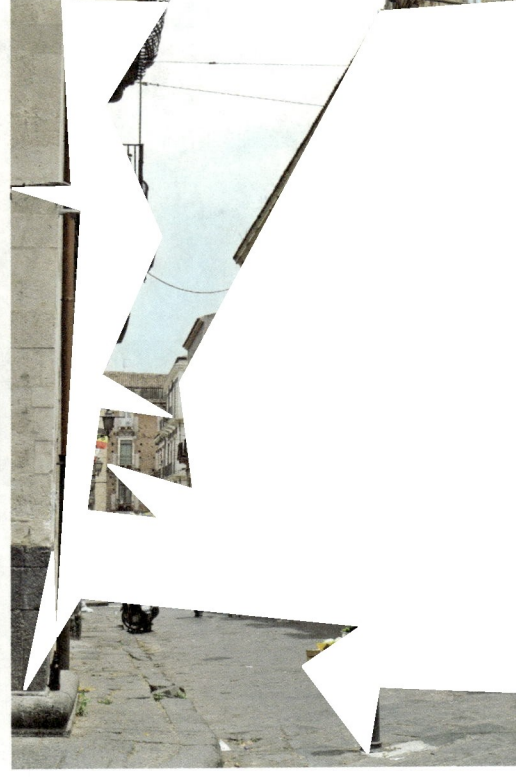

图47：卡塔尼亚的帕耳多府

图48：卡塔尼亚的奥泰里路街边水果摊

变成了奥泰里路（Via Auteri），在这条马路两边大约都是公寓楼，也都极其精美。在这里我注意到，虽然马志尼广场没能遵循它的设计初衷，成为菜市场，然而它附近的街道仍然有不少沿街的水果蔬菜摊位，再加上餐馆的露天座椅，繁忙的交通，无一面墙壁幸免的涂鸦、脱落的墙皮、黑魆魆的蒙着灰尘的街道，这样的人间烟火气让我感到似曾相识，很容易就联想起昔日天津南市和东北角一带的繁华与杂乱（图48）。

我要参观的下一个地点是乌尔西诺城堡，按照城堡名称的字义翻译可以叫它熊堡（Castello Ursino，图49）。这是个由神圣罗马帝

乌尔西诺城堡

2021年6月26日

图49：卡塔尼亚的乌尔西诺城堡（熊堡）

国皇帝弗里德里希二世（Friedrich II，1194—1250，自1198起成为西西里王）——就是那个被著名史学家布克哈特（Jacob Burckhardt）称作是坐在王座之上的第一位现代人的著名中世纪君主——在诺曼人建造于卡塔尼亚港口的城堡基础上于十三世纪修建的城堡，曾被他用来关押反叛他统治的卡塔尼亚人。后来到了西班牙人的阿拉贡王朝时代，城堡曾被用作国王行宫，其结构也依照文艺复兴时期的时尚风格进行了一些改造。到了近代，它仿佛又恢复了早先在弗里德里希二世时代曾经有过的国家暴力功能，一度被辟作监狱，如今则早已被改为卡塔尼亚市立博物馆，供游人们参观。

城堡是意大利古城必不可少的一个组成部分，然而一般都不建在市中心，而是修建在山顶或是海港等险要地带。它在历史上均属于中世纪，是中世纪军事贵族领主们的要塞，往往见证着意大利在中世纪曾是神圣罗马帝国中枢地区的那段漫长而暴烈的历史。在西西里，城堡更是同这个位于地中海中间的大岛上异族政权频繁更迭的复杂历史密切相连的。由于重要城市附近的城堡里面往往设有宫殿，比较奢华，其作为宫殿的功能在中世纪之后远超它们在中世纪时作为城堡的军事意义。不过，由于它们首先是个军事防御设施，所以在营造法式乃至所使用的建材方面，都与教堂和宫府等神圣或者世俗的公共或私人建筑明显不同。拿我刚刚在马志尼广场看过的宫府进行比较，城堡的规模显然要庞大得多，而且它的外壁是用乱石混合混凝土修筑的，不是像宫府那样是用更讲究的石材建成的。与相对更低矮的宫府相比，城堡的外壁十分陡峻，只在城垣的靠上部分开出少数窗户，的确更像现代的监狱建筑而非一般的民用建筑。特别值得注意的是，城堡的各面城垣并不是一展无遗的平面，它南面和东面的外壁的中部，连同城堡的四角，都建有圆柱体结构，这些圆柱体无论在外形上还是在功能上都类似于我们更熟悉的、在中国出现于二十世纪上半期的岗楼。意大利人把城堡外壁修筑成这种平面和圆柱体交错的样子而非完全的平面，正如古罗马的建筑学家维特鲁威早就解释过的那样，是为了让守城的人可以从圆柱体侧面开通的窄窗或攻击位从侧翼攻击登城的敌人，这样就不至于让守城者只能从城墙顶部向下攻击登城的敌人。顺便说，已被拆除的北京城墙的四面外壁也不是一展无遗的平面，而是在平面图上呈现为锯齿状，想必也是出于类似的军事防御考虑。最后，城堡的周围有护城河或者壕沟作为屏障，这种布局在原则上当然同中国古代城防外设置池或者壕的道理是相通的。卡塔尼亚的这个城堡与西西里其他城市的相比算是比较小的，它是极少数经历了1693年的大地震而屹立不倒的卡塔尼亚建筑。然而十七世纪埃特纳火山喷发的火山岩浆和灰尘却把原有的护城壕沟填平了，而且也由于火山灰的堆积，导致陆地向海中延伸，结果是城堡今天已经不再滨海了。

　　沿着奥泰里路向西南方向走，街区变得更加破旧，路上还要穿过一条铁路，那里有一座天桥可以让行人车马越过铁道（图50）。这座天桥的两面不仅有铁栅护栏，而且护栏还被铁丝网封闭起来，铁锈、水泥砌的桥、桥栏上的涂鸦，一时间简直令人觉得回到了美国纽约市的布鲁克林区。过了天桥便看得到高大矗立的城堡了。然而在参观城堡之前，我的注意力却先被城堡周边的植被吸引了（图51）。在这里，我看到一些姿态窈窕的松树，它们树冠极高而且呈

图50：通往卡塔尼亚的乌尔西诺城堡的铁道天桥

抱团的样子，同松树常见的树形迥异，这就是著名的意大利石松（pinus pinea）；我还看到一些非常高大的棕榈树，它们的高大是我此前从未见识过的；不过这里最让人惊异的，是异常粗大茁壮的仙人掌树（图52），而此前我对于仙人掌类植物的尺寸规模的了解，是只建立在室内盆栽上的。不过我想，这里毕竟是与北非只有一跳之遥的西西里岛，难怪植被都呈热带荒漠特色呢。此时我还不知道，我对西西里气候的认识，要等到我登上通往西西里岛南岸的道路，来到阿格里真托（Agrigento）和色林农特（Selinunte）时，才会变得更充分、更全面。

城堡朝南的城垣下方有个很小的拱门，这里便是城堡的入口，现在也就成了博物馆的入口。进入博物馆内参观，我发现里面的藏品其实乏善可陈，主要是一些已然残缺的罗马人仿制的古希腊雕像，在艺术水平上都比较低劣，

图51：乌尔西诺城堡前的棕榈树和意大利石松

图52：乌尔西诺城堡前的仙人掌树

而且我没有看到任何同品达时代的卡塔奈城的历史有关的东西。不过，由于这是我此行参观的第一个城市博物馆，我仍然看得很仔细，那几尊为数不多、艺术水平不高的古希腊神像的模式给我留下了第一手的印象，这些印象要等到我后来来到希腊，实地参观了更多更好的古希腊雕刻作品后，才逐渐能分门别类，能从中解读出更多的信息。

从熊堡中出来，我沿着环绕它的街道饶有兴趣地观赏周边的民居，其中北边的一幢看上去已经全然废弃的房子的破败程度，甚至超过了昨晚我在圣比亚吉奥堂后面的街巷里看到的房子（图53）。可是这样的破败景象并未令我心生嫌弃或者蔑视，反而比昨晚看到的街区更强烈地唤起我的乡愁。我又想到了昔日天津的南市和四城

旧房子和城市记忆

图53：乌尔西诺城堡周边破败的民居

一带那些中西合璧的民居、商铺、娱乐场所等老房子。它们虽然在建筑预期寿命上比不上卡塔尼亚的这些，它们原本设计的舒适程度（房屋的高度、宽敞程度以及内部结构细节）和所使用的建筑材料也都比眼前的这些屹立了几百年的房子要粗陋很多，特别是由于天津的那些老房子长期缺乏维护和贫民窟化等问题，极大地降低了生活在其中的人们的生活质量，同时也破坏了它们的外观景观价值，但是它们原本在建筑艺术上都是有着值得尊敬、值得欣赏的追求的，在整体布局上更是充满了人情，人们住在其中，可以有童年、有爱、有高邻、有亲戚往来；儿童可以围观新娘、街坊邻居们可以迎接产房里接回的婴儿，或者隔窗窥视来访的陌生人，孩子从这里

走出去上学，老师沿街一家一家家访，有时，街头小学校的鼓号队还可以在街上吹吹打打地游行；人们也会把装在棺材里的死者从胡同里抬出，在临街的房子里设置灵堂，一代又一代人就这样在这里开始和终结；那时的街道在早晨都笼罩在如金尘般氤氲的朝阳里，与街边早餐店冒出的蒸汽和炉烟混在一起，街面上隆隆穿行着有轨电车和汽车，马路被狭窄的便道边沿儿上竖起的铁管栏杆分开。这是我记忆中的天津故城，是我心目中城市应有的样子，是我的乡愁的寄托。然而它们不像西西里的卡塔尼亚的老屋这样被保留，而是早已被粗暴地、无情地夷为平地，在它们的原址上，暴发户们建起了几十层高的毫无人性的粗劣的混凝土大楼，它们的高度和体积远超人类的尺度，仿佛它们是给巨人族居住和使用的。就这样我熟悉的街市消失了，人流消失了，店铺消失了，曾经世世代代在此居住的人们被连根拔起、抛散到远郊，彼此失联，人们在自己的家乡成了播散地（diaspora）上的漂泊者，没有了街坊邻居，婚姻嫁娶也罕见了，于是孩子变得稀缺，小学校都关闭了，我那个曾经有很多建筑珍品、熙熙攘攘、充满生命力的故乡城市就这样变成了钢筋水泥的无机丛林，我已经没有了故乡。想到这里，我耳边仿佛响起了一生热爱意大利的美国的伟大诗人和先知庞德（Ezra Pound）朗诵他那首名诗时的声音：

> 有了高利贷
> 有了高利贷没有人能有优质的石材建造的房子
> 每块石头都削凿得平滑而且严丝合缝……
> ……
> 有了高利贷
> 没有人能见到贡查迦他的后嗣和他的姬妾
> 没有哪幅画创作出来是为了长久流传或是为了伴人生活
> 而是创作出来就为了售卖而且要速卖
> 有了高利贷，对自然造孽，
> ……

……

高利贷让石凿生锈

让手艺和手艺人生锈

……

高利贷杀戮了子宫里的胎儿

令青年人的求爱终止

它把偏枯带上床，躺

在年轻的新娘和她的新郎中间

反自然

鱼市

离开熊堡一带，我朝着主教座堂广场所在的东北方向往回走，远远看到一座大石拱铁道桥，拱桥的数个桥洞下杂乱停放着很多辆汽车，地上的垃圾更多了，空气中充斥着刺鼻的鱼腥味——这也是一种久违了的气味，让人想到纽约的唐人街、香港九龙的街道，以及二十多年前或更早的时候，中国很多城市的露天或室内的菜市场。我这是走到了卡塔尼亚著名的鱼市区（La Pescheria，图54）了，也就是取代了马志尼广场上的市场的卡塔尼亚主要农贸市场。可惜现在已是下午5点左右，摊贩们早已收工，只留下遍地垃圾和污水，我无缘见识这里陈列出售的各类鲜鱼与商贩和顾客们的喧嚣了。过了拱桥，沿着桥北面的街（Via Dusmet）朝东走几步，就会看到一个拱洞，这就是著名的以曾经统治过卡塔尼亚的西班牙乌泽达公爵（Giovanni Francesco Paceco, duca di Uzeda）命名的乌泽达门（Porta Uzeda，图55）。这个拱门其实就是大教堂广场南端的出口。拱门之上的楼把广场东面的大教堂和南面的教士修习所宫（Palazzo del Seminario dei Chierici）连接了起来，而楼下面拱门的设置方便了大教堂广场和南边居民区的交通。此时穿过这个门洞，我就又回到了今天晌午后来过的大教堂广场了。这个城市的民政和精神生活的中心与市井生活就这样仅为一墙所隔，从市井的嘈杂和脏乱到精神世界的纯洁与庄严只有一步之遥。回到大教堂广场的时候，恰巧看到广场北面市政厅的象宫（Palazzo degli Elefanti）前

图54：铁道拱桥下面已经收摊的鱼市
图55：从主教座堂广场上看到的乌泽达门，建筑上黑色的外墙是用了火山岩砌成的，这是卡塔尼亚建筑的一大特色
图56：卡塔尼亚主教座堂广场边上的象宫
图57：象宫大门拱洞内陈列的十八世纪马车

有穿着婚纱的新娘在拍照（图56）。象宫此时是关闭的，我只能从大门内观赏门洞一侧陈列着的精致的马车车厢（图57），而这座在1693年大地震后由瓦卡里尼和伊塔耳（Ittar）等名家先后设计修建的宫府式大厦的内庭，我也只能隔着大门的铁栏"管窥蠡测"了。

从大教堂广场沿着埃特纳大街向北，是大学广场（Piazza dell'Università，图58），东西两边昔日都是十八世纪修建的大府第，阿斯蒙多府（Palazzo Gioeni Asmundo）和圣朱利亚诺府（Palazzo San Giuliano），它们如今都属于卡塔尼亚大学所有。大概由于是暑假期间，看不到有人进出。从广场再往前，到路的西面就又回到了我上午参观过的在世修士会宗座圣殿。至此，我这一天在卡塔尼亚的游览就结束了。

卡塔尼亚大学

我沿着埃特纳大街朝酒店的方向走，沿途顺路逛了逛卖旅游纪念品的摊市，可惜实在看不到有任何想买的。回到贝利尼广场一带时，我特地拐到埃特纳路一边横岔的小巷里，想找个超市或者小卖部买些生活必需品。小巷里的店大多跟北京等地20年前的小店一样，不事装修，货物堆积在货架上，十分简陋。我走进一家店，进

图58：卡塔尼亚大学及其前面的大学广场

2021年6月26日 | 063

去后发现是皮肤黝黑的南亚低种姓人开的，这里实在没有我要买的东西。在意大利，特别是在南方，能看到不少来自人口众多的南亚国家的人，后来我在巴勒莫也见到不少。南亚是个人口增长率极高的地区，在过去几十年里，这个地区不加任何控制增长的人口向全世界，尤其是向全世界的热带、亚热带地区持续输出，其数量在不知不觉中已经十分庞大。由于西方主流媒体完全不报道，来自南亚的移民已经悄然充斥了从新加坡到阿拉伯半岛、从下撒哈拉非洲到太平洋岛屿的整个热带和亚热带地区。

虽然街上此时出来享受周末夜生活的人们开始多了起来，我却早早地回到了酒店，因为我需要规划未来几天的行程。由于这次西西里之行完全是要我自己制订行程，预订机票、酒店及其他交通和住宿方式的，而我虽然参照Carnabuci的书等资料做了一些功课，但是在具体的日程安排上，我决定最好的策略是只提前一两天画定游览路线、预订酒店，以避免因行程变更而导致退订等不必要的麻烦。我的此次西西里之行既然是以探访古希腊遗迹为主线的，就不会只是去些主要城市看看而已，因为同巴洛克时代的那些更近代的文物不同，古代遗迹大多分散于西西里岛沿海或近海的小城镇里或者野外，非常不便于乘坐公共交通抵达。为了更快捷更自由地探访这些遗址，我认定最好的办法是自己开车。租车而不是搭乘公共交通，这是我从德国出发之前就已经做出的决定。但是直到到达西西里后的次日晚上，在一天的游览之后，我才着手开始在网上租车，同时还要预订下一站的酒店。感谢这个网络时代，一个手机上的App就能把所有的事情办妥，只不过提车的地点不在卡塔尼亚城里，而是要到机场去。此时我已策划好了我次日的行程：我明天一早要先去机场提车，而我明天晚上的栖处将是位于卡塔尼亚市南60余公里外的城市叙剌古。

二〇二一年六月二十七日

纳克所，陶耳米纳，埃特纳火山，叙剌古

租车上路

早上起来后就面临一个选择：我应该先空手到机场提车，然后回来加载行李再退房，还是先退房，然后带着行李去机场提车呢？考虑到机场距市区不远，而且不愿意拖着行李的累赘跑一趟机场，于是就决定先空手乘Alibus去机场提车，提了车之后再回来取行李退房，虽然这样可能要多花一点时间。早餐则是到贝利尼广场旁边的一家麦当劳买了个培根卷勉强对付了一下。

从麦当劳出来后，我乘机场巴士来到了机场，找到租车公司的办公室，却被告知我昨天预订的菲亚特车没有了，换成了欧宝（Opel）车，当然价钱不变。我问车是自动挡还是手动挡，回答说：是手动挡。我又问有没有自动挡的车，回答说：没有。这多少让我有些懊悔昨晚订车时没有把这一点敲定。其实我开过很多年的手动挡车，当年初到美国后，买的第一辆旧车就是手动挡的，而且一开就是好些年。不过在那之后我不开手动挡的汽车已有20多年。但愿我能迅速恢复我早年开手动挡汽车的技能吧，我给自己这样鼓气。车挡问题之外，昨天订车的时候给客服打了个电话，问车内是否有GPS导航，被告知没有，而且说如有需要，必须额外付钱，还要提前数天预订。于是我决定从我的美国手机运营商那里购买国际漫游流量，打算用手机上的谷歌地图App导航。不过此时在租车办公

室,我还是又问了一遍前台有没有GPS导航,得到的答案跟昨天一样,我别无选择。

签毕租车合同,拿上车钥匙,我便去位于租车办公室后面的停车场找车。找到车后,我把车的前后内外仔细地检查了一遍,发现驾驶一边的车门处有些污渍遗留,不知是否是车身遭到剐蹭后留下的,便用手机拍了照,又回到办公室,向工作人员展示说明。被告知是车门贴封条留下的胶;车是新车,这块儿污渍不是问题,而且还车时如果遇到质疑,可以以我拍的照片为证。作为一个曾多次来意大利的人,我很了解意大利人不拘小节的办事方式,于是便在半信半疑中被说服回停车场开车去了。

车的确看得出是全新的,但是属于较小的车型。虽然马力会差些,但是小型车在街道狭窄、人口稠密的意大利乃至欧洲很多地方,无论是行车还是停车都有很大的优势。好在车坐上去并没有感觉很逼仄,没有感到有身位不适等问题,虽然没有美国车宽大,但是感觉比日本车要宽敞些。我启动了引擎,看到油箱是满的,于是开始了挂挡等操作。凭着肢体和肌肉的近乎本能的记忆,我操作手动挡的感觉逐渐恢复了,我确定我驾驭得了这辆车。在把车开出停车位之前,我在手机地图上定好了位于卡塔尼亚市内的酒店位置,然后才将车缓缓地从停车场里开了出来。此时朝晖还没有完全褪去,今天将会跟昨天一样又是一个艳阳天。

手动挡虽然可以顺利操作了,但是导航却出了点儿问题。车载导航技术的普及已经起码有10来年了,然而我平时却极少使用。在美国的时候,由于日常出入规律,哪怕是去较远的地方,也都是凭着对路况的熟悉,无需手机导航便可以顺利抵达。记得有一次开车带朋友外出,还被调侃为"人肉GPS"。然而在人地生疏的意大利,我便只能唯手机导航的指示是从了,于是我不熟悉如何使用手机导航的问题就暴露了出来。导航在我不久后的希腊自驾行中,甚至出了更大的问题,严重影响了我的旅行和游览,看来我还是吃了不重视新科技的亏。

由于导航出了问题,我在机场内足足绕了两圈才开出去,而且中途找了一个地方短暂停车，调好了导航App后才又重新出发了。好在机场不大，我在这儿并没有耽搁太多时间。从机场开出来后不久，在一个环岛路口，我看准去卡塔尼亚方向的出口路标，便开上了进城的快速路。我从机场回酒店的这第一段意大利自驾行总的来说还算顺利。

在任何地方开车，停车都可能是个大难题，在城市中尤甚。好在卡塔尼亚虽然人口稠密，停车却还方便。埃特纳大街是个城区主路，不便停车，我就绕到后街的一个教堂小广场前的农贸市场边上停了车。把车停在这样一个乱哄哄的地方，我有些担心车的安全，不过似乎也别无选择了。

下了车步行回到酒店房间收拾好行李，退了房，拉上行李箱，我很快便回到停车的地方。在后备箱里放好行李箱之后，我坐进了车里。这次我吸取了教训，知道要先把手机导航系统调好，不要在路上出乱子，因为我即将走上的，是异国他乡的全然陌生的公路。

我今天的游览计划是先往卡塔尼亚城的北面去，首先近距离看一看埃特纳火山，然后再到海滨小镇纳克所（Giardini Naxos）走一走，去看看上古时代来自恺尔基（Χαλκίς）的第一批希腊殖民者在西西里岛登陆的地方，在那之后再去参观一个有著名的古代剧院遗址的陶耳米纳镇（Taormina），最后向南折返，奔向卡塔尼亚南方近70公里外的叙剌古古城，并将在那里过夜。

开车出了市区，很快就上了高速路，但是没走多远我就被堵在了路上。起初我疑心是前方出了事故，随着车流一点点缓慢前移，最后却发现是收费站阻碍了车流的顺畅通行。路税金额不高，我走的是人工服务通道，现金支付很顺利。通过收费站后我想到，我的手机导航并没有事先提醒我，跟在美国时导航App不仅提前预告有收费站，而且连路税金额都通知到有所不同。这件事虽然很小，然而由此可见即便有手机导航的便利，路上还是会遇到很多突发情况。无论如何，在异国他乡开车是种不断的冒险，这一点我在后来的希腊之行中是有更深刻的体会的。

西西里的高速公路

2021年6月27日

近观埃特纳火山喷发

二十世纪七八十年代，我在北京等地看过一些意大利电影，《一个警察局长的自白》（Confessione di un commissario di polizia a un procuratore della repubblica）、《我们曾经这样相爱》（C'eravamo tanto amati）、《意大利人在俄罗斯的奇遇》（Una matta, matta, matta corsa in Russia，与苏联合拍）等等，从中对意大利人酷爱骑摩托车在街面上肆意穿行留下了很深的印象。近半个世纪过去了，意大利人的这个爱好依然保持不变，就连高速路上也有很多摩托车风驰电掣，经常在汽车之间甚至汽车与路肩之间随意穿行超越。不过，通过了收费站之后，我虽然对路上时时可能突然出现的摩托车始终保持着警觉，却也开始有余暇欣赏道路两旁的风景了。不久我就看到出现在公路左侧的埃特纳山，而且远比昨天在圣亚加大修会堂穹顶上面看到的要清晰。我注意到，此时埃特纳山顶正有白色的不知是云是雾一样的东西朝着天空升起、扩散，就像发电厂等工厂的巨型烟囱朝天空缓缓冒出白烟那样。我刚觉纳罕，可是瞬间就明白了，这是埃特纳火山在喷发！同时我还是觉得难以置信，就是那种人们对期待或者仰慕已久的人或事在毫无仪式铺垫的情况下突然不期而遇时所感到的无法信其为真的心情。然而随着我离埃特纳山越来越近，我再也无需怀疑，这就是火山喷发！只不过不是以它所能有的最大威力，而是缓缓地，然而却是持续地、不间断地自火山口下深不可测的深处向着天空喷发白色的烟雾。由于此时天空晴朗无云，在蓝天的衬托下，从埃特纳山顶火山口上冒起的白烟形态分明，还没有形成昨天下午我在卡塔尼亚的圣亚加大修会堂的钟楼上远远地望到它的时候那种仿佛云气氤氲一般的浑浊状态。

我并不是一个热衷于自然探险的人，西藏算是我去过的在自然环境方面最有挑战性的地方；在美国这么多年，我也从没去过什么尼亚加拉瀑布、科罗拉多大峡谷等自然名胜。所以喷发中的埃特纳火山大概是我有生以来亲眼见到过的最壮丽的自然奇观了，诚如品达在诗中所言，这是"一个看去令人惊异的奇景"。据修昔底德的记载，公元前425年，埃特纳火山的喷发摧毁了古代的卡塔奈城，这是发生在品达死后了。修昔底德还说，由此上推50年，埃特纳火山还曾喷发过一次。由公元前425年上推50年，是公元前475年。我们今天知道，埃特纳火山的这次喷发其实从公元前479年就开始了，一直持续到475年，这就是品达在《匹透赛会庆胜赞歌第一首》中描写过的那次火山喷发。古希腊三大悲剧家之首、与品达前后脚来到西西里，甚至可能来过卡塔奈城的悲剧诗人埃斯库罗斯（Aeschylos，约前525/524—约前456/455）保存至今的悲剧《被缚的普罗米修斯》中所描写的，也是同一场火山喷发。而今发生在我眼前的，虽然远不如品达诗中所描绘的那么剧烈，然而我仍能切身地体会到，埃特纳山这个"天柱"下面镇压的百首怪兽图弗几千年来从未停止过挣扎。

由于遭遇到这个始料未及的情况，此时我的心里正快速地思考我现在应该怎么办：是在下一个出口下高速路，找一个适合拍照的地方拍下这个奇景，还是改变原本打算在返程途中顺道开往埃特纳山的计划、现在就朝埃特纳山头进发，抑或是继续按照原计划沿高速路向北行驶，先到纳克所和陶耳米纳，然后从那里回来时再想办法开上埃特纳山上？在快速位移的高速路上，一两秒钟内我便作出了决定：我要采纳后一个，也就是原定的方案。就这样，埃特纳山很快就被我高速行驶的汽车甩在了左后方，我继续朝着陶耳米纳方向向北驶去。

不过，我今天的第一站不是陶耳米纳，而是纳克所，这个小镇的现代全称是吉亚耳迪尼·纳克所（Giardini Naxos）。至于我要去纳克所的什么地方，我自己也不知道，因为那里属于古希腊时代的地上遗迹已经几乎荡然无存了。公元前735年，古希腊人来西西里岛殖民的第一拨人、来自希腊本土东面的欧玻亚岛（Εὔβοια）上的恺尔基人，在首领土克累（Θουκλῆς）的带领下，从欧玻亚岛渡海抵达了这里，建立起纳克所城。就像来自英国的第一批美洲殖民者乘"五月花号"抵达北美建立起新的普利茅斯（Plymouth）一样，纳克所（Νάξος）这个名字也来自当时希腊已有的地名，即爱琴海中

纳克所海滩

的纳克所岛。在这里登陆的希腊殖民者五六年后（公元前730年以后）就在纳克所的南部建立了卡塔奈城，就是后世的卡塔尼亚城。到了品达时代，在公元前476年，统治着南方的叙剌古城邦的僭主希厄戎在攻陷了卡塔奈的同时，也一并攻陷了纳克所，并且就像他在卡塔奈城那里所做的那样，也强行迁出了本地居民，然后在469年重建了纳克所城，迁入了来自珀罗之岛的多洛族的新移民。而今这里的古希腊遗迹只剩一段石壁了，更重要的考古遗址可惜被十九世纪修建的沿海堤坝破坏了。今天，纳克所在当地人中间以它的海滩著称，是传统的度假地（图59）。我按照手机导航的指引，并且参照路边的路牌，从高速公路上下来，很快就行驶到滨海公路上，看到了这段著名的度假海滩。此时已是中午，我决定在这儿先休息一下，同时也想享受一番这里的海滨风光，于是便把车停在公路远海的一边。下车后我在炎炎烈日下走到公路靠海一侧的一个露天餐馆的凉棚里坐下，点了矿泉水和沙拉，边吃边欣赏海景。这是我来到西西里之后，第一次离海这么近。昨天我在卡塔尼亚眺望伊奥尼亚海的时候，是在教堂的穹顶上，距离海边还有至少几百米，而今坐在这里，脚下的海滩只有不到10米宽，再往前就是深蓝色的伊

图59：纳克所的伊奥尼亚海滩

奥尼亚海。我这样坐在凉棚里，一边喝水一边往东方海中的深处眺望，试图想象公元前735年第一批希腊人从伊奥尼亚海彼岸的希腊本土乘船抵达这里的情景，甚至还试图想象荷马史诗中所叙述的在海上漂泊的奥德修斯在这一带登陆西西里岛（荷马称之为三岬岛，Τρινακρία）遭遇独目巨人的情景。大概是海滩上度假的人们太强烈地提醒着我目前所生活于其中的时代和文化，我实在无法在眼前或脑海中唤起近三千年前的历史场景或更久远的神话场景。

驾车登山迷路

离开餐馆，我走向不远处的游艇码头，想打听一下是否有游艇可以乘坐到海面上一游。被告知今天的游艇都订满出海了，可以预约明天的。我只好打消了乘游艇的念头，走回到停车的地方，准备再次上路朝陶耳米纳进发。可我万万没有想到，下一段路程将会变得异常艰难，让我多花了数倍的时间、多走了数倍的里程，差一点就没去成陶耳米纳！

离开了纳克所的海边公路，我驾驶着汽车很快就进入了崎岖的山道。由于路况极其复杂，而我事先完全没有料到通往陶耳米纳的路是山路，更没有料到山路的多弯和陡峻程度，再加上手机导航的指令与道路的实际状况似乎越来越脱节，于是我在对导航指令的怀疑和对实际路况的猜测这样双重的不确定性和困惑中不断沿着山路上升、转弯、又下降，却始终无法抵达。在这一段路上，导航说距离目的地还差5公里，到下一段路，又说差了10公里。路上好像只看到过一处标志古迹景点的赭石色的路牌，但是在多弯且有岔道的山路里，其指向也完全不清楚。其中有一个路口尤其令人迷惑，在对向车道、锐角拐弯的上升车道、直行车道和下降车道迷宫般的交错中，我应该就是在第一次经过这里时误入了歧路，结果莫名其妙地又重新回到了高速路上。重上高速路让我确知我已经走岔路了，可是既然上了高速，就只能开到下一个出口才能下来，然后再转到对应的反向入口开上返程的高速路。就这样我原路折返，又回到刚才走过的山路，再次开到刚才我走岔了道的那个迷宫般的路口。这一次，我知道了要避免驶入刚才错入的路口，但是即便如此，还是有

2021年6月27日

三个我刚才没有驶入的路口需要我从中作出抉择，于是我拐到我这次觉得更正确的路上，但是心里却感觉这还是在试错，而非真的确信自己走上了正路。所幸后来证明这次我拐入的方向和选择的岔路是对的。可是当我沿着陡峻的公路开上山去之后，却仍然找不到陶耳米纳。就在我还在纳罕的时候，一直往前开的车不知不觉中便从山坡的另一侧沿下山公路驶了下来。下坡的时候，我才意识到我再一次错过了目的地。可是由于车道极其狭窄，而且一边是峭壁，一边是深谷，下山的路上也没有交叉路口，所以汽车根本无法掉头，甚至偶尔遇到对面来车时，都得有一方停下来避让对方才能错开。就这样，我被迫又回到了山下我离开纳克所时的出发点。这两次开错道儿，每一次从下到上再从上到下都花掉了约45分钟。在这个过程中，我心中绝望的情绪开始蔓延。不过我仍旧不死心，其间我还碰到过一个骑着摩托车经过的妇女——她显然是山上的居民——便停下来向她问路。虽然她能说一口完美的英语，可是由于我不熟悉这一带的地理，对于她所告诉我的，我还是感觉懵懂。我只能一边仔细琢磨她提供给我的信息，一边尽量回忆刚才路上碰到过的景观和标志。虽然心里仍然充满了不确定性，我决定还是要再上一次山试试，而且不知是出于自信还是自我鼓励，我觉得这次一定能找到。就这样，我第三次开上山了。这次我在那个迷宫般的交叉路口更有信心地再次拐进了我第二次到达这里时选择的路口，然后从这里开始，在上山的路上益发小心翼翼，争取不错过路上的任何标志和信息。在看到路边一块较大的平地上设置的停车场时，我把车朝路左拐进了停车场，找了个车位把车停下，以为陶耳米纳镇就在附近了。可是我下车以后到周围走了一遭，却并没有找到。由于是在疫情期间，游客稀少，停车场内也找不到人问路，我抬头看了看不远处的山峰，心想陶耳米纳应该还在更高的山峰上吧，于是我回到车上，开上车又继续向山上爬。当山路再次变得比较平缓的时候，我认出了这段路是我刚才开车时经过了的，于是便格外小心起来。好在路上没有什么车，我可以慢速行驶而不必担心堵了后面的车。就这样我开着车缓慢地行驶着，最终看到路边有个十分不起眼的指示停车场的标志。顺着它指示的方向我转了进去，车开进了修建在一块山崖上的很小的停车场：这一次，我才终于找对了地方。

　　停好车，到停车场一侧的自动缴费机上预缴了停车费之后，我便带上相机、书和背包走出了停车场。其实就是到了这时，我仍然不清楚我要看的古迹景点的方位。我先是沿着没有人行道的上坡公路边缘继续向上走了大约50米，才看到左手边有一段长约200米的马路通向一个市镇，这便是陶耳米纳古城了。我注意到，这段通向陶耳米纳古镇的马路禁止外来车辆进入，由于没有标志或者标志太不明显，所以我在第一次经过这里时，虽然注意到附近开始有行人出现，却在犹疑中轻易错过了，而且是一旦错过就没有了回头路，直到一路回到了山下。寻找陶耳米纳的路上所遭遇的挫折让我最切身地领略了西西里乃至意大利多山的地貌特征；同时也让我认识到，我们看地图或用手机里的App导航时，其实往往都把距离和位置理解为平面上的、二维的，一遇到这样多山的复杂地形和道路，就会受到三维世界的打击，暴露出二维认知和基于二维空间的导航的缺陷。这就是为什么，一路上虽然导航App显示我接近或几乎已经抵达了目的地，但是平面上显示的几十米的距离在海拔高度上可能相差上百米，必须要经过盘山公路到达相应的高度才能抵达在地图上看起来很近的目的地。

　　在我走到陶耳米纳古镇的城门前时，发生了一件事，能很好地展示西西里人的友好。由于天气炎热，再加上我刚才因为迷路、反复上山下山的一通暴走难免产生的焦急情绪，我带的半瓶水早已喝完，而此时又在骄阳下走了大约200米，口渴异常。在陶耳米纳城门对面看到有一个自动售饮料机的亭子，便要进去买瓶矿泉水解渴消暑。可这时却发现，我刚才在缴停车费时，把合适的硬币都用光了。恰巧这时亭子里有一个本地少年刚刚在售货机上买了一瓶饮料。他看到我的窘境，竟然主动用他的硬币买了一瓶水送给我。我要给他纸币，他也不收。而且他也不会说英文，我向他表示感谢："grazie! È molto gentile da parte tua!" 他只是微笑。

陶耳米纳

陶耳米纳早在青铜时代就有西西里岛的原住民西古勒人（Sikuler）来此定居。公元前5世纪末在纳克所为叙剌古僭主狄奥尼修斯一世——就是他本人及其家族都与哲学家柏拉图有过密切交往的那位叙剌古将军——毁灭后，原住民西古勒人被驱赶出来，把这里当作避难的逃薮。又过了半个世纪，希腊人才开始统治这里，并且给这个地方起了个名字叫Tauromenion，这个名字从词根上看显然跟牛有关，但是这个地名的意思具体是什么，历史学家们也不能确定。到了罗马时代，陶耳米纳才变成一个较为繁华阜盛的地方，我今天将要参观的，就是这里的罗马时代建筑的遗迹。

古镇坐落在临海的山崖上，海拔平均有250米，我抵达的地方接近古城的最高处，海拔达400米左右，可是由于山势十分陡峭，我几次上山下山的经历让我感觉它的高度比实际上要至少翻倍。这个突出于海上的石崖是构成西西里岛三角形的东北角的珀牢洛岬角（Πέλωρος ἄκρα，意大利人称之为法洛岬角，Punta del Faro）所属的珀牢洛山（Monti Peloritani）最南端的岬角。我从坡路走上来，面对的是古镇的北门墨西拿门（Porta Messina）。进了墨西拿门就都是步行街，从大门进来走上的街是陶耳米纳的干道翁贝托道（Corso Umberto）。走进墨西拿门，我看到在翁贝托道的上方悬挂着一眼望不到头的塑料材质的金箔银箔彩条，它们随着微风起伏摇晃，到处散射着晃眼的金银色的反光，在蓝天的衬托下，尤其耀眼（图60）。这种色调和亮度同我已经习惯了的卡塔尼亚的灰暗色调形成强烈对比。我还注意到，这里的街道也比卡塔尼亚乃至我刚才到过的纳克所干净得多。虽然街边的房屋依旧是老屋，但都很整洁，全然不见在卡塔尼亚触目皆是的涂鸦和动物粪便等破坏和荒废的痕迹。镇上到处都是游客，也比我在卡塔尼亚的大教堂广场上看到的要多得多，几乎让人忘记了这是在新冠疫情导致的封闭期间。不过想想也难怪，因为陶耳米纳是个任何来西西里旅游的人必到的景点。前几年西方七国首脑会议就曾在这里召开，而且从历史上看，这里至晚自十八世纪以来一直就是英国等欧洲北方国家的贵族到意大利等地中海国家壮游（Grand Tour）途中的必经之处，包括歌德的

图60：陶耳米纳的街道上悬挂着金银箔条

《意大利游记》（*Italienische Reise*）在内的很多英、法、德作者所著的游记都记录过对这个地方的访问。它作为西西里旅游的招牌城的身份大约可以解释，为什么这里看起来要整洁得多，为什么街两边有奢侈品店：钱是背后的主因，那些装饰街道的金箔银箔实在可以被看作是钱的一种赤裸裸的显露，只不过，把街道弄成这样金光闪闪的样子，不免让人联想起世界各地赌城里仿造的威尼斯水城或者罗马喷泉，想起在这些伪造的古迹前面身着有金箔银箔效果的比基尼装束、手舞同样质料的花簇的半裸女郎抬腿翘臀而舞的样子。把意大利本土的文物真迹弄得跟拉斯维加斯和澳门用混凝土仿造的伪造古迹一样，看来全世界的资本的趣味都是相似的。

从墨西拿门口进来后，翁贝托道右手边就会看到一座属于伊比利亚半岛上加泰罗尼亚风格的哥特式（Gótico catalán）建筑，这是

科尔瓦亚宫

科尔瓦亚宫（Palazzo Corvaia，图61），它建于中世纪晚期，但是融合了在原址上此前阿拉伯人和诺曼人先后统治西西里期间建造的堡垒建筑中的一部分及其建筑风格，而它的基础部分甚至更古老，是利用了古罗马时代建筑的地基。作为堡垒，由于陶耳米纳很小，这座盘踞在小镇要冲的城防建筑在规模上看去比卡塔尼亚城里的宫府楼屋大不了多少，也就相当于一座中小型教堂的高度，同卡塔尼亚熊堡的规模是无法相比的。然而从建筑法式上看，它入口狭小、外墙顶头有垛墙、临主街的一边有个诺曼风格的堡垒塔楼、整座建筑

图61：陶耳米纳的加泰罗尼亚式哥特风格科尔瓦亚宫

下层无窗、狭窄的矛尖拱窗（finestrella a lancetta）开在离地很高的上层，——所有这些因素都符合作为堡垒的首要职能，即防御和安全。从1538年到1945年400多年间，这座城堡都属于本地贵族科尔瓦亚家族所有，但是它现在成了当地的旅游中心。不知是否因为意大利人的午休习惯，此时它是关闭着的。不过，由于在路上耽误了太多时间，我现在只想直奔这里的古罗马遗迹，其他的文物是否要去参观，就看剩下的时间有多少了。

古代剧场遗址

堡垒的斜对面，顺着赭石色的指示牌左转，可以走到陶耳米纳最著名的古迹古代剧场的遗址（Teatro Antico，图62）。这个剧场在当地人的口中有希腊剧场之称，考古学家在遗址中也的确发现了公元前三世纪制作的石料和部件。然而我们今天所能看到的遗迹的面貌，主要是罗马人两次改建之后遗留下来的，第一次是在公元前二世纪初期或中期，第二次则在二世纪。罗马人不仅增建了扇形的观众席（cavea）上最高层背后的柱廊，而且把剧场的底部进行了改造，好让它适用于人兽或人类相杀的表演，也就是说，希腊人的剧

图62：从卡塔尼亚古代剧场遗址今天的入口处仰望剧场的外墙

图63：陶耳米纳的古代剧场遗址（面向西方）

院（如果这里曾经是古希腊人或古希腊式的剧场的话）被罗马人改造为角斗场了。在西西里岛上，古代剧场遗迹中规模最大的一个在叙剌古，陶耳米纳的这个位列第二。无论如何，任何一个亲临其地的人都可以明显地看出，它肯定比卡塔尼亚的那座古代剧院要大将近一倍。从十八、十九世纪起，这里就成为西西里岛上最著名的古迹之一，也是陶耳米纳标志性的景点，歌德在他的西西里之行中就曾于1787年5月7日来到这里参观。

　　古希腊人建造剧场都是依山或傍坡而建的，利用天然的地形地势以降低工程的难度和成本，不像罗马人多是从平地起建的，这一点也是支持这里先有希腊人剧场说的证据之一。因为陶耳米纳的这个剧场依靠山坡坐西北而面东南（图63），站在剧场内最高的看台上，左边和前方偏左边可以看到伊奥尼亚海，右边是我刚才走来的陶耳米纳镇干道翁贝托道接近城门的那一段。远眺前方偏右方向，可以看到埃特纳火山。然而此时的埃特纳火山看上去笼罩在浅蓝色的薄雾之中，并没有我在《西西里》书中和在网上看到的从这里拍摄的火山照片所显示的那样的清晰远景。

关于这个古剧场遗址的总体面貌，200多年前歌德在他的《意大利游记》中所作的描绘，相较于我此刻在现场的观察，仍然是十分精准的：

歌德的描述

> 在我们登上了耸立在离海岸不远的高处的石垣之后，就看到它的两峰为一个半圆连接起来。这个半圆虽然原本是天然形成的，却经过了人的加工，从中建造出角斗场的半圆形观众席来；紧邻的墙壁和其他附属部件添加了必要的通道和厅室。在阶梯状的半圆形看台的脚下，横着修建了舞台，以此将两边的石崖连接起来，成就了一件令人惊叹的自然与艺术的作品。

歌德没有提到而我此时却清楚看到的是，这座古建筑位于舞台（scaena）所在的戏楼后面的背墙（scaenae frons）有相当多的部分保留了下来，不过我不知道歌德到来时，戏楼的背墙的残存究竟有多少。依据立在遗址入口处的文字牌说明，舞台后方两侧的侧门（hospitalia）是遗迹的真实遗存，但是十九世纪时考古学家对背墙

古希腊剧场戏楼正面内部复原图，出自A. Baumeister编辑的《古典时代纪念碑》（1889）

图64：陶耳米纳的古罗马剧场舞台所在的戏楼背墙的建筑遗存

进行了修复，我猜测大约主要是在砖墙内壁之前利用散落于地的石料建材重新竖起了那几根哥林多式石柱，因为背墙的中心部分仍然是缺失的（图64）。不过这一部分更细致的细节我此时无法看到，因为舞台后的背壁前面立起了一面大屏幕，作为屏幕的支撑，后面还搭着钢管做的脚手架，这些设施遮挡住了背壁的很大一部分。从考察古代遗迹的角度讲，这是非常有碍观瞻的，但这是欧洲的古希腊和古罗马剧院以及角斗场遗址的惯常做法，就是在每年季节和天气允许的时候，这些剧场或角斗场平时白天作为古迹向游客开放，周末的晚上它们原有的演出功能就被恢复了，人们在里面举办戏剧和音乐会等演出，为此在演出季节里会搭建临时性的演出设备。我在网上就看到过歌剧《乡村骑士》在陶耳米纳的这个露天剧场里演出的录像。这样做的一个好处是给古迹注入了当代性和历史的延续性，坏处就是像我遇到的这样，为演出搭建的临时设施影响了游客们参观古迹的真容。

图 65：从陶耳米纳的古罗马剧场东墙外向东眺望伊奥尼亚海

俯瞰 伊奥尼亚海

我在观众席上，从入口附近的剧场的西侧沿着半圆形的看台走到东侧，这样不仅能更好地观看剧院内的全景，也能更清楚地眺望剧院以外西边绵延起伏的山峦。但是陶耳米纳最壮观的景色是在我从观众席最高层西侧的残缺拱门下绕到柱廊背后、也就是走到剧院东侧外以后才看到的（图65）。走出东面残缺的柱廊，就来到了陶耳米纳临海的山崖。站在这里，眼前看到的是蓝缎子似的伊奥尼亚海，与天都无分别；俯看山崖从上到下次第生长着仙人掌、柽柳等较低矮的树和锥形的地中海香柏，中间掩映着红陶瓦顶——这是我今天在见到了喷发中的埃特纳火山之后所看到的第二处壮丽的自然景观。我静静地在此观赏了许久也不愿离去，因为在这里我才终于能够在想象中接近远古时代奥德修斯登陆三岬岛和第一批希腊殖民者抵达西西里岛的场景。就这样我沉浸在眼前的美景和对远古的悠思里，其间到来的几对游客也没能扰乱我此刻内心的安宁。

这片地带的南边有个指示牌，指示朝南有条"歌德小道"（Sentiero di Goethe），标记着歌德当年走过的路径。我绕到朝向南边的柱廊墙边，站在那里盛开的夹竹桃丛中远眺陶耳米纳南边的景色。从这里可以看到西西里岛东海岸蜿蜒的海陆交际线，据说从这里不仅能看到卡塔尼亚，而且还能望见叙剌古城。然而此时我只见到海岸线的远方笼罩在淡蓝色的薄雾之中，完全无法辨别更细小的物体。从这里往正南偏西方向看，可以眺望埃特纳火山（图66）。由于日头已经偏西，此时它的位置恰好高悬于火山口上方，强烈的日光使得火山的轮廓变得迷蒙溟漫难以分辨。我后来才意识到，这实际上是由于火山喷发的烟雾折射了日光，使得大气都散射着强烈的日光，让那一片天空显得分外白炽刺眼的缘故。

古剧场上残破的廊柱、拱门等结构都是砖砌的（图67）。古罗马建筑学家维特鲁威引以为傲的砖结构是罗马帝国始皇至尊屋大维时代以来罗马人建筑的一大特色。虽然我此前在罗马、最近在德国的特里尔和昨天在卡塔尼亚等地的古罗马角斗场、温泉、剧场等遗址中都已见到过古罗马的砖砌屋宇，可是内心却始终无法驱除一种隐约的失望感。古罗马人发明了用石灰加火山灰制作混凝土的

图66：从陶耳米纳的古罗马剧场东墙外向南眺望西西里岛的东海岸线，地平线上右上方是埃特纳火山

图67：陶耳米纳的古罗马剧场观众席上面窑砖砌成的柱廊和外壁

方法，并且将窑砖与混凝土结合，广泛应用于建筑中。然而在我心里，大约是由于过去见过太多当代窑砖建造的粗劣的房屋，太多水泥建筑（虽然现代水泥的配方与古罗马人的不同），所以一直对之深恶痛绝，便总觉得这种混凝土加砖的建筑难免让人产生劣质廉价的感觉；罗马人的这类建筑不仅无法同古希腊人的石筑神庙相比，甚至也不如后来最好的基督堂的建筑，因为它们都是用石头凿刻垒砌的。窑砖一般要比石料容易风化得多，我不明白，为什么像这座剧场这样的罗马建筑中所使用的窑砖能历经两千年而相对完好，有些甚至看起来成色很新。

除此之外，参观陶耳米纳古代剧场的经历，还向我预示了在接下来的西西里之行中将要遇到的挑战。古希腊人建造神庙、剧场乃至卫城等神圣或世俗的公共建筑，出于安全和宗教方面的考虑，多选址在山顶；虽然我是开车上来的，免去了歌德时代旅行者们的车马劳烦，但一方面由于没有歌德等昔日来意大利壮游的贵族们所拥有的财力，可以雇当地的向导和仆人，前呼后拥，而是所有的事都必须亲力亲为；另一方面，我来的季节远比歌德游历西西里的季节（5月）炎热，所以行车再加上在酷暑和暴晒中上下攀爬参观山上的

2021年6月27日 | 083

露天古迹，对于体力乃至毅力的挑战实在很大。相比之下，在像卡塔尼亚那样的城市里参观教堂等景点，就要轻松多了，虽然盛暑仍然会造成很多不便。

从古剧场出来，沿着来时的街道往回走，我在一个卖画的摊位前停了下来，因为我注意到，摊主在摊位上悬挂和摆开的画大多是西西里的旧地图。我挑选了一张十七世纪德国工匠绘制的西西里历史地图的复制品。这是我来到西西里之后，第一次购买旅游产品。摊主很和善，还认真地在地图的背面签了名以示郑重。我打算回到美国后把它镶上镜框，挂在家中的书房里。

古罗马水师馆遗址

离开摊位，沿着这条小街再往前走几步，便向左拐上一条向下倾斜的坡路小街，走上不远然后再次向左拐，就进入了一条狭巷，从狭巷的一侧可以看到陶耳米纳城内另一处古代遗址水师馆（Naumachia，图68）遗址。这座古罗马设施今天只剩下122米长的建筑前脸，这是罗马风格的一个砖砌结构建筑，造型为立柱夹拱形壁龛的二方连续形。具体的建造年代据推断为罗马帝国时代。这个建筑原本应是由像幸存的这段前脸这样的外垣整个儿围起来、中间蓄水的。至于蓄水的用途，则有不同的猜测。这个古迹今天通行的名称意味着，这里曾是古罗马人观看水师战斗游戏的娱乐

图68：陶耳米纳的古罗马水师馆遗址

设施，就像卡塔尼亚的古罗马剧院也曾上演水上表演那样。不过也有人认为这就是一个为古镇提供居民用水的蓄水池。无论如何，我很难想象，在这样一个十分干燥的地区，而且是在山顶上，罗马人是如何异想天开要在这里蓄水为池演戏或者表演海战的。相比之下，汉武帝在关中平原上的长安附近造昆明池演习水师，听起来要合理得多：

　　昆明池水汉时功，武帝旌旗在眼中。

　　走过了水师馆前的小道，回到刚才从剧院回来时的小街，我在考虑是否要去看看陶耳米纳的几座教堂。此时已经约下午4点了，我心里惦记着要登上埃特纳火山看看，然后再一路向南驶向叙剌古城。这样一想，我是没有时间在这里继续逗留了，于是连城内另一处古罗马时代用作朗诵场的小剧场（odeion）也没去看，就向停车场走去。过后回想起来，我意识到，翁贝托道上的金箔银箔在我的潜意识里已经引起一种抵触心理，觉得这里过于旅游景点化、过于商业化了，这种过度且俗气的包装，让我产生了一种隐秘的反感心理，不愿在此久留。

在开往埃特纳火山顶的路上半途而废

　　开上车从陶耳米纳出发，我先是下降到滨海的街道。在重新回到高速公路上之前，有一段道路穿过了一个我不知道名称的小镇。这段路虽然离海边很近，却没有直接靠着海岸。汽车穿行在狭窄的古镇里无人的街道上，两边的房屋建筑考究，错落有致，一时间勾起我幼年时看到的二十世纪五十年代中国画家所作的水彩画中的景象，虽然画中的房屋和街道都是中国旧时的城镇。

　　回到高速公路上继续向南行驶，天色变得暗淡下来。此时我已经完全不再依赖手机导航，而是想依照路边的指示牌，在通向埃特纳火山的出口下高速，直奔山上。下了高速公路后，我完全是在刚才在高速路边看到的路标的指引下，凭着感觉向前行驶，并不知道究竟要到哪里去。道路很窄，两边的房屋和其他景物只能用凋敝来

2021年6月27日

形容。我想，如果有谁世世代代生活在活跃的火山口下，大概都会想办法离开的吧。我越朝火山上行驶，天色就越黯淡。这时我感觉已接近了火山的下半腰，但是并不知道如果真要开到接近火山口的地方，还要走多远。到埃特纳火山上去看看，这是我的一个模糊的愿望，它跟我要参观其他品达时代的遗迹的计划不同，因为火山是个全然异乎寻常的自然奇观，虽然我决定不在卡塔尼亚城中搭乘埃特纳火山之行的旅游班车，而是要独自驾车前来，可是我根本不知道我应该怎么走、需要准备些什么、上去后要停在哪里，因为我从没有过任何自然探险的经验，也没有为这一次火山探险提前做任何功课。鼓动着我登上埃特纳火山这个模糊愿望的强烈情感仅仅来自诗歌和哲学，它不仅来自品达和埃斯库罗斯，也来自荷尔德林以及他笔下的古希腊前苏格拉底哲人恩培多克勒（Empedocles，前495—约前435），因为德国浪漫派诗人荷尔德林曾经以这位西西里的希腊哲人为题材写过一部诗剧，虽然剧作最终未能完成。作为这部诗剧的主题，古希腊哲学史上的这位重要人物是纵身跳入埃特纳火山口自杀而死的，荷尔德林的诗剧《恩培多克勒之死》就选择以这位哲人的戏剧性死亡为题。除了这些，我还记得歌德在《西西里游记》中叙述他登上埃特纳火山的那些段落，实在地说，歌德的这段游记就是我关于登上埃特纳火山的最接近实用知识的信息了。可是此时我越向上开，就越担心，因为时间已是6点左右，天越来越暗，我也不确定汽车油箱里的汽油还能让我开多远，也不知道在这样偏僻的山路上，会不会遇到加油站。埃特纳山距离我今晚的目的地叙剌古城开车需要一个多小时，由于今天我在寻找陶耳米纳的路上花费了比我预计的多了数倍的时间，我想我的埃特纳火山行恐怕是无法完成了。就这样思前想后，我终于在一个路边有空地的地方停了下来，打算在此提前结束这次探险。不过我没有马上折返，而是先下了车，站在半山腰远眺了一会儿东面的伊奥尼亚海和更远处的卡塔尼亚城。这时的海和城都沐浴在金色的余晖里，而奇怪的是，我这里却已经完全处在阴影中了。晦暗的环境让我心情也有些暗淡，我随即上了车，发动起来掉头开始下山。这次我在手机导航App上把目的地设定为叙剌古城里我预订的酒店。在下山的路上，我看到四周依然是一片凋敝。

　　后来在结束了此次西西里之行、回到特里尔之后，我才了解到，此次埃特纳火山的喷发远比我想当然以为的要严重得多。我早上在高速公路上只看到火山顶上冒出的清晰白烟，其实倘若走近火山口的话，就会看到火红的岩浆的喷发，虽然没有像品达诗中所描写的那样，喷出的岩浆一直流入海里，让海水沸腾，但是我看到的白烟其实就是由于这样的岩浆喷发而产生的，并不仅仅是吐烟而已。我能有这样的了解，是因为在回到特里尔后，恰好看到法国电视台ARTE播出的一套2021年刚刚制作完成的多集纪录片《踏着奥德修斯的足迹》（*Auf Odyseus' Spuren*，别名*Im Kielwassar des Odysseus*）中的一集《赫利俄之怒》（*Der Zorn des Helios*）。在这一集里，摄制组近距离拍摄了目前正在喷发的埃特纳火山口。哪怕仅仅是在视频中观看，那也是一个令人震撼的场景，火红的岩浆就像石油从井口喷出那样或强或弱地地下断续涌出，岩浆落到地面上以后颜色由红变暗，地面上就像秋收后焚烧的麦秸田那样到处冒着白烟；我还看到，这些摄制人员在山顶上是穿着羽绒背心的，尽管他们拍摄时已是夏季。看了这个纪录片，我对此行没能登上埃特纳火山便不再感到遗憾，因为我明白了，要登上它，去接近恩培多克勒投身其中的火山口，我准备得还远远不够充分：

　　　　可是从勇敢的
　　　　胸中欢快地涌出了火焰。战栗着的
　　　　渴望！是怎样？最后是死亡
　　　　引起了我生命的燃烧？你递过
　　　　骇人的杯，大自然！递给我
　　　　这鼎沸的！好让你的歌手用它
　　　　饮下最后一滴灵感！
　　　　此刻我心意已足，除了我的
　　　　献祭处以外别无所求。

图69：从高速公路上回望埃特纳火山

　　从山上下来直到重上高速路之前，交通都很拥堵。不过从山上下来后，路两边的房屋等景物比我来时路上看到的要好些，但是到处仍是黑黢黢的，始终去不掉破落甚至肮脏的感觉。这种感觉直到我重新开上高速路后才消失。上了高速路，我开了一会儿，就在遇到的第一个加油站那里拐了出去，停下车来给车加油。加好油以后，站在服务区，我又朝北眺望了一会儿已经离我有些距离的埃特纳火山（图69）。重新上路后，我注意到高速路上方的电子显示屏上有提醒人们提防火山灰危险的安全提示。再过不久，我就经过了通往卡塔尼亚市区的出口，只是这次我不会再回到那里去，而是继续向更南边的叙刺古城驶去。过了卡塔尼亚，感觉天空就明亮起来，虽然映照在路两边树冠上的阳光已是黄昏的金晖。我这才恍然大悟，我此前在接近埃特纳火山时所感受到的阴霾和黯淡，完全是由于火山喷发的烟霭遮蔽了阳光导致的，而天空本应是万里无云的碧空。这也让我后知后觉地明白了，我前一天在卡塔尼亚城里和刚才在埃特纳山脚下看到的黑魆魆的、给人以肮脏感觉的街道甚至植被，其实也都是火山灰的污染造成的。就像我们都见过的重工业污染严重的地方，那里万物都覆盖着煤炭燃烧后产生的烟炱和其他工业粉末；同样，日复一日的火山活动为其周边地区覆盖了一层又一层黑色的火山烟炱的细灰，让房屋的墙壁、街面甚至树上的枝叶都蒙着黑尘，就像西方旧时寡妇的丧服一样，为卡塔尼亚城罩上一层哀恸的黑纱。

一个多小时之后，我到达了叙剌古市区。进入城里的路有点复杂，但是找到我预订的酒店还算顺利。抵达后我先下车办理好入住，再把行李带进房间，略事洗漱后，就出了酒店步行到街上寻找餐馆去了。

叙剌古的傍晚

叙剌古古城的中心其实不在今天的叙剌古市区里，而是在位于城东南面的一个海岛上。我沿着通往这个海岛的翁贝托一世大道（Corso Umberto I，图70）朝海岛方向走着，不久就看到一个似乎还不错的餐馆，便在沿街搭建的阳棚里坐下，准备晚餐就在这儿用了。

老板是个健壮的中年汉子，热情友好，跟我客套了一番，还指着阳棚下的尽头悬挂的正在实况转播足球赛的电视，问我看不看

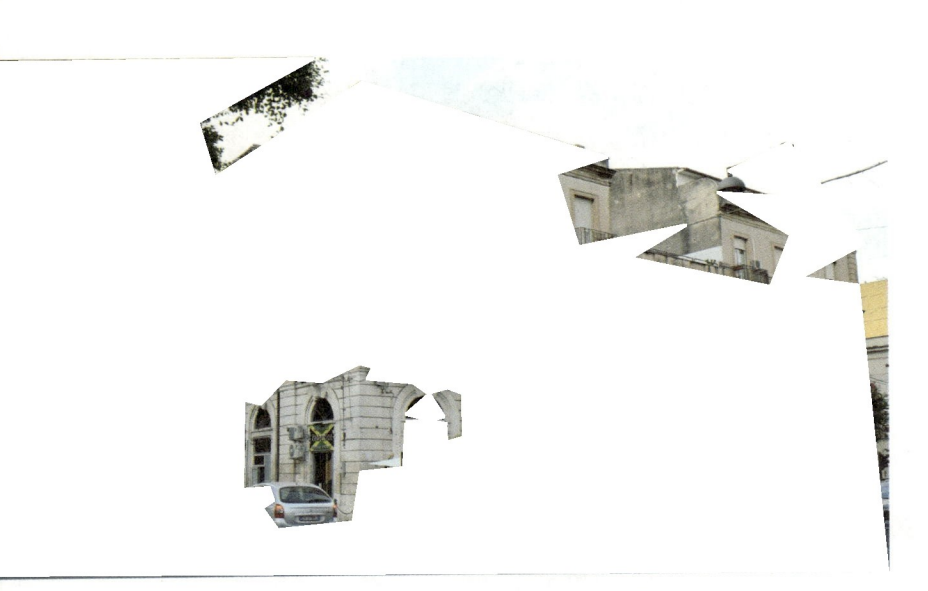

图70：叙剌古的新城区翁贝托大道街景：官府式民用建筑

欧洲杯比赛，我说没有看。在我的记忆里，足球在中国成为大众最喜爱观看的体育比赛项目之一，是从我在北大读书时的二十世纪八十年代前期开始的。那时每逢重大比赛，校园里就有人把电视搬到宿舍楼之间的空地上，那时还没有有线电视，大家就架上天线接收电视广播信号。比赛时，多达一两百人就挤在那里看球，大多是大学生、少数是校内京畿和河北籍民工，人群中不时爆发出进球时的欢呼声或者失望时的嘘声，印象中这些足球爱好者们是清一色的男性。我那时虽然一直参加一些健身活动，却始终对观看足球比赛没有兴趣，对于球迷们如痴如醉的狂热完全无法产生共鸣。不过，八十年代时，中国的球迷看的大都还是中国球队的比赛，进入九十年代中后期，随着中国足球在国际比赛上的表现每下愈况，中国球迷就都成了世界球迷，几乎全都成了欧洲某一城市或俱乐部的球迷，其狂热程度，仅就我二十世纪九十年代见到的北京男人们来说，丝毫不亚于欧洲本地的球迷，这恐怕也是全世界独有的现象。我一贯以为，中国人有全世界独一无二的"忘我"和"移情"的文化心理人格，就是总能想当然地把自己完全代入异邦异族人的身体里和心里，总能为他人"设身处地"，这种世界球迷的现象只不过是这种人格在某一方面的体现罢了。

晚餐其实做得一般，菜烧得火候过了，但是由于我从早上起一天颗粒未进，所以吃得仍然很享受。结账之后时光已晚，再加上我一天的旅途劳顿，就没有再在街上流连，直接返回酒店休息了，我需要为明天游览叙剌古的景点做点儿功课。

二〇二一年六月二十八日

叙剌古

叙剌古城是公元前735年由来自希腊本土的哥林多（Korinthos）移民在首领阿耳喀亚（Archias）的带领下建立的，城邦的名称来自此地原住民对附近一个沼泽的称呼。在古希腊时代，叙剌古城最初并非建在西西里本岛上，而是建于今天叙剌古城东南方向一个离岸只有几百米远的小岛上，古希腊人曾把它叫作逮罗岛（Delos），将它与位于爱琴海中部的同名小岛混同。依据荷马体的《逮罗岛阿波罗颂》，怀了宙斯一双儿女的累陶（Leto）把女儿、猎神阿耳太米（Artemis）生在了叙剌古旁边的这个小岛上，生产后她渡海来到位于爱琴海中的那另一个逮罗岛上，在那里生下了阿耳太米的兄弟阿波罗。但是后来西西里的这个所谓逮罗岛通行的名称是俄耳图癸亚岛（Ὀρτυγία，意大利文：Isola di Ortigia），按照这个名字的词义也可以译作鹌鹑岛，好与爱琴海中的逮罗岛区别开来。荷马体《逮罗岛阿波罗颂》中是这样说的：

> 致敬，哦，有福的累陶！既然你生了荣耀的儿女，
> 为王的阿波罗和射箭的阿耳太米，
> 后者生在俄耳图癸亚，前者则在莘确的逮罗。

古希腊时代的叙剌古

古希腊地理学家斯特拉波（Strabo，前64或63—约23）关于这个岛的说法与此略有不同。据他说，这两个岛原本都叫俄耳图癸亚，而不是都叫逮罗。无论如何，直到公元前五世纪，叙剌古城才从俄耳图癸亚岛延伸到西西里本岛，那时西西里岛上的叙剌古城外曾有一道27公里长的城墙。在希腊上古时代，叙剌古虽然并非希腊人最初抵达西西里岛的登陆点，然而它后来却成为希腊人在岛上的一个重要节点，成为古希腊人在西西里的殖民地中最著名、最强大的城邦。公元前六世纪到公元前五世纪之交，原籍是爱琴海中的底罗岛（Telos）、祖籍是小亚细亚近海中的罗都岛（'Pòδos）的希腊殖民者戴诺墨奈（公元前491年卒于各拉城）来到西西里岛的东南部，在叙剌古西南方建立了各拉城邦（Gela），由此开创了最终统治了叙剌古、卡塔奈以及周边的各拉和卡马里纳（Kamarina）等数个城邦的戴诺墨奈王朝。戴诺墨奈去世后，他的两个儿子各隆（Gelon）和希厄戎相继统治了各拉，在这期间展示出这个家族的强大军事和政治天才。在各隆统治期间，他先是用武力征服和兼并了旭卜拉（Hybla）、纳克所、臧克累（Ζάγκλη，即日后的墨西拿）和卡马里纳等城邦，再于公元前485年应驱逐了统治贵族的叙剌古民众的邀请，入主叙剌古城邦，继而成为那里的僭主。5年后，公元前480年，他联合西西里南部临海的希腊人城邦阿克剌迦（Akragas）的僭主台戎（Theron）和色利努城（Selinous）的希腊人在位于西西里岛北岸的希墨剌（Himera）击败了来自北非的迦太基人，缴获了大量财宝。公元前478年各隆去世后，他的兄弟希厄戎接替他成为下一任叙剌古僭主。他继续扩张了叙剌古的霸权地位，向北攻陷了卡塔奈，任命他的儿子为那里的僭主，巩固了与阿克剌迦城僭主台戎的联盟。他的政治和军事生涯在公元前474年达到顶点。在那一年里，在意大利半岛南部维苏威火山附近的古代名城居马（Kuma）外的海面上（今天的那波利湾），希厄戎率叙剌古的水师联合希腊殖民者城邦居马的海军，击败了意大利半岛的土著厄特鲁里亚人（Etruschi），宣威远方，捍卫了那里的希腊殖民地。品达曾在为希厄戎于公元前470年匹透赛会上赛车得胜所作的《匹透赛会庆胜赞歌第一首》中称颂过这场胜利。品达在诗中说，打败了图耳撒诺人（即厄特鲁里亚人）和腓尼基人（即迦太基人，居马海战有迦太基人参与，似只有品达这样说，不知是否属实）的这场胜利"解脱了希腊沉重的奴役"。他进而将其与同一天发生的雅典打败波斯人入侵的撒拉米海战相提并论。叙刺古在各隆和希厄戎的统治下，武运昌盛，国民富庶。尤其在希厄戎时代，由于他大事营造，向慕风雅，交结诗人，遂让叙刺古一时成为西西里岛上乃至包括南意大利地区在内的大希腊地区的人文中心。受叙刺古僭主希厄戎和阿克刺迦僭主台戎的邀请，品达曾在公元前476—474年期间访问和侨居西西里，并为他们以及他们的亲属在匹透和奥林匹亚等地的赛会上取得的胜利赋诗庆祝。与品达大约同时受聘的诗人，除了埃斯库罗斯，还有品达在竞技赛会赞歌领域里的竞争对手巴刻徐利得（Bakchylides）以及诗人西摩尼德（Simonides，约前556—约前468），再还有前面提到过的悲剧诗人埃斯库罗斯。的确，无论是为了追寻品达的踪迹还是为了寻访西西里的古希腊文化遗迹、研究古希腊的历史和文学，叙刺古都必须是我此行要游览的最核心的地方。

然而，各隆和希厄戎时代的叙刺古城曾经有多么辉煌，今天的叙刺古城就有多么衰微。它早已沦落为西西里岛上名列巴勒莫、卡塔尼亚、墨西拿三大城市之后的四流城市，除了多位于俄耳图癸亚岛上的古迹以外，位于西西里本岛上的叙刺古的现代城市是一个充斥着丑陋粗糙的现代建筑、毫无特色的地方，实在令人惋惜。

这天清晨，用过早餐后，我便离开酒店，迎着朝阳沿翁贝托大道向俄耳图癸亚岛方向走去。俄耳图癸亚岛与西西里本岛之间有一座桥（Ponte Santa Lucia，图71）相连（品达时代人们就已经修了一道堤把小岛和叙刺古城联通起来了），长度感觉也就200米，桥两边的海湾泊满了游艇。顺便说，如果想开车来俄耳图癸亚岛上游览，就必须把车停在桥边的停车场里，因为汽车不允许上岛，这也是为什么我没有选择住进小岛上的酒店。过了桥，在桥的正对面，

**俄耳图癸亚岛
阿波罗神庙**

图71：连接俄耳图癸亚岛（叙剌古老城）与西西里本岛上的现代叙剌古城的桥

很快就有一处古希腊神庙遗址出现在眼前（图72）。这座神庙的规模比较小，基座面积只有58.10米×24.50米。据考古学家们的最新考证，这是座供奉阿波罗的神庙（Tempio di Apollo），同西西里岛上所有古希腊神庙一样，是用含螺灰岩（calcare conchilifero / Muschelkalk，中文也有译作壳灰岩的）建造的。遗迹是在1860年才被发现的，隐藏在一个当年西班牙人的兵营里面，但是直到1939—1942年，遗迹才被充分发掘出来，呈现出今天我看到的样子。这座神庙在古希腊时代过后曾先后被改造为拜占庭时代的基督堂、阿拉伯统治时代的清真寺，以及基督教光复西西里之后的教宗座堂。到了近代，它竟然沦落为一座兵营，历代的改造和长期的忽视导致遗迹十分残破。不过，这座神庙在西西里乃至地中海地区历史长河中的多舛命运并非特例。古希腊时代为罗马时代取代之后，希腊人的庙宇就遭遇了罗马人的破坏，罗马人或是掠夺庙里的金银财宝，或是拆走庙宇的石材去建造新厦。罗马帝国晚期基督教取代古代多神教之后，基督教徒往往把古代的异教神庙

图72：叙剌古的俄耳图癸亚岛上的阿波罗神庙遗址

改造为一神教的基督堂，有的古代神庙的屋宇结构甚至在早期基督教徒清算古代异教的"破四旧"浪潮中，连同其中所供奉的神像等圣物一起遭遇了灭顶之灾。至于这座阿波罗神庙一度成为清真寺，也是欧洲历史上基督教文明与来自地中海南边和东南边的阿拉伯人乃至后来征服了小亚细亚的突厥人的宗教和文明冲突角力的结果。古希腊遗迹不仅在西西里要经历这种沧海桑田，在希腊本土，它们的命运甚至更是多灾多难。毕竟，希腊本土是直到十九世纪二十年代才从信奉伊斯兰教的奥斯曼突厥帝国的轭下挣脱出来的，而且就在希腊独立前后，古希腊遗迹还曾遭到来自英国等西欧发达国家的冒险家们的破坏和掠夺。雅典的雅典娜处女神庙（俗称"帕提侬神庙"）的山花等处上的雕像被苏格兰人额尔金七世伯（7th Earl of Elgin, 1766—1841，英国人称这些雕刻为the Elgin Marbles，额尔金的汉白玉）掠至英国，就是西方艺术史和考古学史上一个著名的有争议的历史事件。诗人拜伦曾经在他的意大利游记长诗中谴责过这位苏格兰贵族的强盗行径：

  可是最过分的是，现代皮克特人［古罗马时代苏格兰蛮
              族］的下作夸口，
  要去掳掠哥特人、突厥人和时间手下留情保存下的古迹，
  像他故乡海上的岩礁一样冰冷，
  他的心智也一样贫瘠心肠也一样硬，
  他的头脑可曾计划了、他的手可曾预备了
  什么能取代雅典娜可怜的遗骸？

  可是后人哪怕将这个"现代皮克特人"的遗骸翻尸倒骨，又有什么能替代"雅典娜可怜的遗骸"、她神庙上的至高的雕刻艺术品、能恢复雅典娜神庙的完整呢？

  走近被铁栅栏圈起的神庙遗址，

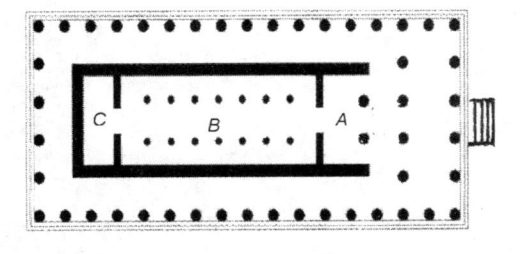

阿波罗神庙平面图：A.前殿；B.正殿；C.秘殿

图73：叙剌古的俄耳图癸亚岛上的阿波罗神庙南面石柱残迹

图74：叙剌古的俄耳图癸亚岛上的阿波罗神庙残损的多里亚式石柱，其中右边的那根完整地保留了柱头垫、托檐石以及上面的额枋石；柱身上的柱槽即便考虑了风化的因素仍然可以看出比较浅，柱头垫的造型较扁平，这些都是多里亚风格初期的特征

图75：叙剌古的俄耳图癸亚岛上的阿波罗神庙遗址的东面（正面）残存的台阶、基座和柱座，外柱廊内还有一排石柱，它们之间的空间是前庭

我首先看到它的底座（crepidoma / Krepis）、特别是南面和东面的各阶底座总体保存比较完好，南面一侧的廊柱石砌柱座（stilobate / Stylobat）和内堂（cella）墙壁保存尤其完好，廊柱基座上原本17根整石凿成的石柱中至少有10根仍然矗立，虽然除了最靠近东南角的2根以外，其余8根只残余下半部或根部了（图73）。那两根比较完整的石柱甚至部分地保存了柱头垫（echino / echinus）和柱头上的托檐石（abaco / abacus）以及两根石柱上所托举的额枋石（architrave，图74）。平面图为矩形的神庙朝东的窄端是它的正面，神庙的入口就在这里，入口原有的石台阶至今基本保存完整（图75）。从入口进入的话（由于遗址被铁栅栏围起，如今游客已无法踏上和进入神庙建筑本身），与东面的外廊柱相平行，有一排直径更细的石柱。这两排石柱之间就是希腊神庙建筑中常见的前庭（portico / porticus）。阿波罗神庙的内堂据考证包括了尤其在西西里的多里亚式神庙中非常典型的三个完整部分，即前殿（pronaos）、正殿（naos）和秘殿（adyton）；其中秘殿是阿波罗神庙中常见甚至独有的组成部分，古罗马诗人贺拉斯所谓"匹透禁区"（adytis...Pythius），说的就是阿波罗的神庙中的这个部分；而前殿的结构是古希腊神庙中常见的所谓前出式（in antis）的，即让内堂两侧的墙壁向前延伸而形成的空间；正殿内据说还有两排并列的石柱。可惜这些内部细节我由于无法进入神庙是看不到的，只能依据历代考古学家们的考察报告。又据考古学家们考证，这座神庙是多里亚风格形成初期的作品，修建于公元前570年，呈现着早期多里亚式神庙风格的特征，是西西里岛上现存最早的多里亚式神庙。作为多里亚式神庙，它的结构属于古希腊神庙最经典

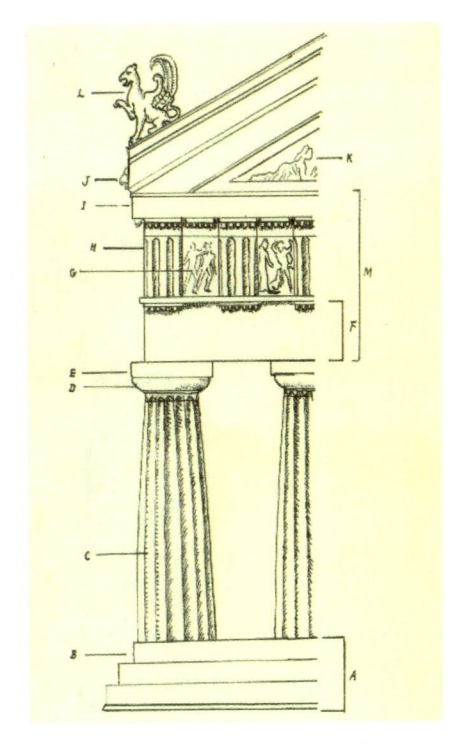

多里亚式神庙各部分示意图，作者手绘
A.底座；B.柱座；C.柱槽；D.柱头垫；E.托檐石；F.额枋；G.陇间壁；H.三陇版；I.顶板；J.狮头雨漏；K.山花或山墙；L.垂脊蹲兽；M.檐部

2021年6月28日 ｜ 097

的环柱式（periptoros），即平面图为矩形的神庙的四面都为开放的廊柱环绕，是古希腊神庙从封闭的环壁式（megaron）向环柱式转变过程中现存的第一批作品。它的矩形平面的窄端和长端分别有6根和17根石柱，属于上古时代典型的六柱式（hexastilo）神庙。由于是多里亚式神庙建筑发展初期的作品，它的很多风格因素细节尚未完善或定型。从现存残迹上，可以看到石柱上的柱槽（scanalatura / Kannelierung / fluting）较成熟期的多里亚石柱柱槽（古罗马建筑学家维特鲁威说有20道，我没有核实）为浅平，而且据说石柱还没有凸肚曲线（entasis），此外还有柱头垫的造型比较扁平等等一些早期风格特征。不过大概一半是由于石柱残缺严重、一半是由于错觉的缘故，我从东面观测那两根保存完整的石柱时，似乎可以看出凸肚曲线，然而当我走到神庙北端，从神庙原本的正面那一侧观察时，就可以明显看出凸肚曲线的轮廓是不存在的。

所谓凸肚曲线是古典时期的多里亚式神庙建筑中的一个重要风格因素（这里值得指出的是，我在天津和上海等地见到过的近半个多世纪以来仿造的多里亚风格建筑中的立柱，几乎全都不懂得使用凸肚线），我童年时学习美术期间熟读的留法美术教育家颜文樑在其所著《美术用透视学》中对此曾作过扼要的说明：

> 希腊柱的柱身，从上到下，也不是平行的直线，如将它分成三段，下段是平行直线，从第二段的中部起，便逐渐向上收分。这也是由于［视觉中］错觉上的考虑，因为如作正确的平行直线，便会觉得上下两端向外分开，中部凹进，所以必须把中部向外膨胀一些，在视觉上才能得到平行直线的效果。

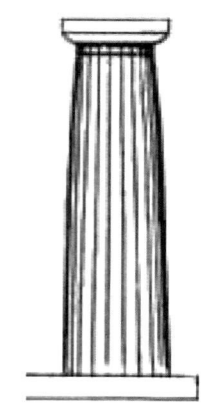

多里亚石柱的凸肚线

颜著中用"也"字，是因为他此前谈到了古希腊神庙的地面出于类似的纠正错觉的考虑，不是完全水平的，而是要让神庙正面

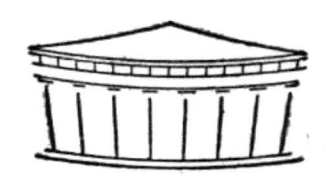

神庙柱廊基座如果像左图中那样为严格水平的,其实际视觉效果则如中图;如果在建造时采纳了如右图中的凸肚曲线,则实际视觉效果如左图。此图来自颜文樑《美术用透视学》

的柱座石板(stilobate)无论是从神庙的正面还是侧面看在中部都略向上凸出,这样才会避免在观者的视觉上产生中间塌陷的错觉,古罗马建筑学家维特鲁威称之为scamilli impares,这个术语的确切词义学者们至今仍未能确定。古希腊人在营造神庙的过程中对视觉错觉的敏锐觉察和相应的解决办法的发明,最集中地体现了这个上古先民所具有的几乎超越人类的、几乎侔神的审美的和科学的天才。这样的天才发现与发明在我幼年初次从书本中读到的时候,只不过被当作一条透视学的定理记诵而已,然而当我终于有机会在这里和随后在阿格里真托等地实地站在保存或恢复得相对完整的古希腊神庙遗迹前的时候,才感受到最深刻的震撼。站在遗址前,这些神庙的规模、凝重、均衡和质地是如此宏大而完美,简直让人觉得它们仿佛来自外星。那种感觉很像我们站在庞大的恐龙化石骸骨前所产生的心情,我们几乎不能相信,这些古生物曾经到处漫步于我们脚下所踏的大地。不同于我们对恐龙骸骨的观感的是,这些希腊神庙的遗迹让我们深感惊艳的,不是一种超出生物自身主观意愿和自主能力的盲目的、不自觉的、"自在的"(黑格尔)庞大,而是两千五六百年前一个人类种族在并无既有的模范可以效仿的情况下(虽然希腊人无疑受到埃及建筑艺术的影响),完全凭借仿佛神授的观念和审美判断力创造出来的至高至善的美。

　　站在神庙遗址前,我想到既然神庙建造的时间远早于品达的生年,那么,这位台拜(Thebes / Thebae,亦译"忒拜")诗人应叙剌古僭主希厄戎之邀在公元前476—公元前475年期间到访叙剌古时,必定是看到过它的，甚至很可能曾经进入它的内部参拜。无论如何，这是我抵达西西里之后所参观的第一处未经古罗马人彻底改建的古希腊遗迹，也是第一处确定无疑的品达足迹所到之处。再加上它作为多里亚风格定型之前的早期神庙遗址，具有极重要的古希腊建筑史和艺术史意义，所以虽然这个遗址规模不大，保存状况也不佳，各方面都远比不上我随后在这里和其他地方看到的其他希腊遗迹，我却一个人——因为我始终没有遇到任何别的游客——在此流连良久，迟迟不肯离去。

叙剌古主教座堂广场

离开阿波罗神庙遗址后，我沿着塞蒂莫路（Via Ruggero Settimo）向南，走了大约十几分钟后就到了海边，从这里进入路左边缓坡上的一座城墙正门的入口。这个入口叫作大海关（Largo Porta Marina，图76），是西班牙人统治西西里时（1409—1713）修建的城防，墙里才是俄耳图癸亚老城。从这个城防大门进去，我沿着曲折的狭巷继续向上走。小巷两边都是米色或浅粉色的三层街楼，二层和三层朝街开启的门前都有阳台，无论是阳台门框还是窗口，都

图76：俄耳图癸亚岛上的大海关，从这里进入叙剌古古城

图77：通往叙剌古主教座堂广场的小巷两边房屋的建筑十分精美

100　｜　西西里访古纪行

图78：叙剌古的俄耳图癸亚岛上的至圣玛利亚诞生都会主教座堂，教堂前面的广场是叙剌古的主教座堂广场

图79：叙剌古的俄耳图癸亚岛上主教座堂广场边上的博斯科官府，在1693年大地震后重建于1779—1788年间

为沙岩凿出的风格多变的楣框镶嵌着，建筑极其精美（图77）。就在小巷变得越来越狭窄、光线变得越来越阴暗的时候，在小巷的尽头，我眼前豁然展开一片广场。站在巷口里望去，广场对面首先映入眼帘的是一座全体皆为米色石灰岩建造的巴洛克风格的教堂的前脸。走出巷口来到广场环视四周，环广场此外还不规则地坐落着颜色相同或近似的数座其他石灰岩建筑。虽然我此时并没有使用任何导航设备，可是由于我提前做了些功课，所以我知道，这就是叙剌古主教座堂广场（Piazza Duomo，图78）了。广场因之得名的大教堂就位于广场东边，就是我刚才在巷口第一眼看到的建筑；大教堂斜对面则是博斯科官府（Palazzo Beneventano del Bosco，图79），位于它左边的规模较小的圣路济亚修会堂（Chiesa di Santa Lucia alla Badia，图80）矗立在广场的南端。除了这几座在建筑史上最著名的建筑之外，广场周边其他楼宇也都采用了相同的石材或者相同色调

2021 年 6 月 28 日 | 101

图80：叙剌古的俄耳图癸亚岛上主教座堂广场边上的圣路济亚修会堂

的建筑材料，再加上广场地面的铺石也呈相同的色调，而且也由于这里地处西西里本岛以外的小海岛上面，且又远离埃特纳火山，这些屹立了几百年的建筑的石料的颜色就像新凿出的一般，使得整个广场连同周边的殿堂楼宇给人一种恍然进入了新鲜原木颜色的积木世界里的感觉，又让人感觉仿佛是走进了一个卡通世界里：这些建筑不像是在风吹日晒中屹立了数个世纪的老房子，倒像是虚幻世界里纯粹由想象构建出的景物。由于此前已经习惯了卡塔尼亚古城中笼罩在火山灰里的街道和建筑的晦暗，叙剌古的大教堂广场颜色的鲜艳便尤其令我眼前一亮。我在广场的中心站立良久，反复环视观赏周围的建筑，想要多欣赏一会儿这一组建筑的整体审美效果。最后我缓步登上广场东面主教座堂前的台阶,走向广场上最核心的建筑至圣玛利亚诞生都会主教座堂(La Cattedrale metropolitana della Natività di Maria Santissima)的正门,买了票进去参观。

在走进教堂的大门之前,我仔细观赏了它极其精美的前脸(图81)。像典型的巴洛克式的前脸那样,它是分为上下两层的。前脸的下层在正门两侧分别立有三根柱头为莨苕叶饰的哥林多风格的无

至圣玛利亚诞生主教座堂

图81:叙剌古至圣玛利亚诞生都会主教座堂巴洛克风格的前脸

2021 年 6 月 28 日

槽石柱，其中每侧靠内的两根彼此接近，靠外的那根位于前脸的边缘。靠内的那两根成为正门的门柱，它们与靠边的第三根将前脸划分出我在卡塔尼亚已屡见不鲜的教堂前脸的三分面。一层的檐口以上的上层两侧各有两根石柱，在结构上是下层靠内的那两组双石柱的延伸，不过上层的两根要相对细一些；而一层最靠外的石柱到了前脸的上层就只延续到柱础部分，立在这两座柱础上的不再是石柱，而是两尊圣徒雕像，其中左边的是叙剌古首任主教圣马尔恰诺（San Marciano），右边的是殉教少女圣路济亚（Santa Lucia）；位于柱础后边的石壁就用一枝装饰性的百合石雕向中心呈卷曲形收束住。这样一来，前脸下层的三分面到了上层就减少为中心的一面了。上层的两对立柱夹着一个两侧各有一根半含立柱、上面有开放式拱券形中楣的神龛，这个中楣与下层檐部中间的更显眼的开放拱券式中楣上下呼应。值得一提的是，在中国现存的西洋建筑中，我看到过的最精美的包含开放拱券式中楣的建筑是上海原沙美大厦（The Somekh Building，图82）的前脸（北京前门老劝业场建筑也有开放式拱券，可惜已遭拆毁，哈尔滨中央大街原松浦银行大楼也包含这一巴洛克风格因素）。在这个分为三层的前脸上，下层正门之上和顶层作为窗户装饰分别有两个开放式中楣，只不过同叙剌古教堂不同，这两个开放拱券的形状是天鹅颈曲线形的，神龛里面安置着圣母雕像。如果游客看得仔细一点儿，不仅观赏教堂的正面，而且在大教堂前的广场上绕过墙角走到教堂的侧面，就会发现这个上层的前脸其实同时也是一个四方形的钟楼的

图82：上海北京东路190号原沙美大厦的巴洛克风格主导的前脸（钱亦蕾　摄）

正面，而它朝北的侧面有一个洞开的空间，用以安置吊钟。总之，由于采用了有莨苕叶饰的哥林多式的石柱，连同繁复的檐口、卷叶状檐口托饰、开放式的门楣之上的无顶拱券，再加上数座大大小小的人物雕像，使得这个前脸在巴洛克式乃至洛可可式的繁复程度和装饰效果上，超过了我前日参观过的所有卡塔尼亚的巴洛克式教堂的前脸，而且由于它除了上下两层置于中楣部分的汉白玉纹章浮雕，其余全部都是用石灰岩凿成的，没有使用混凝土，就更增强了这个前脸的豪华感。为这种豪华感作出贡献的还有位于教堂前台阶两侧的两尊使徒雕像，其中左边的那一尊是圣伯多禄（圣彼得），右边是圣保禄（圣保罗）。这两位基督的使徒同叙剌古乃至西西里有着特殊的关联：圣保禄在公元61年前往罗马的路上曾经在西西里驻足3天，而圣伯多禄虽然没有亲自到过这里，却在公元39年任命和派遣了叙剌古的首任主教圣马尔恰诺。

然而在观赏了这个巴洛克盛期风格的前脸进入教堂的内部之后，我所看到的内堂却令我感到强烈的反差。在教堂里面，我看到环绕中殿（navata centrale / Mittelschiff / nave，图83）的方形削角石柱和石柱间造型简单的拱券、连同石柱托举的内堂石壁，看上去都异常古朴简洁，与繁复的巴洛克风格的前脸形成强烈对比。甚至可以说，重建于西西里大地震之后1725—1753年间的精美的巴洛克前脸完全是误导人的，与教堂内部的风格乃至教堂原建筑所属的历史时代严重不符。如果依照建筑风格的统一性来衡量，这种内外差异当然可以算是缺点。然而前脸与内堂之间存在反差却是巴洛克建筑的一大特点，叙剌古的这座主教座堂的建筑历史虽然十分独特，但是仍然可以说符合沃尔夫林（Heinrich Wölfflin）等人所概括的这一巴洛克教堂建筑的一般规律。无论如何，由于前脸如此精美，与教堂内堂相比，虽然它无论在历史时代、建筑史上的意义，还是考古学上的珍贵性等方面皆非其匹，却让人不忍心像十八世纪来此游览的苏格兰人布赖登（Patrick Brydone）那样，批评当年设计它的西西里的巴洛克建筑大师帕尔马（Andrea Palma，1644—1730）了。

古朴的
罗曼式内堂

2021年6月28日

图83：叙剌古至圣玛利亚诞生都会主教座堂的诺曼式内堂

雅典娜神庙

内堂里风格古朴的中殿（navata）属于罗曼风格，而且可以说是非常粗糙的那一种，尽管近代曾作过维修，但是它的结构仍然保持了十一世纪的原貌。然而在这座教堂的结构里，诺曼时代的因素却远非是其中最古老的，如果游人从中殿走出更向两边的外壁查看，才能发现这座大教堂身世的奥秘：教堂原来是由古希腊雅典娜神庙的建筑改造而成的！教堂的外壁就是把原本是环柱式的雅典娜神庙的多里亚柱廊封死后形成的。原有的廊柱数，据考古学家们考察，应有14×6根，这些多里亚式石柱每根最粗处直径约2米，高约

图84：叙剌古至圣玛利亚诞生都会主教座堂内原古希腊雅典娜神庙的多里亚式立柱，这些立柱包括托檐石、柱头垫和柱身上的柱槽在内，都保存得十分完整

8.2米（图84）。同我刚才参观过的多里亚式神庙建筑法式形成初期修建的阿波罗神庙不同，雅典娜神庙的这些石柱都具有经典的多里亚石柱的特征，它们轮形的柱头垫、方形的托檐石，浅而宽的柱槽和凸肚曲线轮廓至今在教堂内部仍然清晰可见（从教堂外侧面部分可见）。原雅典娜神庙的建筑中已经不可见的，我们可以一方面从古希腊作家的笔下、另一方面从现代考古发掘中略窥一二：首先，神庙的山墙上据史籍记载原来挂着一面巨大的雅典娜镀金铜盾，古希腊舟子们在海中用它来测定与俄耳图癸亚岛的距离；其次，现代

考古学家们通过考古发掘为我们提供了一些其他细节。考古学家们发掘出了一幅多头怪物高耳戈（Gorgon）的陶制浮雕残片，如今收藏在叙剌古考古博物馆。在雅典娜神庙的山墙上之所以悬挂表现高耳戈的浮雕，是因为依据古希腊神话，怪物高耳戈是为雅典娜所灭的。顺便说，高耳戈的神话形象在近代被西西里人采纳，成为西西里岛旗帜的中心图案。

从古代文物保存的角度说，主教座堂内包含的这座古希腊雅典娜神庙是既幸运又有遗憾的。幸运的是，同那座已经残破不堪的阿波罗神庙遗址乃至大多数古希腊神庙遗址不同，这座隐藏的雅典娜神庙保存得要远更完整，这些历经人为破坏和大地震等自然灾害能屹立两千多年不倒且首尾完整的20多根多里亚石柱简直就是奇迹！它们是"原汁原味"的，比起很多其他古希腊遗址用原物重建法（anastylosis）部分或整体修复的古希腊神庙遗址要保真得多、地道得多。不幸的是，尽管如此，这座神庙也难免像阿波罗神庙那样遭遇多次改头换面的命运：先是在罗马时代，神庙里的宝藏就已经被洗劫一空；到了基督教兴起的时代，除了把柱廊封死外，希腊神庙原本朝向海中太阳升起方向的入口——古希腊神庙的正面多是朝东的——在拜占庭时代改造异教神庙的过程中被挪到西侧，也就是今天面对广场的一侧了；还有就是古希腊神庙里必有的由墙壁封起的内堂（cella）被开辟出八个拱券，好让内堂连同两侧的空间形成基督堂内的三个殿，其尽头各新建有一个圆室（apsis）；在拜占庭时代之后，同阿波罗神庙一样，这座雅典娜神庙也经历了被改作清真寺的命运，直到十一世纪后期诺曼征服者在西西里复辟基督教，才又改回基督堂。因此说，这座主教座堂就仿佛是一个活化石，完整地记录了西方建筑，特别是神圣建筑的发展历史。

从希腊神庙到基督堂

参观这座完全是利用了古希腊神庙旧屋建立的基督堂的内堂，让我最真切地认识到，从古希腊廊柱式神庙的结构到后世基督堂的营造法式，特别是主座堂（basilica）的法式，西洋安置神明的殿堂在设计观念上其实是一脉相承的，具体说来有这样几点：一，古希腊神庙最常见的矩形屋型被保留下来，虽然欧洲更北方地区的哥特式建筑通过增加横殿（transetto / Querschiff / transept）等结构因素在这个方面有所创新，但是仍然可以被看作是这一基本设计的变种；二，古希腊神庙的开放式的环柱外围后来被封闭的墙壁取代了，在这一点上等于退回到多里亚式环柱式神庙出现之前的环壁式圣所了；三，这第二点就导致封闭了外壁的基督堂的内部空间比同样规模的古希腊神庙里为环壁封闭的内堂（cella）要扩大了，但是基督堂里这个扩大了的空间内，古希腊神庙的前庭、前殿、内殿和神像祭坛所在的秘殿的划分依然得到保留，分别成为教堂里的前廊（nartece / Narthex）、中殿（navata / Mittelschiff / nave）和祭坛/唱诗班（coro / Chor / choir）的位置。我们今天进入任何一座传统建筑风格的教堂，进去后首先会有一处或者是木结构或者是砖石结构的前廊，对应古希腊神庙的前庭；从前廊再进一个门，就到了教堂的内堂，内堂中安置着礼拜者座位的那部分就是中殿，对应古希腊神庙的内殿；在容纳这些排列的木制座位的中殿的两侧，往往各有一排甚至多排廊柱，它们就标志着古希腊神殿里封闭的内堂的外壁；分别位于这两排廊柱和教堂侧壁之间的部分（称作侧廊，aisle），对应古希腊神庙环侧廊柱和内堂之间的半开放空间，即所谓敞廊（stoa）。不过后世的哥特式教堂在侧廊这一空间上大做文章，比如在这座叙剌古的主教座堂的右侧廊边上就开辟了数个陈列圣徒遗骨的小礼拜堂（capella / Kapelle / chapel））；教堂内的中殿尽头再往里，就是祭坛和唱诗班占据的空间，对应于古希腊神殿最里面的秘殿。中世纪以来，在教堂最里头对应于秘殿的唱诗班的后面，又开辟出了一个半圆形的空间，称作圆室（apsis），在一定程度上对应古希腊神庙的后殿（opisthodom），在圆室之上，建起高于教堂平面或斜式屋顶的穹顶

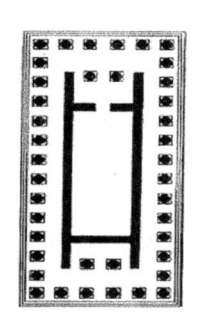

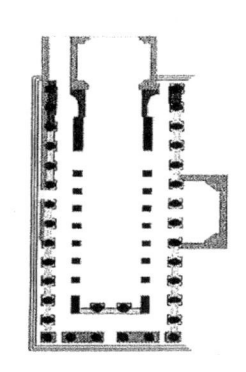

左：雅典娜神庙平面图
右：主教座堂平面图（18世纪）

（cupola / Dom），只有穹顶这一起源于古罗马时代的建筑部分和营造法式是古希腊神庙建筑中完全没有的。无论如何，西方安置神明的建筑法式从异教的古希腊时代向基督教的中世纪的过渡，在叙剌古的这座神庙/教堂中有着生动的体现。考虑到叙剌古的这座教堂是基督教成立以来继叙利亚的安提阿（Antioch）之后建立的第二座教堂，也是西方世界里的第一座教堂这一历史事实，体现在这座教堂的历史和风格里的这种神殿建筑法式的继承与创新就更加意味深长了。

主教座堂广场下的考古发现

这座主教座堂包含古希腊神庙这一事实，至少在文艺复兴时期之后就已经为好古之士和旅行家们注意到、记录下了，至于这座活化石更古老更隐秘的历史，则要等到二十世纪初才被学者们发现。那时，意大利考古学家在对这座神庙的地基进行发掘时，有了重大发现。他们认识到，雅典娜庙这座环柱式神庙是在一座更早的、建于公元前七世纪的环壁神堂（megaron）的基础之上或者基础附近修建的，而且在多里亚式雅典娜神庙修建之前的公元前六世纪，在它的附近（在相邻的今天市政府建筑的地址上）曾建造过一座伊奥尼亚式环柱神庙，供奉的是猎神阿耳太米；这座平面图为矩形的环柱式（估计石柱数也是14×6根）神庙的规模已知其石柱下的石砌柱座（stilobate / Stylobat）窄端有24米，长端则由于神庙东面从未修讫而难于确知。作为一座伊奥尼亚式神庙，它在建筑史上对于研究上古时期伊奥尼亚式建筑十分重要。此外，考古学家们还在大教堂广场的地下发掘出希腊人抵达西西里之前就住在这里的土著西库勒人至早可追溯到青铜时代的文物。由于这片地是岛上地势最高的地方，所以几乎自从有人类在这里活动时起，人们就把神龛圣所建在这里。有了这些考古发现，再结合史籍中的记载，我们就能从中勾勒出一部俄耳图癸亚岛上古希腊时代神庙的建造历史：在伊奥尼亚式神庙的修建似乎还没有完成的时候，叙剌古僭主各隆为庆祝打败了迦太基人的希墨剌战役（公元前480年）的胜利，就在它旁边开建了一座可以与之媲美的多里亚式的雅典娜神庙。然而可惜的是，这座多里亚式的庆胜神庙直到它最终被改造为基督教的主堂的那一天，都始终未能完工。不过，当品达于公元前476—公元前475年应各隆的继任者希厄戎之邀到访叙剌古的时候，这座神庙还在积极修建中。虽然它始终未能完成，这座神庙却仍然蜚声古代世界。后来也曾到访过叙剌古的柏拉图和西塞罗（M. Tullius Cicero，前106-前43）都曾提到过它。后者说这座神庙"镶金镶银的大门精致绝伦"。不过这位古罗马的伟大作家和律师既见证了它的辉煌，也见证了它的衰败，因为他是在针对罗马驻西西里的代理总督（正式的官职叫作代先导，propraetor）费惹斯（Gaius Verres）于公元前73—公元前71年任期内大肆掠夺这座神庙中的宝藏的诉状中提到雅典娜神庙中的珍宝的。

圣路济亚修会堂

从大教堂出来，我走向位于它左边的圣路济亚修会堂（Chiesa di Santa Lucia alla Badia）。这座小而精美的巴洛克教堂建于十七到十八世纪之交，它最引人注目的地方就是它高耸的前脸。作为同样是平面型的前脸，看到它的第一眼就让我想起了修建于同一时期的澳门大三巴牌坊，特别是后者的中间部分，所以难怪《西西里》书中说圣路济亚修会堂有葡萄牙的风格。作为与叙剌古主教座堂相邻的教堂，它的规模虽然较小，可是前脸的精美程度却毫不逊色。跟主教座堂一样，圣路济亚堂的前脸也全部都是用石灰岩雕凿而成的，而且也像典型的巴洛克风格的教堂建筑那样，分为上下两层。但是同主教座堂不同的是，它的前脸为一道有铁槛栏杆的阳台一分为二，而不是通过繁复的额枋石、山墙等檐部划分出来（虽然两层之间也有檐部造型，但是远较主教座堂的低调）。为铁槛分出的教堂门脸的下层，在大门的两侧，分别立着巴洛克时代在西西里非常流行的螺旋扭曲的所谓所罗门石柱（colonna salomonica，图85—86）。据传说，这种风格的石柱起源于古代巴勒斯坦的所罗门神庙建筑，但是在我看来它更像古希腊德尔菲阿波罗神庙前的蛇形铜柱的制式（图87）。无论如何，这种螺旋柱式早在古罗马后期就传到了意大利，意大利现存最早的螺旋柱的样本今天在梵蒂冈的圣伯多

图85：叙剌古的圣路济亚修会堂的前脸下层正面图

图86：叙剌古的圣路济亚修会堂的前脸下层的侧面图，在大门口两边所立的是所罗门立柱

图87：希腊的德尔菲的阿波罗神庙前的蛇形铜柱，现在立于此处的是2015年仿品，原件在古罗马时代被君士坦丁迁移到君士坦丁堡

图88：梵蒂冈的圣伯多禄教宗座堂内的所罗门立柱，前景中的所罗门式铜柱是文艺复兴后期艺术家贝耳尼尼设计的纯铜圣伯多禄天篷的支柱，但是背景中右边圣龛边上的所罗门石柱是全意大利最早的所罗门立柱，据记载是古罗马皇帝君士坦丁一世自希腊劫来放置于此的

禄（圣彼得）教皇大殿（Basilica papale di San Petro in Vaticano）里还能看得到（图88）。然而它的广泛流行则是巴洛克时代的事了。值得一提的是，大约由于巴洛克式建筑在中国极为罕见，经典的独立螺旋立柱我在中国的西洋建筑上是从未见到过的，但是上海四川中路133号原英国卜内门化工公司大厦（The Brunner Mond House，

图89：上海四川中路原卜内门化工公司大厦，建筑的上层中心窗边上有半含式所罗门柱装饰

图89）前脸的上层中心大窗的内边装饰有螺旋形半含悬柱，则是我在中国见到过的唯一一例所罗门柱，实在弥足珍贵。我眼前的圣路济亚修会堂门前的这对螺旋石柱拱托着一道中断的弧形屋顶拱券，大门与拱券之间近乎半圆形的门楣是一块以对称的茛苕叶拱托谷穗纹章为主题的所谓卷筒样式（cartoccio / Cartouche）的浮雕。中国的西洋建筑上类似的卷筒样式浮雕极为稀少，现存的可见于天津国民饭店的院门门楣上面的卷筒样浮雕，已毁的则有圆明园大水法上的卷筒浮雕。露台之上的部分是由两个累加的有山墙的单元组成的，位于下方的那个单元上的装饰性山墙呈简约的三角形，位于上方单元上面的真正山墙则呈现为流畅的曲线形，有百合花饰镶边。山墙的尖顶则是三个凑在一起的天使头像雕刻，与其下的百合卷瓣一起构成王冠的形状。整座前脸上上下下纹饰繁复，雕工精细，令人赏玩不倦。遗憾的是此时教堂是关闭的，我无法进入堂内参观。这里关闭的不止这一座建筑，因为我随后发现，大教堂斜对面的十八世纪建造的博斯科府也不对外开放，使得我这次也无缘参观它精美的巴洛克风格的内庭了。

阿惹推撒泉

徜徉在广场上、从各个角度反复观赏了四周的建筑之后，我沿着圣路济亚修会堂一侧的小巷朝西南方向斜插下去，很快就又走到

图90：俄耳图癸亚岛上的阿惹推撒泉，水中的草是莎草

了海边。在与海水相隔仅数米的地方，我看到有一个为石柱加铁栏的围栏圈起来的池塘，池塘的水面上生长着茂密的莎草（Cyperus papyrus），池塘的一角还有一棵苏铁树：这里就是品达曾数次咏唱过的闻名古代的阿惹推撒泉（Fonte Aretusa，图90）了。在为各隆的妹夫绪洛米俄（Chromios）赛马得胜而作的《涅墨亚赞歌第一首》的开头，品达通过向俄耳图癸亚岛和岛上的这眼泉呼吁，策略地点出了这个名胜背后的神话传说的梗概：

阿尔斐俄河庄严的喘息憩所！
名城叙剌古的花枝俄耳图癸亚！
阿耳太米的席榻！逮罗的姊妹！

除了前面提到的俄耳图癸亚岛是阿波罗的姊妹阿耳太米的诞生地以外，这几句诗还提到了有关我眼前这眼泉水的神话传说。首先，阿尔斐俄河是希腊本土的珀罗之岛上的一条河，发源于阿耳卡狄亚（Arkadia）山区、流经奥林匹亚，这是一个地理事实。其次，在神话里，希腊本土的这条河同远在西西里的俄耳图癸亚岛的这眼泉发生了有趣的关联。关于这个神话，保萨尼阿斯（Pausanias）《希腊志》所记载的简略的版本说，猎人阿尔斐俄（Alpheios）与同样以狩猎为业的追随处女猎神阿耳太米的姪女阿惹推撒相遇，随即陷入热恋，然而却遭到追随童贞女神的姪女的拒绝。后者为了逃避这位猎人的热烈追求，从珀罗之岛逃到西西里岛旁的俄耳图癸亚岛上，在此变为泉。阿尔斐俄也因失恋而变为小河。但是不知怎的化为小河的阿尔斐俄随即也从珀罗之岛一路跟过来，终于在这里与化为泉水的阿惹推撒合为一体。诗中所说的"喘息憩所"，就是诗人想象中的阿尔斐俄一路追来，到达俄耳图癸亚岛时喘息未定的样子。

除了叙述神话传说，品达在另一首写给希厄戎的诗中更是直接道出，他愿意像医神阿斯克累庇俄（Asklepios）或阿波罗（Apollon）携医术来到遭受病痛折磨的人那里一样，携带诗歌前来为疾病缠身的叙剌古僭主希厄戎减轻痛苦：

> 我会在舟中割裂伊奥尼亚海来到
> 埃特纳的阿惹推撒泉畔作客。

  而今我也来到了叙刺古、来到阿惹推撒泉畔，然而不是我有任何灵丹妙药能给任何人治病，而是追寻着像医神一样能用他的诗歌慰藉他人的品达的踪迹，到他曾经停留过的地方，来取他为希厄戎开出的药方，好用以保养现代人的精神和体魄。无论如何，能够亲自来到阿惹推撒泉边，真是胜过书本上的知识无数！在此时此地亲眼得见这处我向往已久的胜景，令我感到惊讶的首先是，这眼甜水泉距离海边竟是如此之近！甘甜的泉水与咸涩的海水之间仅有数米之隔，在我看来这不啻为自然的奇迹（虽然西塞罗曾说他来到这里时看到泉边就已经有人工修建的堤坝保护了）。不难想象，近三千年前，当希腊殖民者们从希腊本土，特别是从珀罗之岛乘船来到这里时，对于历经海上磨难的他们，在一下船的地方就能找到补充淡水的甘泉会是多么幸运！这也就不难理解，关于这眼甘泉能够产生如此美妙的神话传说了。维吉尔曾说"靡泉不圣"（nullus enim fons non sacer），这句话在古代，实在是太有意义了，因为习惯了自来水的便利的现代人很容易忘记，在古代，泉水就意味着生命和生活，可以说是文明的乳母。通过神话故事把故土珀罗之岛上流经名城奥林匹亚的小河同这眼在海外新地发现的甘泉联系起来，西西里的希腊人在其中寄托了多少对故土的怀恋和对新邦的期望呢！让我惊异的另一个奇妙之处是，阿惹推撒的泉水中生长着莎草。莎草是一种热带草本植物，主要产于埃及。在欧罗巴，据说只在西西里岛上的这里和卡塔尼亚可见。莎草虽然只是一种草，可是用莎草制造的莎草纸曾是地中海沿岸人民广泛使用的书写材料，是古代文明的重要载体，能在这里亲眼看到这种草的真容真是令我感到既神奇又幸运。我于是想，阿惹推撒泉周边的街道上的旅游纪念品店里一定会有用莎草纸制作的纪念品出售吧，可是我逛了几家都没有找到，多少令人遗憾。

2021 年 6 月 28 日

图91：俄耳图癸亚岛上的马尼亚刻堡垒

马尼亚刻堡垒

离开阿惹推撒泉，我沿着一条窄巷继续向南走，要去访问位于岛上突出到海中的海岬最南端的马尼亚刻堡垒（Castello Maniace，图91）。沿途经过了深藏在巷子里的叙剌古大学的建筑系，它的斜对面是一个意大利共和国军的营地。从营地旁边的一个入口进入，就看到一片沙砾平铺的地面之外的远方屹立的堡垒了。这座堡垒是由拜占庭将军各奥耳吉俄·马尼亚刻（Georgios Maniakes，死于1043年）在从阿拉伯人手中光复了西西里之后于1038年始建的，后来由西西里王、日后成为神圣罗马帝国皇帝的霍亨施陶芬皇族的弗里德里希二世（Friedrich II von Hohenstaufen）于1232—1240年建成，城堡现在是一个对公众开放的旅游景点。遗憾的是，由于今天恰逢周一，堡垒闭馆，我无法进去参观。不过，走到海边，眺望与本岛仅仅以一座后来修建的桥连在一起的这座石灰岩垒成的城堡延伸到海中的景观，就已经让人心旷神怡了。可是由于已近中午，天气此时非常炎热，又加上漫步在沙砾铺地、没有任何树木遮荫的地面上，我已是挥汗如雨。所以我观赏了一番海景之后，便没有在此久留，原路走回阿惹推撒泉边了。我在那里的一个咖啡馆的露天座位上坐下，喝了一杯意式浓缩咖啡，这样稍事休息后，便钻进朝东方向的小巷，想去寻找深藏在巷子里的一个美术馆。这个在圣本笃修道院基础上改建的贝洛莫宫地区美术馆（Museo di palazzo Bellomo，图92），收藏有很多中世纪的精美艺术品。然而不幸的是，同样也由于这里博物馆周一闭馆，我再次遭遇了闭门羹。好在位于俄耳图癸亚岛中心地区的街巷里的建筑都极其精

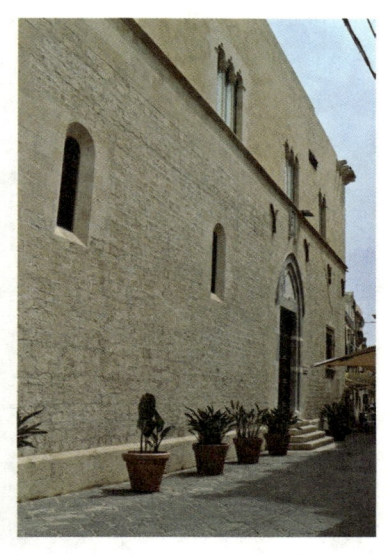

图92：俄耳图癸亚岛上贝洛莫宫地区美术馆

美，可以说随处有惊喜，幢幢值得深玩细赏，例如深藏于里巷深处的十九世纪修建的叙剌古市立剧院（Teatro Communale di Siracusa）的建筑就十分惊艳（图93）。由于古城里处处都是美景，这时我已经完全脱离了书中或手机里地图的引导，只是凭着对方位的大致感觉，朝着距离我早上参观过的阿波罗神庙遗址不远处的一座使徒圣

图93：俄耳图癸亚岛上叙剌古市立剧院

图94：俄耳图癸亚岛上最古老的教堂，使徒圣伯多禄堂

伯多禄（圣彼得）堂（Chiesa di San Pietro Apostolo，图94）走去。这座叙剌古最古老的教堂据传说建造于四世纪后半叶。但是这一次我的信步而行却让我对自己有准确方位感的自信遭受了打击：这里的窄巷交错、弯曲，犹如迷宫，我明知教堂近在咫尺，却在巷子里生生绕了两三圈也找不到。最后，在歪打正着拐入一条窄巷后，试探性地向前走了几步，看到眼前出现了一个很小的广场，在这里隔着广场正对着我的，正是圣伯多禄堂开在侧壁的入口。

使徒圣伯多禄堂

这个入口是圣伯多禄堂的北门，它修建于阿拉贡王朝统治西西里期间的文艺复兴时期，北门的建造时间远远晚于教堂整体的建造时间，由于建造于西班牙人统治西西里期间，因此它带有明显的西班牙加泰罗尼亚哥特式（Gótico catalán）风格。入口上面的拱

120 ｜ 西西里访古纪行

券为其两侧的多重细径壁柱组合（pilastro a fascio / Bündelpfeiler / compound pier）所支持，柱头有莨苕叶饰。教堂的内部特别值得瞩目的，是与入口风格相同的内部拱门上的拱券和有莨苕叶饰柱头的多重细径壁柱组合支柱（图95），此外墙上依稀可见的八世纪拜占庭时代遗留下来的壁画，也值得游人留意。

从圣伯多禄堂出来，我向西朝岛上的主街走去，途中经过了一所十七世纪建造的迦密修会堂（Chiesa del Carmine）。到达主街（Corso Giacomo Mattteotti）后，我在一家较大的咖啡馆外的露天座上坐下来，点了一壶大吉岭（Darjeeling）红茶，因为天气实在太热了。刚才在阿惹推撒泉畔喝的那杯意式浓缩咖啡，并不能解渴，而且意大利人不尚饮茶，咖啡文化统治一切，想要找到一家有比较讲究些的茶可喝的咖啡店并不容易，既然意外遇到，便不想错过。我

图95：使徒圣伯多禄堂内由多重拱券和多重细径壁柱组合而成的拱门

图96：叙剌古新邦古代遗址公园入口

图97：叙剌古保禄·奥尔西地区考古博物馆入口

于是坐在这里一边喝茶，一边计划今天接下来的行程。

至此，俄耳图癸亚岛上我计划参观的景点，除了闭馆的以外，都已看过了。下一步应该是折返到位于西西里岛上的叙剌古城区继续参观其他景点。那里的景点主要包括两个中世纪基督教景点和两个古代景点。其中基督教的景点为传道者若望（约翰）地下墓群（Le Catacombe di San Giovanni）及其附属教堂，再有就是圣路济亚墓穴宗座堂（Basilica Santa Lucia al Sepolcro）；古代的景点有新邦古代遗址公园（Parco archeologico della Neapoli，图96）和保禄·奥尔西地区考古博物馆（Museo Archeologico regionale Paolo Orsi，图97）。我在手机上查看传道者若望墓，发现那里也是周一闭馆。既然此行的主要目的是寻访古希腊时代的遗迹，我决定直奔古代考古遗址公园，略过中世纪教堂。

然而如何从俄耳图癸亚岛上过去是个问题，因为从地图上看，叙剌古市区虽然不大，但是要从俄耳图癸亚岛所处的城市东边穿行到古迹公园所在的西边，走路恐怕需要半个钟头到45分钟。可是如果先回酒店把汽车开上，时间可能快不了很多不说，遗址公园那边停车情况未知，也有可能是个麻烦。正好我也想看看市区的样子，于是便决定步行过去。

叙剌古的现代城区

叙剌古市区的街道布局非常不意大利，是网格状的，同更为传统的俄耳图癸亚岛上的街道布局完全不同。这是因为叙剌古市区是个现代城市，在建筑和城市规划中，现代往往意味着粗鄙和丑陋，连意大利都不例外。邻近俄耳图癸亚岛的地区，房屋的建筑风格还几乎都是宫府式（palazzo）的，可是一过了位于市中心的绿地，再往西走，就到处可见大约是建于二战后二十世纪六七十年代的钢筋混凝土房屋了。街上依然随处是垃圾，可是在这样的街道上走路，却与我在卡塔尼亚时的感觉迥异，因为街道与建筑毫无美感可言，我只觉得周边的环境令人感到疲倦、感到枯燥。在到达遗址公园之前，还必须绕过一座混凝土建造的现代教堂流泪圣母朝圣地主座堂（Basilica santuario Madonna delle Lacrime），它的外形就像我童年时常见的宝塔糖的样子，环绕着教堂的是杂草丛生的一片荒地，荒地为一圈在中国常见的纯功能性、毫无修饰花样的铁栅栏围着。绕过这个教堂，穿过一条快车道，我才终于抵达了遗址公园的入口。

叙剌古的这个古代遗迹公园很大，其中包含四处主要遗迹以及更多附属的或相关的次要遗迹。公园被一条小街横断为东北和西南两个部分，公园的入口通向位于西南方向的那一半。虽然我的《西西里》导游书上有公园地形图，可是它标注的顺序与公园实际的道路走向并不相符，而地面上除了设置在距离入口处几十米远的购票亭旁边的方向图以外，就看不到其他的方向指示牌了。在入口处，我认出了位于小路另一端的希厄戎祭台，买好票本想直接过去，却被公园的员工喝住，要我只能从入口一侧的另一部分开始。我只好随着众人沿着规定的路线参观。

叙剌古遗迹公园

首先迎面看到的是对面石灰岩质的石山的石壁上开凿出的巨大孔洞，它们是古代采石场遗址，被讽刺地称为乐园劳役采石场（Latomia del Paradiso，图98）。石山的石壁与我目前站立的地面几乎呈直角，那些巨大的孔洞就是古时的采石工们从石壁的下部不断挖掘形成的石窟，他们之所以从下面挖掘，据说是因为石壁的地下部分潮湿而更容易采掘。采石场的西北方向有一个形状奇特的石窟，其内部有65米长、5—11米宽不等，而它洞口的上端高达23米。文艺复兴时期的绘画大师卡拉瓦乔（Michelangelo Merisi da

狄奥尼西奥之耳

图98：叙剌古古代遗址公园内的乐园劳役采石场

图99：叙剌古古代遗址公园内的狄奥尼西奥之耳

Caravaggio，1571—1610）于1586年到访叙剌古时［他在叙剌古期间创作的一幅名画《圣路济亚下葬》（*Seppellimento di santa Lucia*）就陈列在前面提到的圣路济亚墓穴宗座堂里］，见到石窟口的形状，随口称之为狄奥尼西奥之耳（Orecchio di Dionisio，图99），后来这个称呼便流行起来。狄奥尼西奥指的是古代叙剌古僭主狄奥尼西奥一世（约前432—前367），他的出生距离品达去世的时间（约公元前442或438年）不远，是希厄戎一世之后统治叙剌古的又一位强有力的僭主。跟希厄戎一样，他也爱好风雅，招待过柏拉图，只不过他的性格与"待民温和、不妒良善，待异邦人如父"（品达诗句）的希厄戎迥异。狄奥尼西奥为人残忍、多疑、睚眦必报，有暴君的恶谥。他曾把诗人居台剌人（Kythera）菲罗克色诺（Philoxenos，约前435—前380）罚往这里的采石场做苦役，随即却又将他释放；他还曾以极刑威胁过来到叙剌古的柏拉图，最后又将死刑改为奴役，所幸这位哲人被人赎出，没有遭受图圄之灾。这个洞窟以他命名，是因为采石场的这些洞窟在古代也是囚禁罪徒的监牢,这些囚徒被罚在此采石,采石场的洞窟同时也是他们的牢房。被称作狄奥尼西奥之耳的这个洞窟据说是狄奥尼西奥命人修凿的,其特殊的结构使得它内部的音响效果奇佳,让僭主可以从洞窟左上方偷听里面囚徒们的谈话,从而监视被他镇压的人,预防和及时扑灭他们的反叛。此外洞口的外形状似人耳,所以就有了这个狄奥尼西奥之耳的名称。不过我怀疑这个传说很大可能是卡拉瓦乔或别人因洞窟口的形状附会的,是卡拉瓦乔或其他文艺复兴时期的意大利人把那个时期意大利北部城邦的一些僭主的行为安到这位古希腊暴君身上了。记得文艺复兴史家布克哈特(Jacob Burckhardt)就曾经提到过,十四世纪意大利北方城邦的暴发户出身的僭主往往在他们的城堡里设置地牢和用以偷听的孔道("voller Kerker und Lauschröhren")。传说中的狄奥尼西奥一世的窃听行径和信史中记载的文艺复兴时期僭主们的窃听行径如此相似,恐怕绝非偶然。至于此刻我眼前的狄奥尼西奥之耳里传说中的特异音响效果,我觉得就像北京天坛皇穹宇的回音壁一样,传说的意义远大于科学的意义,虽然我看到,就像在天坛回音壁那里一样,还是不免有游客在其中乱喊乱叫,试图测试传说中的神奇音响效果。

古希腊剧场遗址

从狄奥尼西奥之耳穿过一片头上绽放着粉色和白色夹竹桃花簇、地上蜥蜴乱窜的小径,就走向了遗迹公园里最重要的古迹古希腊剧场(Teatro greco di Siracusa,图100)。在古希腊乃至希腊化时期,叙刺古曾与雅典和后来的亚历山大城并列为三大戏剧中心。叙刺古的第一个剧场,也就是我眼前这个剧场的前身,始建于公元前五世纪,据说建筑师名叫得谟高波(Demokopos),此人还有个诨名"没里拉"(Myrilla)。这个诨名来自希腊字myroi,意思是香膏瓶,因为据说剧场"开光"时曾赠送观众每人一瓶香膏。还有另一种说法说,为了出席开幕式,得谟高波往自己身上涂抹了太多香膏。无论如何,叙刺古剧场在古希腊戏剧史上占有重要地位是个不争的事实,它与古希腊戏剧史上几个最重要的剧作家都有密切的

图100：叙剌古古代遗址公园内被临时演出设施所覆盖的古希腊剧场遗址

联系。首先，古希腊三大悲剧家之首、与品达生活于同一时代的悲剧诗人埃斯库罗斯的名剧《波斯人》很可能就是在这里首演的。这位赞颂过埃特纳火山的悲剧诗人跟品达一样，也曾受希厄戎一世之邀，于公元前470年到此访问，在此创作并首演了庆祝希厄戎攻陷和重建卡塔奈城的悲剧《埃特纳妇人》，可惜这部作品久已失传。其次，除了演出悲剧，在这座剧院里还上演过古希腊喜剧鼻祖厄庇恺耳谟（Epicharmos，约前550—前460）和福耳米（Phormis，盛年约在公元前478年）的喜剧和拟剧（Mimik）作品。不过，我眼前的这个遗址却并非是埃斯库罗斯时代的那个剧场遗留下来的，而是在公元前三世纪、大约在238年之后，在僭主希厄戎二世（Hieron II，约前308—前215）统治期间，将原有的剧院扩建而成的希腊化时代建筑的遗迹。古代作家西西里人狄奥多（Diodorus Siculus）和普鲁塔克等都曾提到过这个剧院。后来到了罗马时代，罗马人先是把它改造为一个体育娱乐场（Arena），而后又改作演讲朗诵场（Odeon）。待到基督教出现后的古代晚期和拜占庭时代，剧院原来的艺术和娱乐功能就被完全放弃了，这里居然变成了基督徒的墓地，被用来安葬遗体了。就是到了文艺复兴时代之后，在西班牙人统治西西里期间及之后，古希腊剧场的命运也没有得到改善，甚至可以说遭到了更毁灭性的破坏，因为从十六世纪起，它被改造为采石场和引水渠，用来引导溪水驱动磨坊和为俄耳图癸亚岛上的城防工程提供石料。直到十八世纪末，在欧洲兴起的对古希腊艺术的怀古的大氛围里，古剧场才开始受到关注。到了十九世纪，人们才开始对古剧场展开考古研究。这期间有一个著名的本地考古学家奥尔西（Paolo Orsi, 1859—1935），他对于这座古剧场的考古研究和恢复工作贡献最大，叙剌古的考古博物馆就是以他的名字命名的。

由于剧场坐落在山石荦确的阿波罗寺院山坡（Colle Temenite，图101）上，站在剧场外沿，也就是山坡的顶部，游人可以远眺伊奥尼亚海。至于剧院本身，我在这次参观之前和之后查阅了相关的文字资料，了解了这个半圆形的剧场——这个形状大约是罗马人改造的结果，因为古希腊剧场一般是马蹄形的，即呈一个大于180°的圆弧形——直径长达138.60

图101：叙剌古古代遗址公园内阿波罗寺院山坡

米。这个规模不仅令它雄踞西西里岛上各个古代剧场之首，也让它在古希腊世界里的所有剧场中名列前茅。至于它的结构，我了解到剧场的扇形阶梯观众席（cavea）有67排座位，这些座位大多是依山坡上原有的岩石凿成的；观众席被座位间的过道分为9个区位（cunei）；沿着观众席排排座位拾级而上到大约一半的地带，有一条将观众席分割为上下两个区的横隔通道（diazoma），石围栏上还遗留有铭文。我还了解到，在剧场的舞台方向，希腊剧场都有的歌队场（orchestra，罗马人把剧场的这一部分改为贵宾席，是元老院元老们的专用观剧席位）后面的舞台建筑早已荡然无存了；人们在歌队场地带发现有一条壕沟通道，据猜测是用来让演员能够在舞台上突然出现或消失的设施。人们还曾发掘出据信是戏楼建筑部件的女性人形柱（karyatides），现收藏于本地的考古博物馆内。然而所有这些细节都是我从书面资料中获得的，在实际的参观中，让人万分遗憾的是，我虽然此时亲临了这一著名的古希腊遗迹，却无法将我在书本上读到东西的与实物进行印证。因为此刻我眼前的这座剧场几乎全部都被脚手架、混凝土预制板等临时建材覆盖了。显然是有某个机构准备在这里举办一场或者一系列当代演出，为此主办方将整个剧场都用脚手架围了起来，将它的大部分用预制板盖上了。无论如何，结果就是作为游人的我根本无法像此前参观卡塔尼亚和陶耳米纳的古代剧场遗址那样，下降到剧场的观众席上体验古代观众的各种观剧角度，更不要说沿通道一直走到底，深入歌队场等演出地带了。虽然我充分理解让古剧场恢复演出功能对于发扬古今文化很有意义，然而我在特里尔的古罗马角斗场、在卡塔尼亚和陶耳米纳的古剧场里所看到的当代演出的准备设施都只占据了原剧场和角斗场中的一小部分，不会完全妨碍游人参观古迹。但是叙剌古的这个似乎是要用水泥把整个建筑遗址全都覆盖起来，其结果是在现场看上去，古剧场就像是一个施工中的纯混凝土现代建筑，什么歌队的场地、上场门下场门（parados）、什么侧翼（parakenion）、乃至整个阶梯观众席等建筑细节完全看不到了。可以说，古迹的参观功能已经被这些临时设施完全取消了，这实在大煞风景！或许是由于炎炎烈日烤得人几乎要中暑，在古希腊剧场感受到的失望在我心里被放大了，影响了我接下来的参观。我心中开始抱怨：为什么古剧场周边的古迹没有明显标记？为什么在剧场左侧的阿波罗寺院（Apollon Temenites）、后面的泉水姹女洞窟（图102）、左后侧的墓街（Via dei Sepolcri，图103）等等景点，我统统没有看到解说牌？我自己在走过这些次要景点时，由于骄阳直射，挥汗如雨的我眼睛被汗水侵入，实在难以边参观边查看我随身携带的狼犺厚重的导游书，而强烈的阳光让手机屏幕所显示的文字难以辨认，所以就连在网上查看信息也不可能。我于是一路在狐疑懵懂中粗略看了看这些次要景点，只是在经过泉水姹女洞窟（Grotta del Ninfeo 或拉丁文 Nymphaeum）时，才驻足仔细观看了一会儿。

图102：叙剌古古代遗址公园内泉水姹女洞窟，也叫作妙撒圣所遗址

图103：叙剌古古代遗址公园内的墓街遗址，其所对的前方就是阿波罗寺院遗址

泉水姹女洞窟

泉水姹女洞窟也叫作妙撒圣所（Mouseion，妙撒俗译"缪斯"），因在其入口曾立有妙撒雕像而得名，其中创作于公元前二世纪的三尊雕像保存在本地的考古博物馆。我现在在此所能看到的，是一个巨大的、看似天然形成的石洞，里面有泉水在汩汩流淌，看不到任何人工建筑的痕迹。但是在古代，作为诗神妙撒的圣所，据说演员们在旁边的剧场演出之前，要先到这里聚集，不知是否要举行某种祭拜诗神的仪式，然后才会沿着剧场的石阶而下，走到舞台（skene）上演出。这里还是古希腊时代演员行会的聚集地，据

2021年6月28日 | 129

一篇佚名的古希腊三大悲剧家中第三位欧里庇得斯（Euripidēs）小传中记载，狄奥尼修斯二世曾重金购得这位悲剧诗人的遗物，将它们奉献于此。

希厄戎二世祭台

从希腊剧场出发，横跨分割了遗迹公园的小街，就来到了此前我在入口处时想去而未能去的希厄戎二世祭台（Ara di Ierone，图104）。这个巨大的祭台已知是古代最大的，长达198米，宽22.80米，建于公元前241—公元前215年，它是部分地利用了山坡的天然

图104：叙刺古古代遗址公园内希厄戎二世祭台

岩石，部分地为人工垒砌而成的。祭台是为了庆祝因叙剌古城邦于公元前466年驱逐最后一位戴诺墨奈王朝的僭主、希厄戎一世的昆弟忐剌叙鲍罗而设立的救难宙斯节（Zeus Eleutherios）而建立的，每年节日期间都要在祭台上向宙斯献祭450头特牛，在祭台前可能还要举办体育比赛。至于说祭台是希厄戎二世（他矫称是各隆的后代）所建，是根据古代作家西西里人狄奥多的记载。

祭台朝北的那一端，其台基大约一半的部分下面据说都是一个巨大的孔洞，可是我环绕台基走了两圈，也没看到。台基之上原本设立着3个祭台，它们据说呈金字塔状，但是除了我猜测是祭台的底座残迹外，从台基遗迹上根本无法看出祭台的原貌。整个祭台台基的西端设有供牺牲登上祭台的两个彼此对称的斜坡通道，更外边应该是祭台所在的庭院原本的入口处，入口两边原先立着2根力士人形石柱（telamone / Telamon），而今仅存柱础的残迹了。希厄戎祭台本来可以保存得更完整，然而它的上层建筑在十六世纪时几乎被西班牙人全部拆掉了，就像他们对待附近的古剧场一样。他们把拆下来的石料运到俄耳图癸亚岛上用来修建堡垒去了。祭台后面曾经是片圣地，用来设置许愿碑，周边曾立有廊柱，圣地中间曾植有5排宙斯的圣树石松，还曾立有宙斯雕像。可惜这一切今天仅剩下个别基座样的石块了。

罗马角斗场

从希厄戎二世祭台再往后走，就是古罗马人建造的角斗场或曰斗兽场了（Anfiteatro romano di Siracusa，图105）。关于叙剌古的这个角斗场的建造时期，学者们主要有两种说法，一种是根据这里所发掘的铭文残碑，将它定在罗马帝国始皇帝时代（公元前一世纪），另一种说法是说它建于一世纪的罗马帝国初期。在罗马帝国境内，叙剌古的这座角斗场是最大的一个，它的平面图为椭圆形，其长轴长140米，短轴长119米。在漫长的历史中，这座建筑当然也遭受过各种破坏和改建。作为今天供游人参观的遗址，角斗场是在1839年才开始被发掘出来的。

图105：叙剌古古代遗址公园内的古罗马角斗场遗址

由于不像附近的古希腊剧场那样被现代临时设施所覆盖，我对角斗场遗址的体验要好得多。站在阶梯式观众席的最高位置俯瞰整个建筑遗迹，不难想象它昔日曾有多么辉煌。由于同样是修建在山坡上，有相同的地质环境，它跟附近的古希腊剧场一样，石质的观众席是在天然的山石上凿成的，这就让整个遗址看起来比卡塔尼亚的斯台西库洛广场下面或者特里尔的那两座更凝重、更壮观、更有质感。它的规模加上它所使用的材质，使得叙剌古的这座角斗场在很多艺术史家的眼里成为仅次于罗马角斗场（Colosseum / Colosseo，图6—7）之后的古罗马第二大角斗场。由于整个遗址完全没有任何当代人所添加的覆盖物，我能清楚地观察到它建筑结构的许多细节。同古希腊剧场不同的是，出于安全等因素的考虑，角斗场的观众席的最低的前排座位要高于表演场地（area）约两三米，形成一个环场地的高台；高台下面据说曾建有游廊，供退场或者入场的角斗士们行走。如果我们联想一下西班牙或者美国得克萨斯的斗牛场中围绕场地与观众席之间的安全屏障，就能很容易理解这样的设计了。作为表演区域的椭圆形场地的两个尖端各开有供角斗士们进出的入口，入口的门洞为拱券形，在出口处的一侧修建有石砌的台阶，可以通向观众席的后排。场地中间有一个长方形的石砌的坑，这在当时原本是覆盖起来的，其下有地下通道通往南端的入口。这个地下设施是用来运输表演所用的机械和道具的，类似的地下通道我在特里尔的角斗场场地中间的地下也看到过。另外，角斗场的观众席的外环大概曾建有柱廊，不过今天已经荡然无存了。

在一天之内接连参观了希腊人的剧场和罗马人的角斗场，让我心中很有感触。这两座场子都是在山石上凿出的阶梯形半圆或椭圆状的结构，都是供人们观赏表演的露天设施，但是两者之间这种结构上的类似在我看来反而凸显出古希腊和古罗马这两个古代西方文明之间的本质差别：在古希腊人的剧场里，人们观赏的是埃斯库罗斯的悲剧，人们从中获得审美愉悦的表演是对神与人的关系、是对人的处境的刻画，是关于国家、战争和政体的思考与评论，观众从这样的表演中体验恐惧与怜悯，他们会因此反思命运与人性；可是在古罗马人的角斗场里，人们观看的是人与人、人与兽最血腥、最残忍、最生物性的厮杀，观众从中所获得的是纯感官的、纯动物性甚至是低于动物性的生理性娱乐。一个是哲学的、审美的、宗教的，另一个是感官的、纯娱乐的、纯生理的；一个是诉诸公民的良知、把观众设定为具有伦理和审美判断力的超脱于内部和外部的种种强迫的自由人，另一个则诉诸人的最最低下的生理本能，把观众当作黑猩猩或者猕猴之类的不高于灵长类的畜生。这两种文明最终的命运我们人人都耳熟能详：更哲学、更诗性的希腊文明被更唯物主义、更粗俗的罗马人毁灭了。虽然就是在罗马人到来之前，希腊文明也已经衰落了，但是是罗马人一城一城地屠灭希腊城邦的人民，一座庙一座庙地洗劫希腊神庙的财富，掠取希腊神庙的石柱、大理石石材等建筑部件，才最终导致古希腊文明万劫不复的。只不过罗马人虽然粗俗而且嗜血，却善于征伐、娴于治国，他们对于人与人、人与物之间的物质性关系的天才理解力，使得他们立下了不朽的罗马法，垂范西方后来的文明。

圣奥古斯丁论戒除观赏角斗之瘾

站在叙剌古的角斗场前，我还想到了圣奥古斯丁（St. Augustinus Hipponensis，354—430），想起他在记录了自己的天路历程的《忏悔录》中讲到的一个与角斗场有关的令人难忘的故事。圣奥古斯丁有个跟自己一样来自罗马帝国治下的迦太基的同乡阿吕庇乌（Alypius）。此人出身优渥，但是还在迦太基时，就爱上了角斗场的这种"可悲的娱乐"，沉溺于观看角斗场的血腥斗殴而不能自拔。直到跟随圣奥古斯丁来到罗马之后，他仍然乐此不疲。可是圣奥古斯丁在一次讲课时讥讽了那些迷恋这种"疯狂的娱乐"的人们，忘记了在座的学生里阿吕庇乌就是这样一个角斗迷。阿吕庇乌为此深受触动，于是矢志戒除这个恶习。可是他的朋友们却不相信他能戒得了这个嗜好，于是决定把他带进角斗场，以检验他的决心和毅力：

当他们来到角斗场的时候，那里正沸腾着对血腥的欲望。

他们找到所能找到的最佳座位,而阿吕庇乌却紧闭双眼,决心要与这些暴行划清界限。可要是他把耳朵也堵住了该多好啊!因为角斗中的一个回合在观众中引发了一波震耳欲聋的呼叫声,这令他极度兴奋起来,以至于他再也控制不住好奇心。不管是什么引发了这轮狂呼,他都有信心,认为如果他亲眼看见,他只会感到厌恶而不会失去自制力。于是他睁开了眼睛,他的灵魂就此受到了剑击,其创口比他急于观看的那位角斗士身体上受到的还要致命。他倒下了,倒下得比那个他的倒下引发了全场观众欢呼的人还要可怜。

圣奥古斯丁说,阿吕庇乌之所以破了戒,是因为他起初仅仅想依赖自己的意志力来戒掉观赏角斗的瘾,但是只有依赖上帝才能战胜肉体的软弱。无论如何,从《忏悔录》中的这段记载来看,如果哪怕仅就古罗马人的首要大众娱乐项目角斗及其设施角斗场而言,阴郁、禁欲,然而提供了一套完整的关于生与死、灵与肉、罪与罚学说的基督教文明最终取代唯物主义的、享乐主义的、粗俗的罗马流行文化,无疑是有其必然性的。

结束了角斗场的参观,我顺着绕它外围开辟的一条小道离开,沿路看到路边摆放着一排石棺;小路再往外则是一个下沉的地区,两边的石壁上凿出很多墓穴。石棺来自位于叙剌古郊外的西西里上古时代直到希腊化时代的墓地潘塔利卡(Pantalica)以及叙剌古北边的古城旭卜拉的墨伽剌(Megara Hyblaea)。它们是被特地搬到这里展览的,并非此地原有的古代遗物。不过,这一切我只是匆匆经过,并未驻足观看。就这样,我走回到通向入口的小街。至此,考古公园里除了讹传为阿基米德墓(Tomba di Archimede)的一处遗迹外,主要的古迹我就都参观过了。

关于这个所谓阿基米德墓,古希腊时代的科学家阿基米德(Ἀρχιμήδης,约前287—前212)当然尽人皆知,他就是叙剌古本地人,可是他不幸生活在叙剌古沦陷于罗马人之手的前夕,在叙剌古

———— ❀ ————
阿基米德墓
———— ❀ ————

城陷时，被攻城的罗马士兵杀害了。西塞罗声称，自己在西西里任度支（questor）期间（公元前75年），找到了这位死于100多年前的科学家的墓。后人大概是根据这段话把这里的一处古罗马人的骨灰冢（columbarium）附会成阿基米德的墓了。由于这个遗址位于考古公园另一侧的东北角，而且根据我书中的介绍说，游人只能遥望不能进入，所以我决定此行略过这一景点，就此结束这次考古公园的参观。

考古博物馆闭馆

我从考古公园里走出来后，沿着但见汽车快速驶过却罕见行人的马路，朝位于考古公园东边的奥尔西考古博物馆（Museo archeologico regionale Paolo Orsi）方向走去。然而迎接的我却又是闭门羹。这所博物馆同俄耳图癸亚岛上的博物馆一样，也是周一闭馆。我在博物馆门口碰到一对像我一样吃了闭门羹的本地男女，不过他们说明天还会再来。我虽然非常想看收藏在这里的俄耳图癸亚岛上的高耳戈陶雕等古希腊出土文物，却没有要在叙剌古再待一天的计划了。这次与这些馆藏文物失之交臂，也只能成为遗憾了。

推迟的午餐

如果我在从俄耳图癸亚岛到考古公园来时的路上选择步行是出于观赏叙剌古市区街景的愿望，那么从考古博物馆返回市区，我除了迈开双腿"下步辇"——用我外祖母的口头语说——走路外就似乎别无选择了，因为我在周边既看不到公交，也看不到出租车。此时已是下午4点多，我午饭还没吃。我原本想在遗迹公园或是考古博物馆附近就近找个地方进餐，可是除了看上去难以下咽的快餐小店外，我竟然看不到一家像样的餐馆。原本就比较荒凉的市郊大约由于疫情的缘故到处关门闭户，连商场店铺都看不到有开门营业的，这让我愈发没有在此多留一日的欲望了。就在饥渴、酷热和疲惫中，我竟然还由于迷路多绕了些瞎道，好不容易才找回到翁贝托大道上。最后，在我昨晚去过的餐馆的附近，我才终于看到了像样的餐馆。我在一家餐馆的沿街露天凉棚里落了座，虽然此时早已错过了饭点儿，可是所幸老板愿意开灶。这一餐，我觉得是自从我抵达卡塔尼亚的第一个夜晚的海鲜晚餐之后，我吃过的最好的：三文鱼沙拉和烤肠。无论如何，这家餐馆比我昨天晚上在这条街上的另一家吃到的要好得多。

我在街边的露天座位坐下不久，就来了两个身材魁梧、看似士兵或者救生员模样的年轻男子。他们在我前面的桌旁坐下，也要进餐。从他们的身材和举止上看，明显是来自北方国家和民族的，一开始我猜测是英国或者澳洲。不久听到他们开口说话，发现果然是英国人。这是我此次西西里之行包括后来在那波利［Napoli，亦译"那不勒斯"（Naples）］等南意大利地区碰到的仅有的英国人。英国去年先是脱欧，此时又由于疫情的缘故，被欧洲大陆国家拒之门外，所以一路上看不到那里来的人。这两位士兵模样的年轻人也肯定不是游客，多半是因为某种原因在此驻扎或路过吧。我之所以能从身材上一眼看出他们的国籍和民族，是因为意大利人在身材上同欧洲北方各国人民的差别十分明显。记得在罗马的街道上，如果仅看背影，觉得仿佛走在中国南方的城市里一样。也许是冥冥之中有个神明要我再更深一步反思我刚才在考古公园里对希腊和罗马差别的思考吧，因为这两个英国男子在此出现颇有些意味深长。我想到，在近代，盎格鲁-撒克逊人仿佛就是古罗马人的化身或转世，十全武功，统治全球；而包括西西里人在内的意大利人却成了古希腊人，负责为世界贡献艺术、音乐和诗歌。

在吃过这一顿不知应该叫午餐还是晚餐的美食之后，我回到酒店休整了一下，稍后从房间出来，到前台打听附近超市的位置。被告知方向后，我出了酒店，步行到街上去寻找。因为自从我抵达西西里之后，还一直没有吃过香蕉、鲜奶、原味酸奶等等这些我平时每天必用的食品。我这几天住过的酒店所提供的早餐只有瓜类水果和加糖加风味的酸奶，并没有纯天然的新鲜的东西。此时太阳已经落到路边的屋檐下面，空气却依然炎热。我先是走到一家看似超市的店里，进去后却发现是一家水产店。店里的荧光灯惨白的光线照在湿漉漉的白瓷台面和水泥地面上，再加上刺鼻的鱼腥味儿，一下子让我联想到王朔小说里曾经写过的二十世纪八十年代北京的东单菜市场，这一切都再熟悉不过了，然而这里买不到我要的东西。我退了出来，又跨过一条街，才找到超市，买了香蕉、鲜奶等食物。回到酒店后，我开始策划明天的行程：我的下一站，将是200多公里外品达曾经访问过的位于西西里岛南岸中部的阿格里真托（Agrigento），在品达时代那里叫作阿克刺迦（Akragas）。

二〇二一年六月二十九日

阿格里真托（阿克剌迦）

> 古代叙剌古周边的城邦

古希腊人在西西里殖民，建立殖民地城邦，主要都集中在这个三岬之岛的东海岸和南海岸区域，北岸只有希墨剌等零星定居地。从纳克所开始，沿东海岸向南，先后有卡塔奈、旭卜拉的墨伽剌和叙剌古；在海岛的东南角转过来，沿海岸线则先后有卡马里纳（Kamarina）、各拉（Gela）、阿克剌迦和色利努（今天叫作色林农特）。其中由叙剌古人建立于公元前599年、曾被品达誉为"孳乳人类的城邦"的卡马里纳今天早已不再是个城市，而最早由希腊殖民者建立于公元前689年的各拉作为一个行政单位虽然至今仍然存在，但其实古城早在公元前405年被迦太基人攻陷以后，就逐渐荒废了，直到中世纪时期神圣罗马帝国皇帝兼西西里王弗里德里希二世在此重建新城将它命名为新地（Terranova），才恢复了作为一个城镇的存在，又等到二十世纪上半叶墨索里尼把地名改回了古称，才有了今天地图上的各拉市。这两处古城的遗址一直在发掘中，但是地面遗迹保存很少，两地的考古参观价值主要是博物馆而不是地面遗址。因此我决定此行略过这两处次要地点，而是直奔更著名的、也是更远的阿格里真托，那个古代叫作阿克剌迦（Akragas）、曾被品达誉为"西西里之睛"的地方。

叙剌古荒废的古罗马裸练场遗址

在酒店用过早餐后，出发却因交付酒店去清洗的衣服还没送还酒店而有所耽搁。大约等到了9点多，洗好的衣服才终于到了。取回衣服后，我退了房，把行李搬上车，就出发了。不过我还不能直接上路奔向阿格里真托，而是不得不先去银行取些现金，于是又耽搁了点儿时间。我原本计划在早上出发时，顺路把车开到我昨天没来得及去看的两处景点：位于市郊的叙剌古的第二古老、建造时间距阿波罗神庙仅10来年的奥林匹亚宙斯神庙遗址（Tempio di Zeus Olimpio）和罗马时代的一处原有用途不详的所谓裸练场（Ginnasio romano）遗址。现在出发的时间耽搁了，我不确定能把这两处遗迹都参观了，于是决定先开往更近的罗马裸练场再说。然而当我沿着导航的指示来到遗址所在的地方时，却发现那里荒草丛生，四周被2米多高的铁栅栏围了起来，而且根本找不到入口。这片遗址的地面看起来就像一个报废汽车的堆积场，作为古迹和旅游景点，它显然已被遗弃了。遗迹旁的马路另一边是个公交车站，此时站着好多早上通勤的本地人等车。由于有杂草和铁栅栏遮掩，再加上马路上车来车往，出于安全的考虑，我觉得不便在四周步行，去寻找进入园区的入口或者环绕铁栅窥探其内部。对这处遗址的失望再加上时间紧迫，我索性也不想去寻找更远的宙斯神庙了。叙剌古这个对于品达及其时代最重要的地方，竟然留给我最多的遗憾。

由于出发前定好了手机导航系统，所以从城区出来上了快速路以后，驾驶就变得非常容易了。可是我很快发现，虽然从叙剌古出发沿着海岸线向南再向西有一条看起来像快速路的公路，手机导航却指引我向北行驶。尽管导航指示的路径有悖于我的预期，我还是接受了这条路线，因为既然我不打算去位于叙剌古正西方向的卡马里纳和各拉参观，那么我就没有必要一定要沿着海岸线向南再向西走，而是应该遵照手机导航的指示为宜，免得由于走岔路或者路况不好而耽误时间。就这样，我一路向北，几乎又回到了卡塔尼亚，在距卡塔尼亚不太远的地方才转向西行的一条高速路A19。这就是说，在沿着东海岸北上跑了一段路之后，我要沿西西里岛的中线向西行驶，直到大约是岛上的正中心的位置再向南或者西南拐下去，才能抵达位于西西里岛南岸中点位置的阿格里真托。

汽车在穿过西西里岛中线的道路上高速行驶，路两边的风景同沿海地区已迥然不同。满眼望去，都是起伏的丘峦。然而令人惊异的是，这些丘陵几乎全都为一片又一片的苍黄所覆盖。由于车速太快，高速路又多半高架在半空中，我一时无法辨认出这些苍黄的山坡究竟是某种自然植被的颜色，还是庄稼成熟或收割后的麦秸颜色，抑或就是枯草的颜色。品达曾用"盛产羝羊"这个附称描述西西里，希腊化时代的西西里诗人、西洋牧歌的鼻祖忒俄克里托（Theocritos，约前310—约前250）也曾一再歌咏西西里的牧羊文化：

> 愉悦人的是啊，羊倌儿！青松在溪畔
> 所吟咏的呢喃；愉悦人的是啊你的
> 嗯哨：仅次于潘的礼物你将要收到。
> 倘若他抓到生角的羝羊，牂羊就归你。
> 倘若他抓到牂羊为奖赏，你就得羔羜；
> 羔羜的肉鲜美，直到你给它挤过奶。

然而一路上，尽管我在保证开车安全的前提下尽量对周边仔细观察，却始终看不到一只羊、一个牧人，不仅无法印证古希腊诗人的描绘，甚至连时间更近的电影《教父》中西西里山坡上漫走的羊

西西里夏季的乡野一片枯黄

图106：电影《教父》中西西里牧羊人的镜头，除了没有看见羊群，我穿过西西里岛中部的A19高速公路时所看到的两旁的风景与此非常相像

2021年6月29日

群的经典镜头都不能核实（图106）。然而地貌、季节和点缀着团团橄榄绿的无尽的苍黄最终让我确认，这就是西西里旱季野草的枯黄：是来自北非的热风（sirocco）在这盛夏时节把西西里岛上的空气烘烤得炽热而且干燥，把地上的草都灼枯了。

阿格里真托的神庙谷

从A19高速路上下来拐到向南行驶的道路就不再是封闭高速路了，有些地段甚至要穿过拥挤的城镇闹市区。在这一段路上，伴随阿格里真托路牌出现的是恩培多克勒港（Porto Empedocle）的路牌。看到这位出生于古城阿克剌迦、最后自投于埃特纳火山口终结其生命的哲人的名字出现在路牌上，令我心生一种既亲切又激动的感情。

待到我终于看见赭石色的写着Valle dei Templi（神庙谷）的路标时，距离目的地已经不远了。此时路旁都是柠檬树和橄榄树果园。然而当我真正抵达目的地时，却觉得仿佛一切都不真实似的。我先

图107：抵达阿格里真托遗址公园前的最后一个路口

是从一闪而过的树木的缝隙里瞥见了矗立在山头的古希腊神庙,随后车就开到了一个有着五六个岔口的环岛路口(图107)。在这不到一秒钟的瞬间里,我要从一闪而过的标志着各个路口的路牌上识别正确的路口,好进入通往神庙谷的通道。我多少有些忐忑地依照我相信所看到的路牌指示转向了右边第一个路口,开上了一条上山的路。沿着山路盘旋了一两个弯,不久我便抵达了山上一处简陋的收费停车场:我没费周折就这样顺利到达了。此时我才恍然意识到,神庙之谷其实并非是在溪谷里,它应该叫作神庙之丘才对,因为神庙都"坐落在牧羊的阿克剌迦河堤岸旁精心营造的山丘上"(品达)。将车开进停车场停稳,带上我的导游书、相机和矿泉水,锁好车子,我便走出了停车场。出了停车场后右转,很快就走到了阿格里真托神庙谷遗址公园(Parco Valle dei Templi Agrigento)的入口。

　　这里像其他景区一样,游人依然不太多,而且也几乎全都是意

图108:进入阿格里真托遗址公园后出现的第一座神庙遗址,赫剌神庙的北侧柱廊

大利人，很少有外国游客。我买好票、进入公园的入口后很快就看到，在入口的左侧略高处，在柽柳和夹竹桃树丛的掩映中，露出来屹立在蓝天之下的一排土红色的多里亚石柱。此刻我虽是仅看到神庙的一角，却足以令我深感震撼了，因为这是我在西西里看到的第一处依然矗立着的、基本结构保存相对完好、没有被改建得面目全非的古希腊神庙（图108）。它既不像俄耳图癸亚岛上的阿波罗神庙那样矮小而残缺，也不像隐藏在叙剌古主教座堂内部的雅典娜神庙那样，被后来增添的建筑部分改变了原貌，隐藏起来，而是独立于蓝天碧海之间，一如它两千多年前时的样子，周边没有后世的建筑破坏它原有的环境和氛围。回想我刚才在路上远远地瞥见它的样子，就可以想见当年全盛时的它无论从海上还是在陆上远观起来是如何雄伟了。比起我迄今为止所见到过的所有古代遗迹来，它的规模、高度、地点、质地、结构、风格和周边环境，全都突显着它作为古希腊神庙所特有的崇高与壮美。

赫剌神庙

这座多里亚风格的神庙也是环柱式的，基座面积约为38.15米×16.90米。廊柱的结构属于古希腊神庙中比较常见的六柱式（hexastylos），即平面图为矩形的神庙的正面或者说其两个短端各有6根多里亚式立柱。我昨天在叙剌古参观的俄耳图癸亚岛上的阿波罗神庙和雅典娜神庙也都是六柱式的，虽然它们的长端石柱数目都各不相同。此刻我眼前的这座神庙的长端各有13根石柱。在神庙现存的残迹中，北面长端廊柱的13根石柱连同它们托举的额枋石（architrave）都是完整的，从西边数起第3根到第5根石柱托举的额枋石上面还保存有3块三陇板（triglifo / triglyphe）和与之交错的3节没有浮雕的素面陇间壁（metopa / metope）。不过，神庙南面的石柱却都呈不同程度的残缺状态，残存长度约为原石柱4/5左右的残柱和残存少于1/2的残柱恰好交错排列（图109），因而产生了一种节奏感。神庙西面、也就是背面的6根石柱有2根还保留着柱头垫，有3根保留有完整的柱身，只是没有了柱头，位于西南角的那一根仅剩半根（图110）。神庙东面也就是正面柱廊的石柱，除了东南角的2根

图109：阿格里真托遗址公园内的慕利神庙（从东南角度面向西北方向）

图110：赫剌神庙西端

图111：赫剌神庙北侧南端完整的多里亚石柱以及残缺的托檐石和额枋石

146 ｜ 西西里访古纪行

以外，都是残缺的，东南角的这两根完整石柱的上面还残存一段额枋石以及上面的一块完整的三陇板及其两侧的陇间壁（图109）。

　　古希腊环柱式神庙的石柱所托举的额枋以及其上的大大小小的结构在西洋古典建筑学上被称为檐部（trabeazione / Gebälk / entablature，参见97页插图）。檐部若细分起来又是由上、中、下三部分构成的，其中最下面直接为石柱托举的部分是额枋（architrave），额枋之上是装饰性的中楣（fregio / Fries / frieze），中楣之上则是檐口（cornice / Gesims）。中楣的构造是由所谓三陇板和陇间壁交错组成的。三陇板上有三条垂直的陇（femur），它们中间有两条完整的垂直的槽（glyphos / scanalature），位于两边的陇的两边又各有半条槽。中文把triglyphe译作"三陇"其实是误译，因为希腊原文glyphos指的是三条槽，不是槽中间所夹的陇，只是这三条槽中，两条是完整的，另外位于每块板的两边的两条半槽合计为一槽。三陇板的中陇要与下面石柱的中轴线对齐。相邻的两根石柱上除了各自顶着一块其中陇分别与下面石柱的中轴线对齐的三陇板之外，这两块三陇板中间还有一个三陇板，其位置正好居于两根相邻石柱的中轴线之间的距离（即德国人称作Säulenjoch的那部分）的中间。每块三陇板与它相邻的三陇板之间为陇间壁隔开，陇间壁往往装饰有表现神话人物的浮雕或者彩绘。不过，中楣的这种三陇板和陇间壁相交错的设计在位于最边上的石柱上方会遇到一个问题，因为如果最边上的三陇板仍然像中楣上其他三陇板那样，与下面的石柱的中轴线对齐，那么这块三陇板接近中楣外沿的一边就只能留有一半或者小于一半宽度的陇间壁。这样的设计古希腊人敏锐地察觉到是不甚美观的。在古典建筑学中，人们把这个难题称为多里亚式神庙的屋角冲突（dorische Eckkonflikt）。长于发明的西西里希腊人为了解决这一冲突甚至先于希腊本土的将作师们想出了多种办法，其中早期，也就是上古时期流行的办法只涉及调整三陇板和陇间壁的宽窄，而不必调整中楣下面的立柱，就可以解决这种屋角冲突。即或者让最靠边的三陇板的中陇不再跟最外边的石柱的中轴线对齐，而是让这块三陇板成为中楣的边缘，但是位于最边上的两根石

2021年6月29日

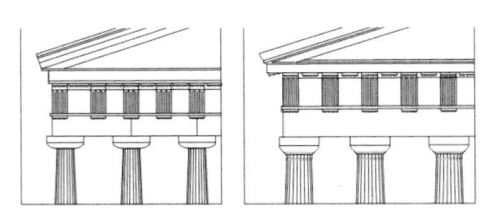

左图显示上古时期对屋角冲突的解决方案，即扩展最靠边的陇间壁的宽度；右图显示解决屋角冲突方案的单收缩方案，即收缩最靠边的两根立柱之间的柱间距。

柱之间的那块三陇板——即从屋角数起第2块三陇板——仍然像其他三陇板那样位于2根石柱的正中间。这样做的结果是这两块三陇板之间的最靠屋角的那块陇间壁明显比其他陇间壁要宽（见上图解）。到了公元前五世纪后期，也就是古希腊建筑史上的古典时期，西西里的希腊建筑师们发明了一种对视觉美观影响更小的方案。这种方案是调整最靠边的两根石柱的位置，让它们之间的空距（即柱间距）小于其他的柱间距，从而保证所有陇间壁的宽度都是统一的。在古代建筑史上，人们把古典时期采纳的这种解决办法称作解决多里亚式神庙屋角冲突的收缩方案（Eckkontration）。如果只收缩最靠边的一个柱间距，就叫作单收缩方案（例如阿克剌迦的赫剌克勒庙除正面以外的三面柱廊）；如果收缩靠边的连续两个柱间距，就叫作双收缩方案。最早采纳这种收缩方案的古希腊神庙建筑都在这里，不久后叙剌古的雅典娜神庙和希墨剌的胜利女神庙（Tempio della Vittoria di Himera）都采用了双收缩方案。不过在我眼前的这座神庙上，据考古学家们研究，当年的古希腊建筑师却采用了并不统一的屋角冲突解决方案，其中北端、西端和南端采纳的都是这种调整石柱间距的收缩方案，而神庙的正面（东面）则是把位于整个中楣正中的那块陇间壁扩宽了。其实，像这样灵活地解决屋角冲突，不墨守上述两种方案的例子，在希腊本土的神庙建设中更多。总之，无论采用了哪种方案，收缩方案等所造成的柱间距的差异对于肉眼来说都是难于觉察的，这不仅对于今天只能观察神庙废墟或残存的结构的我们是这样,就是对于能够欣赏新建的神庙的古人也是如此。可尽管如此,追求尽善尽美的古代建筑学家如罗马人维特鲁威却把多里亚式神庙屋角冲突看作是这种营造法式的致命缺点,据他说,后世的人们因为屋角冲突的各种解决方案都不能令人完全满意,所以后来都不愿意再修建多里亚式建筑了。

我在阿格里真托看到的这第一座神庙的四层石底座（krepis / krepidoma）可以说是神庙保存得最完好的部分,除了石块上留下了风化的痕迹,此外堪称完美。但是由于神庙而今被木栅栏围了起来,我无法进入参观,不能近距离查看神庙内部的结构,所以不能一一验证我在书本上获得的关于神庙内部结构的知识。据说,它里面依然可以看到前殿（pronaos）和后殿（opisthodomos）的遗迹。

相对于它结构的完整,这座神庙的名称和原本的用途却是难以确知的。传统上它被称作拉基尼亚赫剌庙（Hera Lacinia）,或者依照罗马人的习惯叫作拉基尼亚犹诺（Juno Lacinia）庙,在阿格里真托的遗迹公园中编号为神庙D。然而称它为赫剌神庙其实只是一种约定俗成的称呼,无论从史籍中还是在考古学上,人们都无法确知这座庙原本供奉的神明究竟是哪一位。至于拉基尼亚这一名称,则更是张冠李戴,因为这个名字来自位于意大利半岛南部的一处山石（Lacinium, Capo Colonna）。无论我们应该如何称呼它,这座神庙据考古学家们考证建于公元前五世纪中期。这样说来,德国二十世纪初的古典学者、《品达评传》的作者维拉莫维茨（U. von Wilamowitz-Moellendorff）在他的书中说品达来阿克剌迦时（前476—前475）所看到的那些辉煌的神庙,显然就应该不包括这一座了。倒是两千多年后的歌德于1787年4月24和25日游览阿格里真托时,为我们留下了关于这座神庙遗迹在现代考古学发展起来之前所保留的状况的记录:

——— 歌德的记载 ———

> 我们抵达了城市的东边,那里的犹诺神庙遗迹年复一年地衰败着,因为它松动的石材为风雨侵蚀着。……

2021年6月29日 | 149

> 神庙坐落在一块风化的山岩上；从这里向正东方向延伸着城墙，直到一片石灰岩沉积层。石灰岩沉积层在平坦的海岸上方陡然中断，这个海滩是当初大海在塑造了这些断崖、冲刷了崖脚之后，又退回去形成的。部分城墙是在山崖上凿出来的，部分是用岩石修建的，那些神庙就从城墙后面崛起。这就难怪吉耳真蒂城［Girgenti，歌德使用的是西西里土语对阿格里真托的称呼］更低处的和上升的部分，连同它最高的部分一起，能在海上看起来形成一个宏伟的景观了。

歌德这里所描述的有城墙屏障的吉耳真蒂城（阿格里真托）指的是阿克剌迦的古城。据古希腊史家修昔底德记载，这座城是于公元前582—公元前580年间由来自各拉的希腊殖民者创建的。在城邦的早期统治者中，最有名的要数约在公元前570年成为城邦僭主的法拉里（Phalaris）。他由于滥施酷刑，几乎成为古希腊人心目里暴君的典型，他的名字也成为暴君的代名词。他所施行的酷刑据传说是把政敌放在做成牛状的铜制鼎镬里面，再放在火上烹烤。品达在《匹透赛会赞歌第一首》末尾曾提到这位暴君的这种酷刑：

> 可憎的传说则四面纠缠着心地残忍的
> 法拉里，他那个铜牛状的鼎镬；
> 屋顶之下的颂琴不接纳
> 他作为男童之声的温柔伙伴。

品达在这首为叙剌古僭主希厄戎创作的赞歌的末尾，提到阿克剌迦史上著名的暴君的故事，是为了委婉地告诫希厄戎要以他为鉴，因为被放进铜牛鼎镬里遭受烹烤的人所发出的痛苦之声，是不能为诗人自己创作的有颂琴伴奏的男童歌咏的真正音乐所接受的。然而有意思的是，我第一次读到这个阿克剌迦的传说，叙述它的人偏偏就是把这种受煎熬者的痛苦之声比作诗人的歌吟之声，一反品达之道而行之。记得那是丹麦作家基尔喀迦耳（Kierkegaard）在其名著《或此或彼》的开头中写到的；我还记得，在大一那一年读到这本书的英译本中的那个段落时，是坐在北大图书馆一楼的第一阅览室里，清晨的阳光透过高高的东窗斜照进来，那时的我还很容易为这样的存在主义诗学打动……

赫剌神庙的建造时期是在阿克剌迦的黄金时代。约公元前488年，阴墨尼达家族（Emmenidai）的台戎成为城邦的僭主，他与各拉和叙剌古的僭主各隆结盟，向北攻陷了希墨剌。希墨剌僭主底里尔罗（Terillos）联合意大利半岛南端的热癸昂（Rhegion）和阿克剌迦西边的希腊殖民地城邦色利努人，向迦太基人求援，迦太基人趁机入侵西西里，然而很快就被台戎和各隆率领两个城邦的联军于公元前480年在希墨剌之战中击败。希墨剌之战的胜利开启了阿克剌迦的黄金时代，在建筑上就体现在神庙谷中这一时期建造的大大小小的神庙上。此外阿克剌迦的黄金时代还体现在台戎家族在泛希腊竞技赛会上屡屡得胜。公元前476年，台戎派人参加远在希腊本土的珀罗之岛举办的奥林匹亚赛会，赢得了赛车比赛等蜚声全希腊的荣耀。竞技赛会上的得胜被记载在诗歌里，成为一段文学佳话，因为台戎特地聘请了品达及其诗敌巴刻徐利得来到阿克剌迦，为他的赛会胜利也为他的文治武功赋诗赞颂。不过，品达与阿克剌迦的缘分并非从他访问西西里时才开始的。早在青年时代（前490），品达就在德尔斐举办的匹透赛会期间结识了前来参加赛车项目的台戎的兄弟克色诺克剌底（Xenokrates）及其子忐剌叙鲍罗（Thrasyboulos,,与叙剌古的同名僭主、希厄戎的兄弟不是同一个人），并且同后者成为好友。然而无论如何，品达与阿克剌迦的联系，发生在这座远离希腊本土的边疆城邦的最辉煌的时代，他的诗歌也见证着这座城邦的辉煌。令人惋惜的是，作为距迦太基人最近的希腊城邦，阿克剌迦的华年是短暂的，约公元前406年，迦太基人反攻西西里，攻陷了这座城邦，赫剌神庙被焚毁（考古学家们在遗址中发现了过火的痕迹）。神庙此后的命运也跟叙剌古的古希腊神庙的命运大同小异，虽然先是为罗马人修复，但是在古代后期以降，悉数经历了各种人为的和自然的破坏。所幸直到十八世纪上半叶，赫剌神庙依然大部分屹立不倒，可是就在十八世纪，神庙的遗迹却在一场大地震中遭到了严重破坏。1785年，也就是歌德到此参观前的两年，人们对神庙进行了一次修复，从而部分地恢复了它地震前的样子。

同心神庙

离开赫剌神庙，沿着古希腊时代阿克剌迦城墙的残迹一路向西，路边可以看到一些大约是早期基督徒的墓穴。沿这条下坡路走上六七百米，便能走到下一座，也是神庙谷中最著名的神庙——同心神庙（Tempio della Concordia，编号：神庙F）。虽然是首先从路上远远地窥视到它的身影，但即便是这样的远望也能看出它近乎无缺的完整（图112）。同心神庙连同位于意大利半岛南部、古代大希腊区域内的帕埃斯图姆（Paestum）的海神波塞冬神庙（Tempio di Nettuno或Poseidone）和位于雅典的火神赫费斯托神庙（Hephaisteion），并称为保存状态最好、最完整的古希腊三大神庙。同心神庙建造于约公元前440—公元前430年，也晚于品达来访阿克剌迦的时间。就像赫剌神庙的名称并无历史的和考古的依据一样，称它为同心神庙也是约定俗成的，甚至可以说是以讹传讹的，是后人依据在神庙附近出土的一块罗马时代的铭文给它起的名字，而铭文的内容其实与神庙并无关系。神庙的营造法式与规模同先于

图112：在阿格里真托的遗址公园里从赫剌神庙附近俯瞰同心神庙

它不久修建的赫剌神庙十分类似：它的柱座面积是39.44米×16.91米，而赫剌神庙则为38.15米×16.90米；二者都是环柱式六柱多里亚神庙，长端与短端的石柱都各为13×6根，石柱的高度也接近，赫剌神庙为6.67米，同心神庙为6米。同叙剌古的阿波罗神庙不同的是，阿克剌迦的这两座多里亚式神庙的石柱都已呈古典的风格，有明显且优雅的凸肚曲线。两座神庙的石砌底座都有四阶。同心神庙同赫剌神庙略有不同的是，它四面的廊柱均采纳收缩方案来解决屋角冲突，而不是像赫剌神庙那样，在东面的柱廊使用了不常见的解决方案。然而无论这些细节上的相同与差异，对于任何一个能亲临其境的游人来说，相对于残缺的赫剌神庙，保存完好的同心神庙更充分地展示了古希腊神庙建筑的优雅和完美（图113—114）。对此，歌德就曾作出过十分公允的判断，虽然他是在对比了帕埃斯图姆的规模庞大的海神庙与这里的同心神庙以后说的："[同心神庙]纤细的建筑艺术让它更接近我们关于美的尺度和我们的喜好。"的确，不仅同帕埃斯图姆的海神庙相比是如此，就是同叙剌古的那两座属于上古时期的神庙相比，这里的同心神庙和赫剌神庙也都显得更苗条优雅些。这其实反映了多里亚风格从早期向古典时期的过渡，这既是建造技术进步的结果，也是建筑风格的改进。然而它们毕竟还是多里亚式的神庙，比起伊奥尼亚式和哥林多式的建筑来，它们都显得远更庄严凝重。在我看来，多里亚神庙的这种庄严凝重感可以类比于颜体楷书给人的感觉，若是书写在匾额上悬挂于庙堂里的话，只有颜体才能压得住、撑得起。相比之下，更显纤细柔美的哥林多式更像是褚遂良的字，比较适合悬挂在较小型的屋宇或者建筑中更带有装饰性的部分，而伊奥尼亚式则介乎这两者之间，或可比方于欧阳询的字吧。

就像叙剌古的俄耳图癸亚岛上的雅典娜神庙一样，同心神庙也难免遭遇在基督教时代（约六世纪时）被改造为基督教座殿（basilica）的命运，其中一个重大的改造是把神庙朝东——据说是正对着春分时太阳升起的方向——的入口改为朝西的入口；其他的改造包括把环绕神庙的廊柱用墙壁封了起来，就像俄耳图癸亚岛上

图113：同心神庙（东南角度面向西北方向）

的雅典娜神庙那样。然而，同样也像雅典娜神庙由于这种改造而得以大部分幸存那样，同心神庙也缘于这种改造而得以历经两千多年却近乎完整地保存下来。虽然它内堂的前殿、中殿和后殿连同其中的祭台均遭到严重破坏——祭台的消失直接导致我们今天无法确知神庙供奉的是哪位神明——然而所幸环绕内堂的石壁和内堂正面的廊柱都保存了下来。同其他残缺神庙不同的是，同心神庙正面檐部之上托举的三角形山墙（tympanum / timpano）依然完整，南北两侧廊柱之上的檐部也得以完整保存，这使得整座神庙远观起来除了原来木质的屋顶早已不复存在以外，显得几乎完好无损。

　　同赫剌神庙一样，同心神庙的遗址也被木栅栏围了起来，游人无法登上神庙台阶进入其内部参观。但是仅从围栏外近距离观察，环绕神庙四边的石柱还是有些残损的，看得出后人用石灰做了修补。1787年4月25日歌德来此游览

图114：同心神庙细部

的时候，曾对于不久前（1785年）为修补神庙而新圬墁的白石灰表示遗憾，说他虽然欣赏人们为修复古迹所做的努力，但是用白石灰修补实在太扎眼，并且质问道：为什么不能像神庙的原作者那样，用跟神庙主体的石灰岩颜色相同的石灰来修补呢？所幸我今天看到的修补早已纠正了当年的粗心，虽然修补部分的颜色和质地与原有的石件相比仍有明显差别，但是看上去却不至于过于扎眼了。

古迹修复与存古

古迹的修补乃至修复是门手艺，更是门学问，它是历史学、审美和考古学相结合的产物。粗暴野蛮地实施修补就是毁坏。在中国，修古变成毁古的例子比比皆是，例如赵州桥的所谓修复，就是用劣质水泥几乎完全取代了原来的石桥。曾几何时，中国不仅遍地散落着各个历史时代的古迹，甚至整个社会都浸淫着好古的审美趣味。十九世纪末二十世纪初来华的西洋人往往把中国称作活化石、博物馆，甚至木乃伊；早年迷恋康德哲学的王国维甚至要将古雅提升为一个美学范畴，以与康德的优美与崇高分庭抗礼。可是一旦中国整个社会启动了现代化进程，社会的主流审美便激进地走向传统中国的反面，开始仇视一切古旧老残，其中近两三百年来遗留下来的历史建筑尤其被视若敝屣，遭到毁灭性的破坏。至于更古老的遗存，在今天的中国，上古和中古考古学的发展比起从前的确有长足的进步，但是这种学术上的进展与当代中国社会的文化却越来越割裂，考古学的新发现往往转化为钢筋水泥的"仿古"建筑和其他"仿品"，考古科学的进展由于审美传统的断裂而在事实上转变成为文化败坏的因子。这种文化败坏尤其表现在：一方面古代和近现代的中西建筑遗产被人们打着发展旅游和旧城改造的旗号野蛮拆除（例如天津的东北角）或者改得面目全非（例如天津的民园体育场），另一方面，人们却在大多是赝品的古董市场里搞投机倒把，把毫无历史、审美和文化价值的贱物吹捧上天。这一切，只不过是让社会在文明的野蛮化和荒漠化的道路上越走越远罢了，跟好古博雅又有什么关系呢？

赫剌克勒庙

从同心神庙再往西走，路边又有很多基督徒的墓穴，据考证都修成于四世纪和五世纪。走上约500米，就看到了赫剌克勒庙的遗迹（Tempio di Ercole，编号：神庙A，图115）。这是阿克剌迦最大、传统上也被认为是最古老的多里亚环柱式神庙建筑，柱座面积为67米×25.34米，六柱式的神庙两侧原本各有15根石柱。但是当年歌德到访的时候，这些石柱都早已倾圮于地了，其中处在南北两侧（矩形平面神庙的两个长端）的石柱分别朝外倾倒。据歌德猜测，这恐怕是由于一场飓风把维系着柱廊稳定的檐部吹垮，才致使廊柱突然分别倒向两侧的。但是此刻我眼前却有有8根比较完整的石柱屹立在神庙的南侧柱廊上，此外还有位于神庙东南角的一根只有最低一节柱鼓。歌德所看到的与我所看到的赫剌克勒神庙遗址状态的差异，是二十世纪的考古学家们在1924年利用原物重建法（anastylosis）将那些偃卧于地的散落的石柱石鼓拼搭起来所造成

图115：赫剌克勒庙南侧柱廊

的。无论如何，我眼前的赫剌克勒神庙遗址上矗立着的这八九根石柱，并非像同心神庙的那些石柱那样，是历经几千年屹立不倒的原貌，而是考古修复工作的结果。就复原的石柱来看，赫剌克勒神庙的这些石柱比前两座神庙的石柱都要高些，直径也粗大些。

古代遗址的修复，哪怕是那些由专业考古学家们精心且严谨地进行的，永远是有争议的。但是在严格的考古证据的基础上、利用遗址中散落的原件重建古建筑，即anastilosi法，是古迹修复工作中最可取的方法，科学的考古学是这种复原工作的基础。由此我想到了最近十几年来在中国网络上甚嚣尘上的古希腊伪史说，因为这样的古迹复原往往被那些怀疑古希腊文明的人当作是古希腊文明乃后人伪造说的证据。其实这主要是由于那些民间史论家们对西方古代考古学的全然无知，才导致他们发出这样的妄言谵语。这些人应该来西西里乃至整个古希腊的疆域访一访古，做点儿实地考察，再发议论才好。在中国，发类似谬论的并非只有"民间"史家们，甚至也并非只是针对古希腊史或外国史。比如中国二十世纪二十年代学院里出现的疑古派，在讨论中国早期史的时候，就作出过很多骇人听闻的论断，然而他们在作出这些论断时，也犯了同今天主张希腊伪史说的人们一样的错误，就是他们都缺乏西方自十八世纪末以来发展起来的考古学的方法和意识，那些疑古派至少在起初都忽视了早在1900年前后就已经发现的甲骨文和随后开展的殷墟考古工作。

还是回到我眼前的赫剌克勒神庙。同赫剌神庙和同心神庙不同，关于这座神庙建造的年代是有争议的。依据其比较古老的建筑风格，过去人们认为它应建于公元前六世纪末，但是现在学者们多认为修建于公元前五世纪初、阿克剌迦的僭主台戎统治时期。无论这两种观点哪种更接近事实，曾歌颂过台戎在奥林匹亚赛车得胜（《奥》2和3）及其兄弟克色克剌底赛车得胜（《匹》6、《地》2）的品达在来访阿克剌迦时，是见识过这座神庙的辉煌的，也几乎可以肯定是随喜过庙中供奉的英雄赫剌克勒的。而今我站在神庙的遗址前，想起了诗人在庆祝台戎在奥林匹亚赛车得胜的第3首《奥林匹亚赞歌》中讲述的赫剌克勒如何创立奥林匹亚赛会的神话故事。

诗人说作为这位英雄受罚必须完成的苦役之一，赫剌克勒需要猎获一头金角牝鹿，为此他追逐牝鹿一直追到伊斯特洛河（今多瑙河）流域，在那里他第一次看到了橄榄树，立刻就爱上了它们，"对它们的甜蜜渴望攫获了他"，于是便想将它移植到奥林匹亚，用它的叶子当作他所创立的奥林匹亚赛会的奖品。诗人对这个神话的想象和用来表述它的语言十分深邃而优美，他是这样叙述英雄把橄榄树移植在奥林匹亚的：

> 心怀着忠信，他须为接纳所有人的宙斯的圣林
> 求得一株多荫的树，好为人类所共有而用为贤能的叶冠。
> 因为在将献给父〔宙斯〕的祭坛分别为圣之后，
> 中月之夕御金乘的月神便照耀在他睁大的眼前。

在维拉莫维茨看来，这段神话应该是品达自己发明的。无论如何，诗人在这样一首为阿克剌迦僭主所作的赞歌里虚构并且用整整一篇来叙述这样一个令人难忘的故事，其创作灵感恐怕部分地是得益于他在这里看到的这位英雄的宏伟庙宇吧。虽然神庙早已完全倾圮，无法与更晚建造但是保存状态更好的同心神庙和赫剌神庙相比，然而比它们更幸运的是，把它称作是赫剌克勒庙，的确是于古有征的。西塞罗可以为此作证，因为他曾经描述过这座距离阿克剌迦城内的集市（agora）不远的庙。西塞罗还记载说，他在庙里看到过供奉有雅典匠人缪戎（Myron）制作的赫剌克勒的铜像，以及一幅由著名画家宙克西斯（Zeuxis）所作的赫剌克勒屠蛇的巨幅画作。除了这样的文字记载，更有说服力的，是庙里原有的祭坛的残存部分也在神庙遗址的东边被考古学家们找到了，从而印证了西塞罗的文字记录。

虽然从赫剌神庙开始，神庙和神庙之间的小路的南边就是断断续续的古城墙遗址，我却是直到参观了赫剌克勒神庙之后，才走上前去细看阿克剌迦古城墙的。站在城墙边俯瞰古城墙之下的陡坡，

台戎陵

我看到不远处矗立着一座方形的塔状封闭结构，高近4米，边长近5米。我知道，这就是传说中的台戎陵（Tomba di Terone，图116）了。如果这真是曾经同叙剌古的僭主各隆联合取得希墨剌战役的胜利、招待过品达的阿克剌迦僭主台戎的陵墓，那当然是可以与那些神庙相媲美的具有珍贵历史价值的文物。然而遗憾的是，说这是阿克剌迦僭主台戎的陵墓其实并没有历史依据。现代考古学家一般认为，这是一座希腊化或古罗马时代的纪念碑式建筑，不仅与台戎没有任何直接联系，而且要晚于他的时代好几百年。

赫剌克勒庙的北边和西边是古希腊时代阿克剌迦古城的中心，据《西西里》书中的介绍，其中北边是古希腊城邦内最繁华的集市（agora）区域，西边是古城门金门（Porta Aurea）。可是这些设施如今仅保存有极不明显的一些遗迹，而且这一带也找不到园方设置的指示牌和解说牌，所以我也不能确定究竟哪片断垣哪块石头属于哪一个古迹，实在令人遗憾（图117）。

图116：台戎陵

图117：阿克剌迦古城遗迹

紧邻赫剌克勒神庙的西边，是奥林匹亚宙斯神庙（Tempio di Zeus Olimpio，编号：神庙B）遗址。遗址首先出现在我眼前的，是一片小山也似的乱石堆，石堆的上部有一个仅剩不到原件的一半，然而仍然体积庞大的多里亚式柱头垫（图118）；绕着乱石堆的外围往北走，能看到石砌的异常高大的神庙底座遗迹。所有这些都透露出，神庙原有的规模是极其庞大的。的确，这座奥林匹亚宙斯神庙曾是整个古希腊世界中最大的神庙，它的柱座宽和长分别达到56.30米和112.70米，底座（krepidoma）是由总共五层的石阶垒起的，柱座上面原本树立着巨大的多里亚式半露石柱，平面图为矩形，神庙的短端各有7根、长端各有14根石柱，每根石柱都高达20米。据估算，神庙的总高度约为36.5米。歌德当年到此游览时，看到在废墟堆中间斜倚着一块巨型的三陇板，据他说，他伸开双臂也够不到三

奥林匹亚宙斯神庙

图118：奥林匹亚宙斯神庙遗址

图119：法国画家乌埃尔绘：阿格里真托的奥林匹亚宙斯庙遗址　法国巴黎卢浮宫收藏

陇板的两端。此外他还在废墟中见到一段半截的多里亚式石柱，他说他可以全身站在石柱上的一道柱槽之内，他的双肩抵在柱槽的边沿上，就好像柱槽是个安置雕像的龛一样，可见每道柱槽的宽度有一人宽，而石柱的周长据他说需要22个人联手合围才能将它围起来。可惜我在遗址上没有看到歌德提到的这块三陇板和这段石柱柱体的任何部分，我只看到一块残存约为原件1/4大小的柱头垫，所以无法亲自验证歌德的记载。但是一位先于歌德10来年来到这里的法国画家乌埃尔（Jean-Pierre Houël）为它画了一幅水粉画（图119），为后人留下了图像的记录，可以当作歌德的文字记载的旁证。其实关于这座神庙的柱槽宽可容人，歌德并非第一个文字证人，古代西西里史家狄奥多早就有过同样的记载。无论如何，这座神庙原有规模之巨大，就是从如今剩下的乱石堆中，也是可以有所感受的。

石雕大力士人形柱

据考古学家们考证，这座神庙不仅规模庞大，它的式样也十分特别。虽然神庙的半含石柱是多里亚式的，然而神庙整体上却不是常见的环柱式多里亚神庙，神庙周边的7×14根高达20米、直径为4.30米的立柱之间的柱间距是由石墙封闭起来的，那情形就像俄耳图癸亚岛上的雅典娜神庙后来被改建为基督堂之后的样子，只是眼前的宙斯神庙的这些石墙并非自下至上一律用方石垒成的，而是石柱间的每一个柱间距空间皆被划分为上下两部分，下部是石墙，上部分则是高达7.65米的石雕人形柱，其效果是让人看去感觉仿佛是这些石雕的大力士（telamon）连同其两侧的多里亚石柱一同托举着多里亚式额枋以及上面的三陇板和陇间壁交错的中楣似的。由于神庙早已遭到严重破坏，它的原本结构也只有通过考古复原模型才可以

西西里访古纪行

让人们获得比较完整的视觉印象（见右侧插图）。神庙一旁还残存着一尊相对完整的人形柱，仰卧于地，为我们复原神庙的结构提供了重要的依据（图120）。除了人形柱，这座宙斯神庙法式的特别之处还体现在神庙的内部，神庙内部的空间沿着神庙的长端被内部的12根立柱和连接墙分割为3条廊厅，其中居中的廊厅是个天井（ὕπαιθρος，ipètro），上不封顶；更奇特的是，用来分割空间的位于内部的这两道壁柱在风格

阿克剌迦的奥林匹亚宙斯神庙复原模型（正面）

图120：原奥林匹亚宙斯神庙倾圮的人形柱

上采纳的不再是多里亚式，而是迦太基-腓尼基风格，与神庙多里亚风格的外廊立柱形成鲜明对比。建造者的用意是用这种方式来象征希腊人对迦太基人的征服和控制。这是因为宙斯神庙同叙剌古的雅典娜神庙一样，都是为了庆祝和纪念叙剌古和阿克剌迦的希腊人联军在公元前480—公元前479年战胜迦太基人的希墨剌战役的胜利而修建的。建造神庙的劳工据狄奥多的记载就是在希墨剌之战中被俘沦为奴隶的迦太基人，神庙外墙上托举横楣的人形石柱，虽然被认定为神话中受宙斯惩罚托举天宇的亚特拉（Atlas），其实表现的也显然是受奴役的迦太基人的形象。古罗马建筑学家维特鲁威曾说过，希腊神庙建筑中造型为托举额枋石等檐部的人形柱，无论形态是男（telamone/Telamon）是女（caryatide/Karyatides），在古希腊建筑中原本都是照着战俘的形象创造的，表示对被征服者的羞辱和惩罚。无论他的这一观点是否于古有征，放在这里的宙斯庙上肯定是不差的。关于阿克剌迦的奥林匹亚宙斯庙，狄奥多在书中还说，这座神庙还未竣工，便由于迦太基人在希墨剌战役之后约80年的公元前406年攻陷了阿克迦剌而遭到报复性毁坏。但是迦太基人的破坏应该并不彻底，并未导致它被夷为平地，他们主要是破坏了神庙内部供奉的神明以及神龛。损毁后的神庙是到了1401年12月19日在一场大地震中才完全倾圮的。由于这座巨大的神庙据说都是由较小的石块砌成的，我猜想，它巨大的体积和相对碎小的石料恐怕是它没能像同心神庙那样历经了大地震而完整屹立不倒的重要原因吧。倾圮的神庙在十八世纪后期欧洲人开始懂得珍惜希腊古迹之前，也难免遭到进一步的破坏，因为直到十八世纪，神庙的废墟竟一直被当作采石场，它散落的石件给附近的恩培多克勒港和阿格里真托两座城市提供了大量建筑材料。

我先是绕着神庙的遗址从四面观看这个乱石堆的废墟，然后走到一边再从各个角度观看那唯一一尊——虽然如今仰卧于地——幸存的人形柱。由于几千年来的风化，这尊躺在地上的人形柱的各个组成石块的棱角和雕刻细节都已消失，只有石人因反手托举额枋而露出的上臂还显示着雕刻师原来对鼓胀的肌肉的刻画。石人直立的双腿相比于它整体的庞大显得很纤细，考古学家据以推测人形柱原本只起装饰作用，并不起承重作用。此时作为一个访古者，在深受人形柱的庞大的震撼之余，我不由得联想起英国诗人雪莱在参观了被掠至英国的古埃及法老奥祖曼狄亚（Ozymandias）的巨型石雕像的头部和躯干后所作的名篇：

> 我遇到从一个古国来的游客，他说：
> "两条石质的巨大却无上身的腿
> 立于沙漠中……它们附近，在沙上，
> 一半陷没，躺着一张破碎的脸，
> 它拧起的眉弓、皱起的嘴唇，冰冷命令式的狞笑，
> 都表明那位雕刻者深谙这些情绪，
> 它们遗存下来，烙印在这些无生命的物上，
> ……

属于古希腊人的宙斯神庙人形柱的巨型雕刻，虽然不像埃及法老陵墓的巨型石雕那样，能让像雪莱这样的西方诗人产生种族、文明和历史的陌生感，但是它作为古希腊神庙建筑中的一个异类——它异乎寻常的庞大规模、它所包含的腓尼基风格因素（虽然表面上是为了表示对后者的镇压），对于西方的参观者们来说，恐怕都与奥祖曼狄亚陵有些共通之处吧。我设想，假如康德也曾到此一游，他会说：它跟金字塔一样，其庞大的规模都超出了人的想象力，因而对于我们的审美判断不能产生效果。

宙斯庙遗址的西边，也就是原神庙的背部不远处，是个本土神明圣所（Santuario delle divinità ctonie，图121），主要遗迹是两个石筑的祭台，一个呈圆形，一个呈方形，据考证始建于公元前六世纪，扩建于公元前五世纪。这里所供奉的神祇、圣所修建的因由，乃至地面的建筑结构均已不可考。

2021年6月29日

图121：本土神明圣所遗址

宙斯双子庙

紧邻本土神明圣所的是一处远更引人注目的遗址，宙斯双子庙（Tempio dei Dioscuri，编号：神庙I，图122）遗址。它之所以更引人瞩目，是因为原建筑的西北角屹立着4根多里亚石柱，连同其上托举的额枋、三陇板和檐口。由于这4根石柱恰好位于原神庙的西南角上——西面两根加上位于角上的一根，南面一根加上位于角上的同一根，这就让宙斯双子神庙的残迹形成了一道优美的景观，古朴稳健的多里亚风格的石柱和神庙建筑所使用的土红色含螺石灰岩的材质使得这一角颓垣残柱在我看来远胜于罗马城中古罗马市决场（Forum）上屹立的韦斯帕夏庙（Templum divi Vespasiani，图123）等古罗马庙宇建筑的类似残部。无论如何，像宙斯双子庙残迹或罗马市决场庙宇残迹这样的古典建筑残迹景观自十八世纪以来已成为欧洲怀古情怀的标志性景观，屡屡出现在当时的绘画里，甚至整个残迹被人为地仿造，以装饰宫廷花园（我甚至怀疑这座宙斯双子庙在十九世纪修复时反过来受到过这种十八世纪兴起的古代残迹审美的影响）。这样的残迹仿建中最著名的，恐怕要数德国的首都柏林郊外的昔日普鲁士王的波茨坦王宫无忧宫（Sanssoucie）对面仿造

图122：宙斯双子庙遗址

图123：罗马的古罗马韦斯帕夏庙遗址

的伊奥尼亚风格的3根残迹立柱了（der Ruinenberg）。应该说，古希腊乃至古罗马神庙和其他建筑的废墟之所以能成为近代西洋风景画乃至园林中的一个常见主题，而其他文明和时代的废墟不能得到画家和园林师们同样的青睐（欧洲绘画中也有表现中世纪城邦或教堂遗迹的风景画），在一个侧面见证着古希腊乃至古典建筑超越时空的美。如果要更细致地说，我们可以进而从建筑的美和绘画的美两个方面来说明这种超越时空的美。首先，从建筑艺术的角度说，阿克剌迦双子庙这样的残迹之美证明，哪怕只剩下几根残缺的石柱和额枋石，神庙建筑原有的美的理想（das Ideal der Schönheit，文克尔曼语），它原有的秩序、布置、匀称、均衡、雅正（ordinatio et dispositio et eurythmia et symmetria et deco，维特鲁威列举的建筑五要素）也仍然能得到充分的显示；时间和历史造成的残缺不仅没能湮灭它、损坏它，反而强化了它原本就有的崇高和壮美（das Erhabene），甚而至于让它在观者的心里唤起一种悲剧式的悲怆情感。其次，从绘画美的角度看，正如十九世纪的艺术史学家沃尔夫林曾指出的那样，严整无缺的古代神庙反而不如神庙的废墟更宜于成为绘画的对象，这是因为建筑作为一种三维空间里的巨大存在是无法在二维平面上得到充分表现的，人们必须身临其境才能充分领略它的美，而只剩断壁颓垣的古代建筑遗迹更便于画家利用明暗法和空气透视法，通过将它衬托于周围的风景之中，制造出有意味的审美效果。更深一步说，在艺术史上，废墟成为一种艺术主题，其实是巴洛克时代所特有的现象。正如本雅明曾经论述过的那样，对废墟的偏爱标志着巴洛克之前的文艺复兴时期艺术中整体性的假象的消失，因为这种假象背后的柏

图124 图中近处的废墟是宙斯门情址，在它后面矗立的是宙斯双子星神庙、远处的山坡上是现代阿格罗波利城。

拉图意义上的观照形态（Eidos）渐渐淡去了，于是宇宙在其中变得干涸了的譬喻（Gleichnis）便登场了。譬喻的要义在于以简代繁，因而残缺（"简"）便成为指示昔日存在过的完整（"繁"）的恰当形态。古典时代是不懂得要去保存美好自然的欠完成状态和破损状态的；与之相对的是，专事以简代繁、以死物替活体、专爱以喻言（Allegorie）进行表现的巴洛克艺术却对残缺的废墟情有独钟。正如本雅明曾形象地概括的那样："在废墟中偃卧着的残损的东西，那块儿极富意蕴的残部，那个碎片，那就是用于巴洛克式创造的最珍贵的材料。"

阿克剌迦的这座宙斯双子神庙是座典型的环柱式神庙，周边石柱为6×13根，神庙规模较小，台基面积只有13.4米×31米。神庙始建于公元前五世纪中期，希腊化时代曾得到更新改造。其实称之为宙斯双子庙也并无任何历史依据，就像赫剌神庙和同心神庙一样，它的名称也是约定俗成的，它曾经供奉的神明今日已无考。但是由于它的遗址位于本土神明圣所的范围内，也有学者认为它实际上供奉的是地母逮美底耳（Demeter）、珀耳色丰娜（Persephone）、狄俄尼索斯（Dionysos）等属于土地的神明。近代以来，神庙遗址曾经在十九世纪经过两次恢复性重建，然而今天的考古学家们对于这两次重建都颇有微词，因为重建时修建者无视建筑原构的建造史，一味就近取材，任意而为，在缺乏对遗址的充分且严格的研究的情况下就仓促上手，破坏了遗址原有的历史层次，使得今天的考古学者们很难再通过废墟恢复神庙建筑的原貌了。

紧邻宙斯双子庙原来还有一座神庙（代号L），但是访客今天只能看到一片倾圮的石柱鼓等建材，至于这座神庙原本供奉的神明也已不可考（图124）。从本地神祇祭台往西，在山坡下面还有一座火神赫费斯托庙（Tempio di Efesto，编号：神庙G），不过我没有下去就近观看。站在坡上，很难看出其中的细节。而位于古城墙南面、比台戎陵更远的地方，还有一座医神阿斯克累庇俄庙（Tempio di Asclepio），这座位于神庙谷中心区域之外的遗址，我也没去参观。

根据我的导游书中的介绍，神庙谷中此外还有两处值得去的景点，一个是位于古城东城墙内的地母逮美底耳神庙（Tempio di Demetra）遗址，中世纪诺曼人统治时期在其基础上改建为一个教堂；另一个是在一个中世纪修道院的旧址中修建的考古博物馆（Museo Archaeologico Regionale "Pietro Griffo"）。然而要去前者那里就要沿我参观的原路退回，再向北行进，路程大约数公里，而博物馆虽然直线距离更近，但是要下山，而我此时已然接近了耐力的极限。因为早上从叙剌古出发后，在路上开了两三个小时的车，没有休息便直接来到神庙谷，一路参观下来，已是下午的光景，而我在荒漠一般的神庙谷中的各个遗址中间徜徉，正好是在一年中、一日内日头最强烈的几个小时里。遭受着同北非一样毒烈的太阳的曝晒，我挥汗如雨，衣服都浸透了，带的水也喝完了，此时又觉得饥肠辘辘，我于是决定不去博物馆了，而是在结束这里的参观后，先把车开到阿格里真托城内，去预订好的酒店先办理入住，顺带找个餐馆吃饭，略事休整之后看时间还剩下多少，再酌情在阿格里真托老城内参观。就这样，我不仅没能参观这里的考古博物馆，也没能去它旁边的圣尼各老堂（Chiesa San Nicola），观赏它里面一直被当作洗礼台使用，却曾受到近代希腊考古学和艺术史的开创者文克尔曼（W. W. Winckelmann, 1717—1778）和诗人歌德激赏的古代石棺浮雕（Sarcofago di Fedra）。

不过，在定好下一步的行程之后，我并没有马上离开这里，而是还在宙斯双子庙西边的那一片废墟周围徘徊了好一会儿。从这里向北望去，隔着溪谷和起伏的丘陵，可以看见位于山坡上的现代阿格里真托城。此时我看一眼远处的现代阿格里真托城，再看一眼脚下的废墟，遍地散落的石柱柱鼓，目光和思绪不断在阿克剌迦古城与阿格里真托新城之间跳跃。我上午进入遗址公园的时候，游人本就不多，到这时在这片广大的区域里，就只剩下我一个人了。在这样孤独的吊古思今中，我浮想联翩。环顾古希腊人为他们的神明和英雄们修建的神庙的废墟，我首先想到的是这里是哲人恩培多克勒的故乡，想着是他在古希腊哲人中间第一个提出了灵魂转世的学

**灵魂转世：
恩培多克勒、
品达、荷尔德林**

说。从恩培多克勒，我的思绪自然又跳转到诗人品达，想起他在为阿克剌迦僭主台戎所作的《奥林匹亚赞歌》第二首里，曾大段抒写过不义的人死后灵魂在阴间受罚的情景，他说他们在那里"忍受惨不忍睹的苦难"，而英雄们的灵魂则正相反，会抵达福人岛，在那里"度过无泪的一生"。维拉莫维茨说过，个人并不信仰这一学说的诗人在这首诗里详述灵魂轮回的神话，显然是要借此向本地的哲人恩培多克勒致敬。从恩培多克勒和品达，我进而想到柏拉图、想到荷尔德林，因为无论品达对恩培多克勒的灵魂转世的哲学神话有多赞同，发明这种学说的哲人恩培多克勒和用不朽的诗句铺叙它的诗人品达可以说在两千多年后一同转世——中间经过了柏拉图的天界——附体或者化身为一位德意志施瓦本的诗人了。比如下面这段吟咏灵魂转世的新诗篇，不就是附体于这位施瓦本诗人身上的两位前世灵魂在和合发声么？

　　　　你们引导我们，祭献的时刻啊！你们真挚的、
　　　　　年少的！哦请留驻！神圣的预感！你们
　　　　虔敬的请求！你们充灵的热情！和你们
　　　　　所有愿与恋人们同在的吉善的精灵！
　　　　请留在我们中间，直到我们在共同的地面——
　　　　　在那里，所有蒙福者都预备好下临，
　　　　在那里，那里有雕、有星宿、有父的信使，
　　　　　在那里有英雄和恋人所来自的妙撒，
　　　　在那里，或者就在这儿！——重逢于化冻的岛上，
　　　　　那里属于我们的才会相伴绽放于园圃，
　　　　那里的咏歌真实，春天也美丽得更为长久，
　　　　　然后我们灵魂的年轮才会重新更始。

　　想到这里，我觉得我可以离开这里了。
　　在宙斯双子神庙附近不远处有个通向出口的路标，我按照路标的指示走到出口。可是对于这个出口的实际位置，我并不是很清

楚，直觉应该不是我上午进来时的那个入口。奇怪的是，在出口处，包括附近的露天停车场，一切又看起来跟我上午进入公园的入口一模一样！只是在停车场里找了一通车而无果之后，我跟旁人打听，才确认这里是另一个出入口，并非是我上午来时的入口。正当我发愁如何回到我停车的另一个出入口的时候，看到停车场的另一边有很多供人摆渡的出租车。司机们此时聚在那里聊天，我走过去说明了情况，一个看上去是这里的头目的中年男子呼唤一个年龄相仿的司机，让他出车带我过去。讲好了价钱，我就坐上车向另一个入口驶去了。我在车上心里仍然有点忐忑，因为不知道遗址公园到底有几个出入口，不确定我跟司机描述的，在语言交流受限的情况下，是否造成了误解。汽车先下了山坡，再到另一处上了山坡，不久便达到了目的地。好在下车后，我发现到达的就是我上午进入的那个出入口，在这里我找到了停车场里停放的汽车，打开车门坐到车里，准备启程去酒店。

离开遗迹公园在阿格里真托入住酒店

从古代遗迹公园的停车场开车出来，一路下山，就又回到来时的原路。只是这一次我注意到，不久前我在古城墙上看到的传说中的台戎陵就出现在公路的一侧，可惜陵墓为树木环绕，路边看不到可以停车的地方，也没有看到有通向陵墓的小道可以步行进入。于是我只好一路驶过，没有停车走去就近观看。车开了大约小半个钟头，就到达了位于阿格里真托旧城边缘的一条街道，这里就是我预定的酒店的位置。不过具体是哪一幢房子，我却难以从车上识别，而且由于这条街是修在约30°—40°的陡坡上，街边又停满了车，我一时找不到可以停车的位置，结果开上去后又绕了回来；又由于是单行道，我得一直要回到刚才来时的主路上，才能再次拐进来。好在这次在街边看到一个空位，于是就决定先把车停在这里，然后下车步行，去寻找酒店的位置。可是在这样的陡坡上，而且还是在一处弯道上，操纵手动挡汽车进行平行停车，是要费些力气的。平行停车需要将车开过停车位置大半个到一个车位才能方便倒退进入要停的车位，而且由于是单行道，后面很快就来了车，需要让后方的

2021年6月29日

车明白不要紧跟，好为自己倒车留出空间。好在最终一切顺利。车停稳后，我用力扳上手刹，以防车子滑坡，这才下了车，只带上相机和背包，去寻找酒店。

我沿街步行向上爬坡，在走过五六幢房子之后，终于看到了酒店的门牌。酒店和旁边的房子都建在比街道更高的坡上，需要登上十几级台阶才能到达酒店门口。而台阶的入口处有铁栅栏门，这时是上着锁的。我揿了半天门铃，却并没有人回应，于是找出酒店的电话联系店方。电话的那一头是个年轻男子的声音，告诉我说他此时不在酒店，大约20分钟后才能赶到。我只好等待。在来到阿格里真托之前，在去其他城市的路上，我总是在到达之前先给酒店打电话，告诉店方我到达的时间，以确定前台有人接待。这次一方面由于早上出发前不能确定具体到达的时间，另一方面，也是因为过去几次入住酒店的经历都很顺利，让我过于自信，以为这里也会是一样的，就忽略了疫情期间游客稀少的特殊情况。好在20多分钟后，这个小伙子如约而至，给我办理了入住。我回到停车地点把车里的行李取出，带进房间，略事休整后，走回前台，跟酒店的小伙儿打听周边的环境、推荐的餐馆和走向老城景点的路径。在听完他的介绍后，我便踱出酒店，朝老城的主要街道雅典娜道（Via Atenea，图125）走去。

图125：阿格里真托老城中的雅典娜道街景

174　　西西里访古纪行

> 游览
> 阿格里真托
> 老城

从修建于十九世纪的雅典娜门（Porta Atenea）进入阿格里真托旧城、走上雅典娜道时，我观察到，阿格里真托的旧城是完全修建在朝南的山坡上的；雅典娜道以及其他主要街道都是沿着山坡横向——也就是东西方向——开辟的，而这些东西方向的街道相互之间是由砌成阶梯的南北方向的小巷沟通起来的（图126）。餐馆大多隐藏在这些小巷里。我找到了酒店的小伙儿给我介绍的两家餐馆，却都遭遇了闭门羹，不知是否跟疫情有关，还是全都季节性地关闭了。而且此刻的时间也有些尴尬：午餐时间早已错过，对于习惯于晚上很晚才进晚餐的意大利人来说，此时却又不到晚餐的饭点儿。我只好在一处比较开阔的从雅典娜道南向下行的一条小街上找了一家餐馆，在它的露天桌位前坐下，随便点了点儿什么。

进餐之后，我就朝着我的阿格里真托老城游览计划中第一个要去的景点出发了。我要去的是熙笃隐修会圣灵修道院（Monache cistercensi santo Spirito）。它位于雅典娜道的北边，与它只隔着一条街，然而我需要沿着上行的陡峭台阶从小巷里向北登陟。虽然在地图上看起来并不远，可要抵达却并不容易。小巷曲折蜿蜒犹如迷宫，而且此时这里阒无一人，在这后晌的时候，让人感到一种古久的安谧。但是由于毕竟距离很近，我还来不及沉浸在幽巷独行的感触里，便到达了修道院。

图126：阿格里真托老城内南北走向的阶梯小巷

2021年6月29日

圣灵修道院

修道院加附属的教堂坐落于圣灵道（Via Santo Spirito）的转角处。我从一道石砌台阶登上圣灵道，修道院就出现在右手边。它那偏红的土黄色的石灰岩砌成的前脸是十三世纪的原貌，而教堂修道院的余下部分则是十七世纪改建后的面貌（图127）。——顺便说，老城内看到的几座教堂建筑所用的石材跟阿克剌迦古城里的古希腊神庙的石材高度相似，让我疑心这些教堂在建造时都盗用了古代遗址中的石料。——我先进入了中间通往修道院的小门而不是从左边的拱门首先进入教堂，这很快便证明是个错误的决定，因为等我参观完修道院出来时，教堂的门已经关闭了。不过，修道院本身的确很值得参观。这座修道院是西西里岛上最古老的一个。我从前脸中间开辟的小门进来后，就走

图127：阿格里真托的熙笃隐修会圣灵修道院的前脸，前脸下方左边有台阶的门是教堂入口，中间的小门通向修道院的庭院

入露天的教堂南墙外的狭窄过道，过道上方是若干分布规律的横跨在半空中的飞拱垛（arco rampante / Strebebogen / flying buttress，图128），用来加强教堂侧壁的承重。走出飞拱垛后就看到一所庭院。在庭院东边，紧接着教堂的后壁，就是修道院小楼。小楼的入口是三座连在一起的拱洞结构，其中中央的拱洞是落地的门，两边分别是窗口（图129）。这里的建筑风格是罗曼式的。三个拱形结构上方的拱券同多数罗曼式拱券不同，不是完整的半圆形，而是外券为半圆形，内券中间略呈上尖形，这似乎透露出西西里的伊斯兰阿拉

图128：阿格里真托的圣灵教堂一侧的飞拱垛

图129：阿格里真托的熙笃隐修会圣灵修道院入口

伯影响的遗存（图130）。在形式上支撑拱券的石柱并非是真正独立的石柱，而是纯装饰性的高浮雕半含立柱，左右各3根（门的两边最外那两根实际上是与门两边的两个窗的拱券共用的）。石柱的柱头接近哥林多式，它所采用的装饰性叶饰浮雕不是莨苕叶主题的，而是棕榈叶（palmetta）主题的。两个窗口的拱券内又各自辟出两个并列的小拱券，连同石柱等部件，是中央拱券门的缩小复制版。唯一的区别在于，窗内两个拱券之间的石柱是独立的石柱，而非高浮雕。而且由于窗口所开的墙的厚度，窗内位于中间的石柱内外并立着3根石柱而不是只有1根。虽然修道院的建材石灰岩由于风化严重，拱门和拱窗都有不同程度的损坏，但是石工们精湛的工艺、层层的石柱和拱券的完美、各层拱洞上和柱头上几何与植物图案雕琢之繁复，仍然令人由衷地欣喜和赞叹。在建筑史上，这种独特的诺曼风格被称作基亚拉蒙蒂风格（Stile chiaramontano），用十四世纪时西西里岛上最有权势、建造了数座这种风格建筑的基亚拉蒙蒂家

图130：阿格里真托的熙笃隐修会圣灵修道院的拱窗

族（Chiaramonti）命名。修道院内部的拱顶也基本上是罗曼式拱券和立柱的变换形式，同样值得仔细欣赏（图131）。这里值得一提的是，典型的罗曼式建筑在中国各开埠城市里虽然少见，但是并非全无。天津的安里甘教堂［All Saints' Church of Tientsin 或者the Anglican (Episcopal) Church of Tientsin］就是一座属于罗曼式范畴之内的诺曼派风格的小教堂，教堂背面上方装饰性的连续拱券廊柱（图132），虽然是砖雕而非石雕的，而且在具体细节上同阿格里真托的这个作为罗曼风格亚种的基亚拉蒙蒂风格的修道院的拱窗拱门多有不同，但是仍然可以被视作中国境内最珍贵的罗曼式拱券结构。罗曼式风格在西方近现代建筑上也有不少应用，尤其常见于大学建筑。作为对牛津大学的摹仿，耶鲁校园里的罗曼式建筑构成了该校的主体建筑风格，而今天离我更近的、凡萨大学用作大会堂的所谓小礼拜堂（Chapel，图133），也是一座罗曼式建筑。

修道院的二楼是个小型博物馆，陈列着一些考古发掘的建筑构建和保存的室内用品，没有什么值得仔细欣赏的东西，我匆匆看了一圈就出来了。由于我从修道院里出来时，发现教堂在我进入修道院参观期间已经关闭了，所以教堂内的巴洛克风格的浮雕我就不得而观了。于是我便离开了这里，走到圣灵道上，向西朝下一个景点炼狱广场（Piazza Purgatorio）进发了。在圣灵道上走了不远，街名

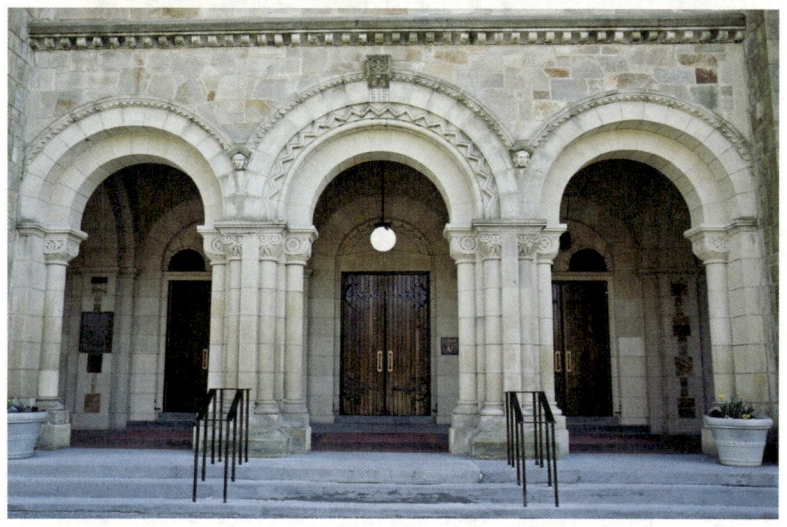

图131：阿格里真托的熙笃隐修会圣灵修道院内的拱肋
图132：天津安里甘教堂背面的拱券柱廊
图133：美国纽约州凡萨大学小礼拜堂正门　孙兆琪　摄

就变成了福代拉道（Via Fodera），而且在不知不觉中就与向西偏北的雅典娜道汇合了。从汇合的路口向北走几步，可以看到一座精妙的巴洛克风格的教堂圣洛伦佐堂（Chiesa di San Lorenzo，图134），也叫作炼狱堂（Chiesa del Purgatorio）。

图134：阿格里真托老城中的圣洛伦佐堂，也叫作炼狱堂

圣洛伦佐堂

这座教堂建在高台上，前脸被朴素无华饰的檐冠分为上下两层，各层为壁柱划分出四个面；其中最左边的那一面相对于比例对称的右边的三面而言，其实是个附加的面，因为沿着这个面向上，在前脸的二层之上，延伸出更高的一部分，那是西西里教堂特有的钟楼的前脸。所以这座教堂真正的前脸其实仍然遵循了巴洛克的经典法式，分为三个面，只是在左侧增加了一幢一贯到地的钟楼而已。除了上下两层以及钟楼上的窗楣、窗棂、门楣和与之成为一体的装饰性浮雕半含立柱以及独立的立柱系汉白玉凿成的以外，教堂的通体建材——尤其是它的上层——用的还是阿格里真托特有的偏红的土黄色含螺石灰岩。教堂正门两边的立柱是所罗门式与有竖槽的希腊式上下拼接在一起的，门楣乃至窗楣就像叙剌古的主教座堂的门楣那样，是中断式的，这道中断的开放式楣梁拱托着浮雕龛楣，底层的门和上层的窗两侧各有整身石雕人像，其中门两边的是女子雕像，是抽象概念信（Fede）与爱（Carità）的化身（allegoria）。雕像的基座上有天使浮雕。门上的龛楣之上有圣母的浮雕像。上层的窗口两边分别是男性雕塑，表现的是圣徒。由于时间已晚，再加上这座教堂并没有列在我的导游书里，我决定就不进去参观了。教堂前的市场很是热闹，站在市场向南望去，可以看到西西里海。然而大约是一天的奔波让我极度疲倦而不自知，我在随后的参观里阴差阳错地错过了一些值得看的景点。首先我应该就近去寻找离圣灵广场更近的希腊人的圣玛利亚堂（S. Maria dei Greci），因为这是一座在公元前五世纪的多里亚式雅典娜神庙（Tempio di Atena）的基础上改建的教堂。不过原雅典娜神庙今天仅存三层石砌的底座，并不像叙剌古的主教座堂那样还保留着原来神庙的石柱。圣玛利亚堂的整体上层建筑是十三世纪时建造的，当然也是值得观赏的古迹。由于这座小型教堂隐藏于陡峭、弯曲且狭窄的小巷里，而且后来我才注意到，它开放的时间是从上午10点到下午1点，所以即便我当时找到的话，也进不去，无论如何都是要错过了。离开圣灵广场后，我就朝着阿格里真托的主教座堂进发了。这座大教堂的全称是圣哲耳兰多主教座堂（Cattedrale di San Gerlando），

圣哲耳兰多主教座堂

是以中世纪时在诺曼人罗杰一世（Roger I，1071—1101年期间为西西里侯）驱逐了阿拉伯人（大食人）、光复了西西里之后第一任阿格里真托主教圣哲耳兰多（San Gerlando di Agrigento，死于1100年）的名字命名的。教堂位于阿格里真托老城的最高处，这意谓着，我要从此时所在的位置继续向上攀登垂直落差达百米的陡峭街巷。虽然两处的直线距离不足1公里，但是高度差让这段路走起来异常艰难。由于已经奔波了一整天，我是自己默默地在心中喊着口号才爬上这段坡路的。然而就在我登上主教座堂道（Via Duomo）之后，奇怪的事发生了。我手机的导航显示我已达到目的地，而且根据我对眼前建筑的目测，也认定这就是大教堂的侧壁（图135），然而却怎么也找不到正门或者通往正门的通道。此时街上空无一人，根本无人可以问路。在夕阳斜照的街上我转来转去，到最后终于到达了忍耐力的极限，于是我决定放弃寻找，就此结束这一天的参观，返回酒店。在下山的路上，我已经不想查看手机地图了，只凭着方向感一直朝下朝东走。虽然下山的路要比上山好走得多，可是我感觉我走了很久，一直在非常狭窄的阶梯小巷里下行，才终于回到了雅典娜道上。大约因为是黄昏的缘故，此时街上的人比我来时要多了很多。看到人们沐浴在夕曛里悠闲地逛街，我虽然已甚觉疲惫，也仍然能分享人们的美妙心情，只是自己不想再在街上逗留了。

图135：阿格里真托老城中圣哲耳兰多主教座堂侧面

二十世纪七八十年代的欧洲生活

回到酒店后我先洗刷掉一天的旅尘，然后坐在床上，打开了电视，一边策划明天的行程，一边吃着从街上买回的水果和酸奶。这是我到了西西里之后第一次打开酒店房间里的电视，在选台的时候发现好几个频道都在播放二十世纪七十年代的电影。我把频道固定在一个正在播放某个欧洲老电影的频道上，就低头忙于策划明天的行程。虽然我没有心思认真看电视，但是看到电视上播放的那些有年代感的电影，却莫名地勾起了我对1990年第一次来欧洲、在柏林短居时的回忆。那个时代的欧洲日常生活，就像眼前这部电影里所表现的那样，有一种简单朴素，然而却是一种在保障了基本生活需求后的属于电气时代的节奏和优美。那个时代的德国生活在物质层面上，就像我租的这辆欧宝汽车一样，简洁实用，结实可靠，除了作为代步工具外别无其他价值，人们开着它就像用自己的双腿走路一样，没有人会想着自己是在用哪条腿踏地。人们开起它，如同拔腿迈步，去要去的地方：或是去跟朋友坐在餐馆外街边的阳棚下吃饭、抽烟、喝咖啡，或者是赴一次在朋友家中举办的周末聚会。我记得我在很多周末的傍晚就是这样在路边停好车，走在碎石铺面的街道上的。带着一瓶康帝（Chianti）葡萄酒，再沿路买上一束花，找到高深的公寓楼门洞里贴有住户姓氏的门铃和传呼器，在揿过门铃之后，听到朋友自内开启门锁的嗞嗞电子声。上了楼走进朋友的公寓时，会看到门口过道内放着的黑色赛璐珞拨号电话，入口的书架上胡乱堆放着黄皮的Reclam出版的专供大学生购买阅读的廉价简装本让·保罗（Jean Paul）或胡塞尔（Edmund Husserl）的著作。那时德国人家的电视大多还是黑白的，然而不管是黑白的还是彩色的，电视上乃至电影院里放映的胶片电影的颜色和画质都有一种水彩画般的效果，与街头圆柱体状布告栏（Litfaßsäule）上张贴的电影海报别无二致……

我一时从回忆的幻觉中回到当下，想到明天还要去3个彼此相隔上百里的地方，我想我还是早点儿休息吧。

2021 年 6 月 29 日

二〇二一年六月三十日

色林农特（色利努），色各斯塔（厄各斯塔），巴勒莫（帕诺耳谟）

古代的色林农特

我下一个要去的地方是将近100公里之外的色林农特（Selinunte），那里是西西里岛南岸上希腊人的另一个主要殖民地。据修昔底德的记载，来自希腊本土的阿提卡地区的墨伽剌（Megara）人在西西里的叙剌古北部建立了城邦旭卜拉的墨伽剌（Megara Hyblaea），后来叙剌古的僭主各隆将他们从那里驱逐，被驱逐的旭卜拉的墨伽剌人在直接来自希腊本土母邦墨伽剌的首领帕米罗（Pamillos）的带领下，一路向西，来到这里，建立了新的殖民地。这是古希腊人在西西里岛上建立的最西边的殖民地，建立的时间推算下来约在公元前628年，也有其他古代作家把色林农特的建立时间定得更早，即在公元前七世纪中叶。但是无论如何，这个位于希腊文明前沿的希腊殖民地跟阿克剌迦一样，也是短命的，在经历了公元前六世纪到公元前五世纪的辉煌之后，不久就被与它隔海相望的迦太基人毁灭了，先后只存在了约240年。然而在它的有生之年，公元前480年，色林农特作为叙剌古城邦的盟邦，连同阿克剌迦城邦一起，在西西里西北部的希墨剌打败了迦太基人，取得了古希腊时代西西里历史上最重要的军事胜利。不过，色林农特最终却败在对其北部非希腊人的城邦厄各斯塔（Egesta，今日叫作色哲斯塔）

的军事冒险上。公元前415年，倚仗着叙剌古的支持，色林农特意图兼并厄各斯塔，后者先是祈求雅典的支援，雅典于是决定远征西西里，围攻叙剌古，以解厄各斯塔之围，然而雅典人的远征遭遇了失败。雅典援军失利后，厄各斯塔转向迦太基求助。公元前409年，迦太基人偷袭了色林农特，后者只坚持了9天就沦陷了，城邦的人民除两千多人逃到邻邦阿克剌迦之外，其余多数被屠杀，少数没为了奴隶。后来虽然来自阿克剌迦等地的希腊人夺回了失陷的色林农特，流民大多得以返还，城邦进行了重建，可是直到最终被纳入来自北方的新兴的罗马的版图之前，这里始终是希腊人和迦太基人冲突与战争的前线。在被罗马人征服后，这个地方就逐渐荒废了，没能像叙剌古或者阿克剌迦那样，在罗马时代继续繁荣、在后世延续或恢复为一个近现代城市。

色林农特的希腊名称是色利努（Σελινοῦς），据说来自希腊文野芹（σέλινον），因为古时那里遍地生长着野芹。虽然品达应该是没有到访过那里，存世作品中也没有提到过它，然而作为西西里岛上古希腊遗迹保存之多、之完整仅次于阿克剌迦城邦遗址的地区，色林农特或野芹城是每一个来西西里访古的人都不可错过的地方。

从地理位置上说，如果把西西里岛的形状描绘为尖角朝西的等腰锐角三角形（也就是荷马所说的三岬岛），那么我已经游历过的西西里的东海岸，就是这个三角形的底边，而我目前所在的南海岸，就是这个三角形的左边；阿格里真托位于这条边的中点，而我今天要去的色林农特则位于这条边上接近三角形顶角的位置。从阿格里真托到色林农特，公路里程将近100公里，如果路上一切顺利的话，开车需要大约一个半钟头。在这两地之间还有一个古希腊人建造的古城米诺的赫剌克勒（Heraclea Minoa）考古遗迹，我就不打算探访了，因为我今天计划在参观色林农特之后还要赶去两个彼此相距遥远的地方。时间所限，便只好略过次要古迹了。

清晨起床后，我收拾好行李就出发了。路上非常顺利，等我快要到达目的地的时候，看到路边有一家简陋的Deli类的饭馆，便停下来吃早餐。由于吸取了此前的经验教训，这顿早餐我想要尽量多吃些高能量的东西，因为不知道在最终到达我今天的终点巴勒莫市之前，我是否还有机会进餐。于是我要了切成薄片的撒拉米（salami）香肠和普罗沃洛尼奶酪（Provolone），再加一杯小嘉布遣会僧人咖啡（cappuccino）。

色林农特遗址公园

早餐之后回到车上，又上路开了几分钟，便到了色林农特遗址公园的停车场。大概由于位于平坦的地区而非陡峻的山上，这个柏油铺地的停车场比阿格里真托古迹公园的那个要像样得多。出乎我意料之外的是，这里的游客不少，而且在这里我第一次被要求先在手机上声明一下核酸检测结果为阴性，才可以购票进园。

色林农特古城东坡神庙E

进入考古公园，眼前出现了一片旷野，远处在仙人掌、棕榈树、柏树和夹竹桃的掩映中，露出一座古希腊神庙遗迹的一角（图136）。我沿着通往神庙的小路走去，逐渐接近了神庙，看到一座几乎所有外廊的石柱都保存完整的规模很大的神庙，这就是色林农特

图136：色林农特遗址公园里位于东坡上的神庙E

图137 意大利/帕埃斯图姆/波塞冬(海王星)神庙正立面

遗址公园里的第二大神庙了,称为神庙E。神庙石砌柱座的面积为67.80米×25.39米,跟我昨天看到的残损更严重的阿克剌迦的赫剌克勒庙几乎一样大,外围柱廊的6×15根多里亚式石柱高达10.15(也有资料说是10.19)米,整体的观赏效果甚至远高于阿克剌迦的赫剌克勒庙。神庙E是这里最晚建成的神庙,建造于希墨剌战役之后不久,公元前470—公元前450年之间。虽然这座神庙现在看起来保存得相当完好,四面柱廊的石柱几乎完整不缺,但这其实是1956年考古复原的结果,是依照意大利考古学家J. B. Marconi的复原方案用废墟现场收集到的石料依照原件重建法(anastylosis)重建的(图137),在此之前,这座神庙原本已经成为散落于地的废墟石料堆,一如阿克剌迦的赫剌克勒庙在修复前的样子。从它复原后的状态判断,虽然此前已经倾圮,但是这座神庙的石件保存得相当完好,以至于它能在复原之后看上去几乎像阿格里真托的同心神庙一样完整。不过,同阿格里真托的同心神庙不同的是,色林农特的这座神庙E没有被围栏围起来,游人可以进入神庙的内堂参观,而不是只能在建筑

图138:色林农特遗址公园里位于东坡上的神庙E内部(自正门朝向西方)

外围的四周观赏。于是我在神庙朝向东方的入口处登上这座古希腊神庙的九级台阶（神庙前的八级加上作为入口的中间两根石柱之间的一级）——维特鲁威说过，为了顺应人类的步伐习惯，神庙的石阶数都应该是奇数——第一次进入了神庙内部参观（图138）。

神庙的内堂原本也有环围的立柱，只是如今只有内堂后壁外的两根连同内堂两侧突出来与这两根石柱取齐的承重墙末端——这种结构是古希腊多里亚式神庙内部的一种常见营造法式，术语叫作in antis，前出式——仍然矗立，而前殿（pronaos）只剩下几块巨大的石料。后殿（opisthodom）除了石柱外还有有残损的后堂壁仍然屹立，后堂壁前面有原本安置神庙所祭拜的神像的秘殿（adyton）内部高约1.3米的基座遗迹，前殿和后殿的上方原来幸存有五方用类似浮石的质地松软的图法石灰岩（tuffa）雕刻成的有浮雕的陇间壁（Metopen），其中四方比较完整的浮雕分别表现着赫剌克勒杀死亚马逊女武士安提俄培（Antiope）、赫剌与宙斯的婚礼、阿耳太米的猎犬撕咬阿克泰翁（Aktaion）和雅典娜杀死戈冈（Gigantes）嗯科拉多（Enkelados）这四个神话故事，如今这些陇间壁都已移出了神庙遗址，保存在巴勒莫市的考古博物馆了。这几方陇间壁上的浮雕十分精彩，只是我此时还未见到，要等到明天我开始在巴勒莫参观时，才会在那里的博物馆中得见它们的真容。依据神庙遗址附近发现的一块许愿碑，人们猜测这座神庙所供奉的神明可能是赫剌，不过也有人认为是酒神狄俄尼索斯，还有人认为是爱神阿芙洛狄忒。由于存在不小的争议，所以神庙一直只用编号E作为它的学名，既没有像阿格里真托的赫剌神庙或同心神庙那样沿用传统上约定俗成的旧称，也没有像那里的赫剌克勒神庙那样使用为现代考古学所确认的名称。

神庙E以北约50米以外与它平行的是另一座神庙神庙F的遗址（图139）。这是色林农特城卫城东坡上最古老的神庙，建于约公元前530年，据猜测是雅典娜神庙。神庙的范式也是环柱式，外围石柱数目为6×14根。神庙的规模与神庙E相近，石砌柱座面积为61.80

神庙F

图139：色林农特遗址公园里从神庙E遥望神庙F遗迹

图140：色林农特遗址公园里位于东坡上的神庙G废墟，废墟中矗立着的两根立柱中左边的一根是1832年人们打算像神庙E那样重建神庙G时重建的，但是重建计划后来搁浅。照片中位于废墟上方的几个柱鼓上没有柱槽，显示着神庙在古代从未竣工

图141：神庙G废墟中散落的柱头垫（前排左侧）显示其形状相较于建造于多里亚风格初期的叙剌古的阿波罗神庙更为厚实，标志着其风格从上古时代的初期向古典时期的过渡

米×24.40米，然而上面的石柱只有少数还有最低一段屹立着，大多数都呈杂乱的倒伏状，有些甚至相互叠压着。与多里亚风格成熟后修建的神庙E相比，神庙F的石柱柱身较细，然而却又像叙剌古的阿波罗神庙那样，石柱也没有凸肚线，这种似乎不统一的柱式风格其实呈现着朝着伊奥尼亚式发展的过渡风格，因此并非典型的多里亚风格。此外，1823年考古学家们在神庙F的遗址中也发现了两方有浮雕的陇间壁，今天也同样收藏于巴勒莫市考古博物馆。

神庙G

由此再往北约100米，与神庙E和F平行的，是一座更宏大的神庙的遗址，编号为神庙G（图140—141），它的石砌柱座面积达50.10米×110.10米。作为环柱型神庙，它的外围柱廊有14.70米高的石柱8×17根，每根石柱的直径粗达3.26米，内堂里还有更细的廊柱。在现场观看，这些横七竖八地堆积着的石柱残段、柱头垫和其他部分的石材，其体积之巨大，是相当令人震撼的，几乎不亚于阿克剌迦的奥林匹亚宙斯庙的遗迹。作为多里亚式环柱型神庙，这座神庙是古代最大的一个——阿克剌迦的奥林匹亚宙斯庙虽然规模更大，但是其形制不属于环柱式，规模接近小亚细亚及其附近岛屿上撒谟（Samos）、厄斐所（Ephesos，亦译作"以弗所"）和狄杜玛（Didyma）等地伊奥尼亚式的双围柱式（dipteros）神庙。据考证，这座神庙是在神庙F建成之后不久开工修造的，建造时间超过半个世纪，即公元前520—公元前470年。神庙F和神庙G上建成较早的部分在古希腊神庙建造史上都属于所谓"僵硬的上古风格"（der strenge archäische Stil）。它出现于约公元前五世纪上半叶，是上古神庙建造法式向古典风格过渡初期的产物，其特征包括立柱柱头垫（echinus）的轮廓变得更为厚实（图141），三陇板的宽度更为扩展等等。修建较早的神庙G的东面、北面以及南面的一半都呈上古风格，修建于公元前470年左右的西面以及南面的一半则呈古典风格，显示出受到来自小亚细亚的伊奥尼亚风格的影响。遗迹中石料上的存留显示，神庙外墙同神庙C一样，原本有浓重的涂色，涂色都集中在位于神庙正面的那些建造更早的石柱残存上，而非发现于所有的石柱上，这透露了在神庙整体上涂色的工作似乎从未完成。同样显示神庙的未完成状态的是很多立柱上还没有开柱槽。考古学家们认为，神庙规模过大，屋顶跨度过宽，导致承重等方面的技术问题始终无法解决，是这座神庙始终未能竣工的根本原因。神庙内部秘殿的入口处发现了铭文，内容提到了放在阿波罗圣所的宙斯金像，但是考古学家们仍然不能确定，这所神庙所供奉的，究竟是宙斯还是阿波罗。

从东坡摆渡到卫城

参观完这几座神庙后，我才意识到，离遗迹公园入口最近的这三座彼此相邻的神庙都坐落在色利努古代卫城以东的山坡上，这里还不是色利努古城，这里的几座神庙与古城之间还隔着一道河谷。要从这里去色利努古城，必须要穿过这条隔断古城和东坡的河谷。我从神庙G遗址的一侧沿着一条行人踏出来的小路，走到一所小房子前有人聚集的地方，发现这里有电动摆渡车运载游客到约1.5公里以外的色林农特古城的核心地区卫城（Akropolis）继续参观。出发的车比较密集，我买好了票，几乎不需要等待就坐上了摆渡车。只见电瓶车快速地朝山坡下冲去，不一会儿我刚才参观过的神庙E就已经变成身后山坡上的远景了（图142）。摆渡车到达山坡下的河谷底部之后（大约由于是旱季，我在这里并没有看到水流），就沿着另一侧的山坡开始上升，这期间我们迎面遇到了一两辆满载游客返回的摆渡车。上了坡，摆渡车到达了一片有树荫的地方就停了下来，大家都在这儿下了车。这时我看到我的左手边，也就是南边不远处，平静的西西里海展开在灌木丛后面，而右手边在略微升起的坡上，

卫城神庙群：神庙O、A和B

满眼望去都是古建筑遗址，其规模之大，令人震惊。不过，同我刚刚参观的东坡不同，这一大片遗址都是一眼望不到头的乱石堆和遗存的基础，只有远处立着一段建筑上部的残部。我的《西西里》书中和现场树立的解说牌告诉我，色利努卫城里前前后后几乎连绵不断的遗迹区域密集排列着至少5座古希腊神庙遗迹，它们被考古学家们分别命名为神庙O、A、B、C和D（图143）。在这些遗迹中，处在最前面，也就是最南边的遗址是神庙O，可是它原来是否是一

图142：在色林农特遗址公园里的东坡下面回顾神庙E和神庙G遗址

图143：古色利努卫城遗址，从前面向后依次是神庙O、A和B遗址，最远处露出的檐部是神庙C遗址

座神庙，学者们尚存疑问，它背后的遗址神庙A和神庙B原本是神庙则无可置疑。其中神庙A（图144）是一个常见的环柱式神庙，外围柱廊的石柱数目为6×14根，神庙的石砌柱座面积为40.30米×16.13米，这些数据说明它原本是个中等规模的神庙。神庙A据考证建造于公元前480—公元前470年。作为希腊人和迦太基人彼此发生接触和冲突的前沿地带，神庙遗址的西边还发现了属于古迦太基人的圣

图144：色利努古城卫城的神庙A遗址，后面露出的矗立着的立柱和檐部是重建后的神庙C遗迹

神庙C

所的遗址。神庙A后面是建造时间较近的（公元前四世纪到公元前三世纪）小型圣所，即神庙B，它的底座的面积只有8.40米×4.60米。在神庙B附近，据考古研究还有一座作为多里亚型神庙出现之前的典型的神庙建筑，即洞房式（megaron）的小型（17.65米×5.50米）无环围立柱而只有环壁的上古圣所结构的遗址，其编号为神庙R（图145）。这个小型圣所旁后来又补建了一个小室，在这幢小室的后面则是色利努卫城内建造时间最早、规模最大、有6×17根8.65米高的柱廊石柱的环柱型神庙，编号为神庙C。它的石柱的平均直

图145：色利努古城的卫城遗址中的环壁式神庙R遗址

意大利那不勒斯南部帕埃斯图姆的赫拉神庙。

径为1.77—1.95米，不算很粗，神庙的石砌柱座的长宽分别为63.70米和24米，与东坡上的神庙F规模相当。但是在建筑风格上，这座神庙与叙剌古的那座最古老的阿波罗神庙很相似，仍具有多里亚式形成初期的上古风格特征，不过由于它的建造时间较叙剌古的那座略晚，在一些细节上显示出已经在叙剌古的阿波罗神庙的古朴风格的基础上有所发展，其中除了檐部变得不那么沉重庞大、整体比例上更显轻盈以外，石柱已经不再像叙剌古的阿波罗神庙那样，是用整石凿成的，而是由一节一节的石柱鼓垒成的。神庙C原本同神庙O、A和B一样，早已沦为一片乱石堆，但是在1925—1927年间一次有争议的考古复原中，北边的廊柱连同从西边数起第3根到第9根石柱上的额枋石以及它上面托举的部分陇间壁都被修复，被人重新树立起来（图146）。神庙C的最近一次大修是在2000年前后开始的，直到2011年才竣工，包括我的导游书在内的很多出版于二十一世纪的资料都只能提供神庙维修期间被脚手架覆盖着的照片，而此时在大修结束后来参观的我却有幸看到没有被脚手架遮挡的神庙遗址的完全的景观。

神庙C大约在当日充当了官方档案馆的职能，因为在它的西侧还发现了一摞小而且彼此叠加的空间，人们在里面找到了书版和泥封残片。直到Carnabuci写作她的西西里导游书的时候，考古学家们一般还认为这些残片说明，神庙原本供奉的是赫剌克勒，但是更新近的考古研究成果已经推翻了这个结论，确认了神庙所供奉的神明其实是阿波罗。

神庙D

在神庙C的后面（即北边），还有个神庙遗址，编号为神庙D（图147）。这座神庙建造于约公元前540年，它的营造法式显示，它已经摆脱了上古风格，呈现为大希腊西部地区绝无仅有的古典风格的环柱式神庙的先驱形态。它的石砌柱座面积与神庙C接近，为56米×24米，然而外围柱廊的石柱数目却仅有6×13根，就是说，神庙两侧的长端的立柱比神庙C少了四根。因此，它侧面立柱的间距就更宽。神庙环柱的内部结构包含前殿和秘殿。作为更接近古典风格的神庙，神庙D的立柱呈凸肚曲线形，柱身上的竖槽也更多更密，这些都与修建于多里亚形成早期的神庙C判然有别。

　　同已经部分地得到重建的神庙C不同，神庙D仍保持着它倾圮后的乱石堆的状态，或完整或破损的巨大的柱鼓、残破的柱头垫、残缺的额枋石等部件横七竖八地堆在遗存的底座石上；遗迹中的石块在风吹日晒中躺了几千年，它们的表面受到风化侵蚀所产生的凹槽中多生有黑色的苔藓，或留有已经死去的苔藓的遗痕，石块之间的夹缝中则丛生着青色的杂草，中间还夹杂着已经枯萎的草叶草梗，废墟中更大些的空隙里还有努力地生长着的怪柳丛。神庙C由于得到部分重建，有重新立起来的石柱和额枋石，大概出于安全的考虑，园方将神庙C遗址用绳子圈了起来，禁止游人入内。而神庙D以及所有其他的神庙遗址却都是开放的，在废墟的乱石岗中间，游客可以在高低不同、或正立或歪斜倾倒的残损柱鼓和柱头垫上跳上跳下，或是在散落的石料之间的间隙中游窜。这种在废墟中孤独游荡跳上跳下的体验于我而言是并不陌生的，因为我想起了早年在北大时的日子。那时在夏日的傍晚，时常去北大燕园后面的圆明园废墟中散步，在那片废园中原西洋楼的区域里，时而在倾圮的石柱和托檐石中间跳上跳下，时而在荒芜的野地里披草而行，除了鸟鸣和莎鸡的振羽声，四周一片寂静……

图147：色利努古城的卫城遗址中的神庙D废墟

荷尔德林和黑格尔关于古代废墟的论述

　　作为一个对古建筑有着特殊兴趣的游人，在短暂的游览期间，徜徉在这些乱石堆中，我想无论我还是任何其他游客对于神庙原本的形制都是全然无法把握的。由于除了得到部分恢复的神庙C以外的所有其他神庙以及其他建筑都已经完全损毁，变成一堆又一堆乱石岗，不像阿格里真托的神庙谷里还有至少2座神庙屹立了两千多年而基本或大部分保存完整，人们在色利努卫城遗址中间想通过对这片废墟的直观感觉来想象它原本的规模、样式和与周边自然景物的融合，已完全不可能。所以我在参观时和参观后只能依赖我随身携带的书中的描绘和在日后温习时找到的其他文字材料，试图借助它们把我当时的实际体验与更为严谨的考古报告中的描述对应起来，从而尽可能获得一些超出感性层次之上的概念和空间想象。但是此时，当我依然徜徉在这一片广大的、几乎一望无际的神庙和古城废墟中的时候，看着遗址区的这些形体巨大的、刻凿精美的石件在几千年的风雨侵蚀下、在屡屡遭到地震的摧毁和人为的破坏之后，倾圮散落于地，感受着它们与周边岁岁常新的海、天和树木等自然景观之间的鲜明对比，我心里不由地发出对文明与历史、对人类生命与精神的辉煌和脆弱、对它们的繁荣和苍凉的交替轮回的无尽感慨。而当我想要记录下我此刻的心境的时候，想来想去，却只能在荷尔德林所作的关于古今希腊的巨大对比的诗化小说《旭珀里翁》中，从主人公在雅典的古希腊神庙的废墟中所说的话里，找到可以充分表达我心声的语言：

　　哦，看哪！狄俄提玛突然朝我叫道。
　　我看见了，我宁愿在这片威力巨大的景观前死去。
　　就像一场巨大的海难，当飓风消停了，舟子们都逃散了，七零八落的船队的尸首躺在沙滩上无人辨识那样，雅典陈列在我面前，被遗弃的石柱屹立在我们眼前，如同森林里裸秃的树干，向夕时分尚显葱绿，随后晚上就在火焰里升腾了。
　　人们在这里，狄俄提玛说，要学会对自己的命运保持沉默，无论它是好是坏。
　　人们在这里要学会对一切保持沉默，我接话道。倘若收获这片粮田的收割人以麦秸充实他的谷仓，那就什么都损失不了，我会站在这里做一个拾穗者而自得其乐；可是谁得了利了？

全欧罗巴！朋友们中有人答道。

对古希腊文艺的热爱、对那个文明最终消亡的惋惜和对它的历史意义的沉思，是十八世纪后期出生的那几代德意志人的时代精神的一个重要组成部分。同是作为古希腊文明的拾穗者，我还想到了这位诗人的同窗、哲学家黑格尔，想到了他在《历史哲学讲稿》中关于古代遗迹写下的一段同样令人难忘的话，虽然同诗人的热情的抒情语言相比，哲人的文字要更为冷静：

> 关于［人世］变迁的这种思想的消极一面唤起了我们的哀悼。让我们感到压抑的是：那个最丰富的形态、那个最美的生命，在历史中遭遇了灭亡，而我们在其杰作的废墟中徜徉。历史将我们从我们最感兴趣的那种至高贵、至美丽的状态中冲断开来：各种苦难把它摧毁了；它已成为过去。一切似乎全都要消逝，不能留驻。每个观光者都感受到了这种忧郁。有谁若曾在迦太基、棕榈城、波斯城、罗马的遗迹中间伫立过，会不生发对帝国与人的消亡的反思、会不生发对那种一度生机勃勃、丰富多彩的生命的哀悼呢？

神庙区后面的古代街区

的确，哪怕就是在荷尔德林和黑格尔写下这些话200百年后的今天，我仍能对他们所表达的情感产生深沉的共鸣。能亲自在现场凭吊古希腊废墟，比起从未能翻越阿尔卑斯山来到南国的他们来说更幸运的我，徜徉在像色利努卫城这样的古希腊废墟中间，能实实在在地感受到，那些倾圮的神庙越是毁坏得严重，就越能纯化附着于它们身上的古希腊人所独具的超绝古今的审美与精神，就越能痛切地展示那个文明竟然遭到毁灭是多么巨大的悲剧，就越能激起像我这样的古希腊文艺的当代拾穗者对这个死去的文明的无限哀悼之情。

从神庙废墟的乱石堆中走出，我上了作为卫城中轴线的连排神庙西面的一条南北方向的古街，这是色利努古城中的干道，它由南

2021年6月30日

边的神庙等公共建筑群将当日的居民和今天的游客引向北面的古城昔日的住宅区（图148）。从神庙区中最后一座神庙D的北面开始，这条干道将住宅区分为东西两个区，两区内又各自被四条横向（东西向）的巷子分为四个坊，为这些纵横的街道所分割出来的十来个矩形空间的坊内就是居民的屋宅遗址。这些矩形的长端平均约为32米，它们平行排列，每排有五六所宅院不等。色利努城区的最初规划和建造的时间是公元前六世纪初。我此时看到的古城遗址显示，这座城是由城墙围起来的，连同南部的神庙区域，直到海边，整个古城的平面图状似一颗梨，越往北就越狭窄，直到梨的柄，那里就是古城的北门。北门之内和之上有坚固的防御工事，石砌的城墙高达10米、厚达2.50米（图149）。如果从北门这里走下去，走到古卫城北面的原野上，从那里回顾色利努古城，就能更清楚地看出这座城有多么高峻、多么易守难攻。不过我在这里没有看到可以走出北门的通道，我只是停留在北门内的区域里游览，在这里的这些相当可观的残留城墙和防御结构中徜徉，我甚至还看到几段直径约半米的比较小的石柱残存，估计是来自某个较小型的神龛圣所。考古学家们曾在这一带发现过两方有浮雕的陇间壁，如今也收藏在巴勒莫考古博物馆，但是不知道我眼前这几段残柱是否原属于这个被考古

图148：色利努古城的卫城遗址中神庙区后面的居民区遗址　　图149：色利努古城的卫城北门内遗址

图150：从色利努古城卫城北门遗址向东眺望东坡的神庙E

学家们命名为神庙Y的圣所。最后我走到古城东北角的区域，登上了那里的城墙，站在上面可以清楚地望见我早上进入遗址公园后首先参观的位于东坡上的神庙E（图150）。

  在这里我自始至终没有遇到任何其他游客。在这处荒僻无人、寂静隐蔽的卫城北部区域，我流连良久，与其说是在参观，不如说是在体验一种久违的彻底的孤寂。此时的天地之间保持着一种庄严的肃穆，只有地上不时窜过的蜥蜴提醒我，这里除了我之外，还有别的活物。城防修建得这么高峻坚固，是我迄今为止参观过的所有古希腊遗迹中前所未见的。不过我想这很好理解，因为这里是希腊人防御迦太基人的前线，虽然这一切最终都证明是徒劳的。但是就在希腊人在此地坚守的那两个世纪里，他们却能爆发出那么巨大的创造力和才华，建设了这么多殿堂、留下了包括精美的陇间壁浮雕在内的丰富的文化和艺术遗产，虽然由于它地处边鄙、屡遭战乱，除了这些建筑遗址外，这里并没能像阿克刺迦和叙剌古那样，成为古希腊乃至西洋文化中包括哲学、诗歌和历史传说在内的一个重镇，但是它的偏僻和相对默默无闻与它所留下的文化和艺术遗产之间的反差反而最好地证明了古希腊文明的强大和高明。

盘桓许久之后，我最终离开了卫城的北城门区域，沿着来时的街道向南折返，回到了神庙B和C前面的区域。Carnabuci的导游书中说，还有两组古希腊建筑遗迹在位于卫城西边的河谷畔，其中位于南部的一组以供奉产苹果的地母女神（Demeter Malophoros）的圣所为核心，由之往北还有一组规模较小的遗址，Carnabuci的书中把后者标志为神庙M，不过最新的考古研究结果揭示，这个所谓神庙M其实是个泉水建筑。这两处遗址是我计划在这里要参观的最后两处遗址，于是我按照书中的指示沿着一条向西北方向蜿蜒的小路走下去。在小路的起始处，向南回顾可以看到西西里海（图151），而如果将视线转向相反的东北方向，可以仰望屹立在乱石和灌木中的神庙C残迹（图152）。我沿着小路往下走了大约10分钟，一路上看不到任何游客，四周极为开阔的视野里也见不到一个活物，耳边仍然只有庄严的肃穆，仿佛天地间只有我一个人在孑孓行走似的（图153）。我忽然间气馁了，没有再继续走下去的兴趣了，觉得既然我已经最深刻最充分地体验到了这样一片古希腊遗迹所能给与我的全部人生的、历史的和自然的体验了，我双手已握满古希腊文明的麦穗，再光顾一两处难于辨别的乱石堆废墟已经不可能再给我已拥有

图151：色利努古城卫城前方的西西里海

图15.2　公元前430年的古希腊神庙遗址塞利努斯

图153：色利努古城的卫城遗址西边的小道，通往产苹果的地母女神圣所或神庙M

的财富增添任何宝物，我想就此结束在色林农特遗址公园的参观。

待到我回到神庙B和C前的候车地带，发现这里的游客比我上午抵达时多了很多。我先是买了一瓶冰镇矿泉水解渴，随后便走向摆渡车的停靠站点等车。候车的人很多，我排着队，直到第3辆车来，才上了车。上车以后司乘要查验大家来程的车票，我这时却发现我夹在导游书中的车票已经不知什么时候掉落了，只好跟司乘说明，他让我在回到公园入口处时，去跟工作人员交涉。就这样，我乘着敞篷电瓶摆渡车，又回到了位于东坡的色林农特遗址公园入口处。所幸我还记得我原先车票的号码，在跟那里的工作人员简单说明了情况之后，他们并没有为难我，就放行了。出了公园，回到停车场，坐进车里打开空调，我感觉凉快了些，不过我没有休息，而是随即启动了下一段的旅程。

色各斯塔

我要去参观的下一个遗址群位于色林农特正北方60多公里外的古城色各斯塔（Segesta），古希腊时代叫作厄各斯塔（Ἔγεστα）。这座位于西西里岛内地的古城其实并非古希腊人的殖民地，而是西西里岛上三大原住民族之一、世居岛上西部的厄吕谟人（Elymoi）的城市。依据修昔底德记载的传说，厄吕谟人是特洛伊城被希腊联军攻陷之后流落至此的特洛伊人——这同古罗马大诗人维吉尔的史诗《埃涅阿斯记》中叙述的罗马人的来源十分相似。还有一种说法是厄吕谟人其实就是岛上的原住民，特洛伊人亡国之后流落到西西里岛上定居于他们的附近，但是二者并非同一个民族或部落。无论如何，厄吕谟人在种族上应该属于像特洛伊人或者迦太基人那样的亚细亚民族，但是很早就完全接受了希腊文化，被希腊化了。

从色林农特到色各斯塔，一路上大都是山路。我注意到，西西里穿行于山间的公路虽有一些是隧道，但感觉更多的是那种一边向山外开放的半开放隧道而不是全封闭隧道。行驶了大约一个小时之后，我遵从手机导航的指示，下了高速路，然后沿着盘山公路向山上开。这条盘山路非常狭窄，好在路上并没有别的车。在经过一处比较平坦开阔的转盘路口时，我看到有箭头指向考古公园的停车场，但是按照手机地图上显示的方位，距离遗址公园还有一小段路。在一秒钟之内我必须作出决定，是遵照这个路标从这个旋转路口驶出，去所标志的停车场，还是依照手机地图上显示的景点的位置，继续朝上行驶。我决定继续向上走，先去上面探个究竟再说。几分钟后我开到了遗址公园的入口处。不过这个入口处就位于上坡公路的路左，而路右边就是山坡，路边完全没有可以停车的地方。遗址公园的入口处有个大门，此刻是关闭着的。我打开双闪灯把车临时停在大门口，下了车向站在大门口内的工作人员询问了一下，被告知必须回到下面的停车场停车，从那里乘摆渡车上来，才能进入遗址公园参观。我于是回到车上，可是由于这里道路狭窄，不容倒车转向，我只好继续向上开，希望能找到一个路口掉头下山。好在路上没有别的车，我可以从容地寻找。就这样，我又向山上爬行了一段路才绕回来，大约10多分钟之后，我回到了刚才经过的旋转路口，这次按照路标的指示朝停车场方向的路口开出，很快就看到位于路左边的停车场。从停车场内车辆的数量来看，今天的游客不少。我找好停车位，把车停好，便走向停车场边上的售票亭。

这是个售票兼出售旅游纪念品的小店，我买好票，扫了一眼店里的纪念品，还是没有任何值得买来收藏的，不过我从这里的指示牌上得知，遗址公园所在的这座山的名字叫巴耳巴罗山（Monte Bàrbaro）。我随后从店里走出来，到一旁的候车处等候摆渡班车。大约等了半个小时，摆渡车才到，是一辆大客车，跟我一样要上山参观的游客把这辆车坐满了，大多数乘客都戴上了口罩，也有少数

图154：色各斯塔古代遗迹公园所在的巴耳巴罗山景

图155：色各斯塔的山上通往古代剧场遗址道边的现代艺术装置

不戴的。车沿着盘山公路蜿蜒而上，车窗外可以看到山坡上的草依旧是枯黄的，中间点缀着一片片橄榄绿色的灌木丛和农田（图154）。感觉中摆渡车开了15分钟左右才到达一片柏油铺面的圆形场地，这就是摆渡车的终点站了。我同全车的乘客一起下了车，看到场地靠山坡的一边有一条木板搭成的上山甬道，沿着甬道往上走了不远，旁边就出现了古迹公园里常见的石砌地基和散落的石材，据说这些都是古代和中世纪时民居房遗址。在这片遗址前，放着一个当代艺术装置：一匹黑色的马的雕塑，依山坡的地势躺在地上（图155）。由于没有走近观看，说不好这个雕塑是用什么材料制作的，也看不到有文字说明。我猜测这是在模仿著名的特洛伊木马，既然这里的古代居民据传说是来自沦陷于希腊人木马计的特洛伊难民。

色各斯塔古代剧场

沿着甬道继续向上走，左侧还有更多的遗址，据介绍其中有一座拜占庭时代的教堂遗址，我都没有前去查看，而是一直走到了山坡的顶部（海拔305米）。在那里，豁然展现在眼前的就是色各斯塔最著名的两大古迹之一的色各斯塔剧场（Teatro di Segesta，图156）。

剧场据考证建于公元前三世纪中叶。从我刚才走来的阶梯所抵达的坡顶实际上是剧场坐席（cavea）部分的最高层的左侧或西侧。

剧场的坐席呈半圆形扇面排布，石砌的坐席现存有21排座位，但是据说原本有29排。这些观众席被呈辐射状的石阶通道（klimakes）分割为7个区（kerkides），估计可容纳4000名观众。正对着半圆形敞口的横面原本有舞台（skene）及其背后的廊柱式戏楼建筑，如今除了很少一些石料以外，这部分的整体建筑早已荡然无存（图157），不像陶耳米纳的古罗马剧场遗址那样，还保留了一些结构。位于半

图156：色各斯塔的古希腊时代的剧场遗址（面向西北方向）
图157：色各斯塔的古希腊时代的剧场遗址（面向东北方向），剧院观众席前面的戏楼建筑已荡然无存
图158：色各斯塔的古希腊时代剧场，从原舞台的角度面向南方的观众席

圆形圆心的歌舞队场地（orchestra）铺着整齐的石板，我疑心这是当代人填补上的，并非遗址的原貌。位于半圆形观众席两端的上场口和下场口（paradoi）的建筑也全然不复存在了。我从观众席现存的顶层沿着位于坐席左侧的阶梯甬道走到最底层的歌舞队场地的位置，站在那里回身向观众席仰视，所获得的观感比从观众席顶层向下俯瞰要更壮观（图158）。就这样我一边不断仰望观众席，一边沿歌舞队场地的边缘从左向右走了半圈，仿佛在体验古希腊人演戏时歌队成员的感受似的，然后再从观众席右侧也就是东侧的甬道重新朝观众席的顶层登上去，到达顶层后从另一个角度俯视剧场的前方。

就这样从各个角度体验了这座剧场之后，我从观众席上再次走下来，来到歌舞队场地后面原应是戏楼的地方。从这里向前方看去，视野很开阔，向右远眺，可以隐约看到卡斯太拉马惹湾（Golfo di Castellamare），向左望去，不远处可以俯瞰色各斯塔的另一处古迹，一座多里亚式的神庙（图159）。在饱览了眼前的风景后，我朝剧院一侧、相当于入场门旁的小路走去，沿着这条小路回到了刚才摆渡车停靠的路边，等候下山的摆渡车。这时，候车亭内外已经有不少像我一样等车的人了。大约等了15—20分钟之后，车来了。我们等随车到达的上来参观的人们下了车之后才陆续上车。车随即就启动了，沿着盘山公路下行

图159：从色各斯塔的古希腊时代的剧场遗址俯瞰古希腊时代的神庙遗址

开了大约5分钟，就到达了我刚才在剧院前方远远望到的多里亚式神庙的下方。我随人流下了车，便朝神庙的方向走去。

色各斯塔神庙

从车站的位置到神庙需要爬坡，好在路途并不远。通向神庙的阶梯小道蜿蜒曲折，我转过最后一个小弯，抬头看见了棕榈树丛掩映中的色各斯塔神庙（Tempio di Segesta）。这次我没有碰到在色利努卫城的神庙C那里碰到的幸运，因为不巧的是，色各斯塔神庙正在维修，神庙的正面和背面横横竖竖搭满了脚手架，非常有碍观瞻。好在神庙的两个侧面没有在维修，可以环绕着观赏。不过，整座神庙是被围栏圈起的，不允许游客走进神庙的内部去参观（图160）。

据考证，这座神庙始建于公元前425年，是西西里岛上最后修建的古希腊神庙之一。围绕这座保存相当完好的神庙，却一直存在很多疑团：它究竟是由希腊人修建的呢？还是由这里的土著厄吕谟人修建的？它为什么从未安装屋顶，也没有内堂？这座神庙供奉的究竟是希腊的神明还是厄吕谟

图160：维修中的色各斯塔的多里亚式神庙

人的神明？针对这些疑问，近年来的考古研究倾向于认为，这是这里的土著厄吕谟人仿照希腊神庙的样式自行修建的，不过由于今天难以确知的原因，在尚未造好之前就半途而废了，所以一直没有上屋顶，甚至连用来在吊起安装削凿好的檐部石件上保护其边角不受损伤的石板仍然散落在神庙周围，而在正常情况下，这些护板在神庙建好之后是要拆去运走的。不过，就神庙现存的结构看，最明显地标志着神庙建筑未完成状态的，是这座环柱式多里亚风格的神庙的石柱都没有柱槽（图161），因为按照古代营造的工艺流程，石柱上的柱槽不是预先在每段柱鼓上开凿好、再摞起来让各段上的柱槽上下对齐形成的，而是先把整体形状凿好的柱鼓摞起来安置到柱座上各自的位置，然后再统一开凿每一根石柱上的柱槽。遗迹中还有更多关于神庙从未竣工的细节，它们早在200多年前就被歌德注意到且不厌其烦地记载下来了。像西西里的所有古代神庙遗址那样，在中世纪，这座神庙的遗址也被当成采石场，据说内堂就是这么被拆

图161：色各斯塔的古希腊时代神庙南侧的柱廊；多里亚式的立柱上没有柱槽，除了立柱下面有柱座石以外，地面上其他部位柱座石缺失，都说明这座神庙在古代尚未竣工便中止了修建

掉消失的，同样被拆除移走的还有石柱之间的柱座石（stilobate）。尽管有这些或由于从未竣工或由于人为破坏等原因造成的减损，神庙的整体结构和比例看得出还是严格遵循了多里亚神庙营造法式的兴盛期的古典风格的。这座环柱式神庙的柱座面积为21米×56米，廊柱数目为6×14根。廊柱之上的额枋石以及其上的陇间壁、三陇板乃至托檐石等檐口部分保存相当完整，从中可以看出各部分比例均衡，体现着多里亚神庙发展的成熟阶段的古典风格，而且神庙四角上的屋角冲突，也统一采取了各面最近屋角的两根石柱的柱距双收缩的经典解决方案。另一个古典风格的特点体现在神庙的石砌柱座面呈微凸曲线而不是绝对水平的（参见99页说明图），这是西西里岛修建于上古时代的希腊神庙中唯一采纳了这一纠正视觉偏差技术的神庙建筑。

作为一座由非希腊人——修昔底德称之为蛮族——所建立的有着精美建筑遗迹的城市，站在这座没有柱槽的环柱式多里亚神庙前，我想到了荷尔德林为一座同样是原本由非欧民族建造的古城遗址而赋的短章《生年》：

你们幼发拉底的城邑！
你们棕榈城的街衢！
你们沙漠旷原上的柱林！
你们是什么？
你们的冠冕，
由于你们越过了
有气息的人们的界限，
为上天的用烟雾
和火给取走给拿去了；
可此时我坐在云下（它们
各有其特有的安祥）在
挺立的橡树林下，在
狍子的原隰上，蒙福者们
的灵于我显得
陌生，并且业已死去。

位于叙利亚的棕榈城（Palmyra）在古罗马时代曾是座美轮美奂的城市，古城的遗迹直到二十一世纪初还一直保存得相当完整，然而在过去十几年里，这座古罗马帝国境内的名城却不幸惨遭ISIL组织的严重毁坏。在那位以西方的命运为后期诗歌核心主题的施瓦本诗人的心目中（他不仅从未到过棕榈城，也从未踏足过希腊和意大利），无论棕榈城的建筑如何精美壮丽，都无法使他克服对那座东方城市的陌生感（"于我显得陌生"）。一度崇高而华美的棕榈城由于建筑营造过于豪华，"由于［……］越过了/有气息的人们的界限，/为上天的用烟雾/和火给取走给拿去了［它的建筑的冠冕，屋顶和檐部］"。我想，倘若诗人看到过色各斯塔的这座曾供奉不知其族属的神明的神庙，他的反应未必有别于他对棕榈城所产生的情感，因为它们都是为起源于亚细亚的民族在接受了源自希腊的传统后建造的。当初西西里的厄吕谟人就像后来的棕榈城的叙利亚人一样，曾胸怀雄心壮志，要立下这么一座辉煌的神庙，只是他们的命运还不如棕榈城的

色各斯塔与叙利亚的棕榈城

2021年6月30日

叙利亚人，因为后者毕竟把城和城中的庙都建成了，而眼前的这座却多半是由于修造者中途亡国丧邦而从未能建成。这样说来，我眼前的这座神庙更像是旧约中记载的巴别塔，还没等建成，建造者们就一哄而散了。所幸它地处建筑风格所属的同质的文明领域之内，没有，或者至少目前还没有，被异质文明彻底清除。

结束了对神庙的参观，我沿着来时的台阶坡道回到候车处，这次赶得巧，我没等多久，很快就登上摆渡车，回到停车场。我的下个目的地，也是我今天最后的落脚点，将是距这里将近80公里的西西里第一大城市巴勒莫，一个最早在公元前734年为腓尼基人所建立的城市，古希腊人称其为帕诺耳谟（Panormos）。此时已近傍晚，时候不早了，我一刻也没有耽搁就上了车，发动了引擎，开出停车场，下山朝着巴勒莫进发了。

在驶往巴勒莫的路上

上了高速公路E90之后，最初一段跟我从色林农特来时的路差不多，大多也都是架在山间的山路，公路两边的风景也同我刚才在巴耳巴罗山山上看到的一样，枯黄色的起伏的山峦上点缀着一块块墨绿色的橄榄或柠檬等果园。等到车行驶了全程的差不多五分之一路程的时候，E90高速路便向右拐，开始沿着海岸线蜿蜒了。从此一路上大多是左边可以看到海景，右边则是山崖的地势。由于此时已近傍晚，在我背后西沉的太阳多被山崖遮住，所以我沿途多数时候是行进在山崖的阴影里的。由于海岸蜿蜒曲折，所以沿海岸修建的这条公路也是多弯的。在车行驶到接近巴勒莫的时候，公路偏离了海岸线，转向更内陆的地区。我注意到此时在我的左侧出现了一座形状像四方形城堡一样自海湾中突兀而起的山峰，后来我才意识到，那就是曾被歌德视为世界上最美的海岬的佩莱格里诺山（Monte Pellegrino）。可是我此时顾不上欣赏它，因为越接近巴勒莫市，路上的车就越多。单从路上的交通流量来判断，这是我在几天前离开卡塔尼亚之后，第一次感到又接近了大城市，而且这将是一座比卡塔尼亚更繁华的城市。

待到车下了高速路，大约也是由于此时恰值晚高峰，我发现这里的路况是我迄今为止在西西里所遇到过的最复杂的。这里不仅车多，而且道路弯曲又多岔口，在我几十年开车的经历里，此前遇到过的，恐怕只有波士顿城中的路口和街道走向的复杂程度与此接近，不过同这里相比，波士顿的街道要更宽广些。然而最让我感到眼花缭乱、应接不暇的，还不是复杂的道路，而是这里的人们开车的作风。在这里，人们开车时完全无视涉及并道、辅路加入主路、换道、路口右转等的法规和礼仪规范，路上人人都见缝插针、争先恐后。在这样复杂的路况中开车，正应了那句成语，必须"眼观六路"，既要设法走在自己要走的路上，也要提防随时从各个方向窜入的其他车辆。不过，后来我回想起我在意大利公路上行车的经验，发现虽然意大利素有交通混乱、人们行车不太讲规则的恶名，可我一路上却从未见过一起哪怕是剐蹭事故，也没有见过任何路怒事例或者因路怒而引发的冲突斗殴事件。这大约是意大利人所独有的一种"让我有路可走也让别人有路可走"的文化吧。

　　交通最拥挤最混乱的地区是巴勒莫主城区以外的地带。而且我注意到，这一带道路两旁的建筑都是毫无建筑美学追求的纯功能性现代建筑，就像我在叙剌古城郊看到的那些一样。周边的现代建筑的丑陋益发恶化了我由于身处混乱的路况中所产生的焦躁。不过就是在这样的混乱当中，我心里已经大致规划好接下来几天的行程了：巴勒莫将是我在西西里自驾旅行的最后一站，我将要在这个西西里的首府作迄今为止最久的停留，之后再从这里设法前去意大利在1861年统一之前曾长期存在的西西里王国的首府、位于南意大利的那波利参观。既然巴勒莫将是我在西西里岛上的最后一站，我需要在这里退还所租的汽车，那我就必须在此时此刻作出有关的决定。因为我面临两种选择：车我可以今天还，也可以明天还，但是由于还车地点设在我此刻经过的机场里，如果我决定今天还的话，就应该直接开去机场，在那里还了车之后再搭车进入城区，入住我预订的酒店。不过我很快就决定还是先直接去酒店，明早再回来还车，尽管这样要多交一天的租金；因为行李、辘辘饥肠和一天之内奔波数地的劳倦都要求我尽快抵达落脚地，而不是再拖着行李辗转于机场内、公交上，以及城市中的街道间。

随着车子驶入市区，我发现巴勒莫果然不愧为西西里岛上的第一大城市。仅从街道两旁的建筑上就能看出它的都会气象。在我开到一条与主路交叉的街道上的时候，手机导航显示我已经抵达了目的地。街道两侧停满了车，所幸我在一家洗衣店门前的路边看到一个空位，就将车停在了那里。路边的停车指示牌说明，我是可以在这里停车的。就像我此前在阿格里真托等地抵达酒店时那样，我先把车停好，带上放在副驾座位上的相机、导游书、背包等随身物品，就下车探路去寻找酒店了，打算先找到酒店办理好入住，再回来取放在后备箱里的旅行箱。我从车里走出来，朝着20米外的主路罗马道（Via Roma）的路口走去，随即便看到酒店就位于街角。进去后我发现，酒店的环境很好，前台的工作人员是两位年轻女子，也都非常友好。我告诉她们我停车的位置，好向她们确认我是否可以在那里合法停车。她们告诉我说，现在已经是下午6点以后了，我可以把车停在那里，但是明天早上8点之后则要收费。办理好入住手续，我从酒店出来，回到停车的位置，把行李箱从后备箱中取出，这才回到酒店去入住房间。房间很宽敞，设施也是我来到西西里岛之后所住的酒店里最齐全的。从窗户向外看去，无论是对面的宫府风格（palazzo）的楼房的粗面石砌（bugnato / Rustizierung / rustication）外墙，还是下面的街道，都给人以欧洲大都会的感觉。我入住的这家酒店的建筑本身也是宫府式的，玻璃窗外墨绿色的木制百叶窗也很有热带情调。不过此时我来不及隔窗仔细观赏街景，而是先洗漱了一下，就出门找餐馆吃晚饭去了。我照例向前台咨询推荐的餐馆，得到推荐后便从酒店出来，沿着罗马道向南漫步，去找一家据说颇有西西里特色的餐馆。餐馆距酒店仅有两个街区之遥，我没有费事就顺利找到了。在路边的露天座椅坐下，我点了地中海的虾作为主餐。不过由于沟通上发生了误解，上来的菜跟我想要的不太一样，我也懒得换了，就胡乱吃过。就这样，在奔波了数个地方、在路上和在参观中度过了漫长的一天之后，我坐在巴勒莫市热闹的街边，吃了一顿"五味杂陈"的晚餐。

二〇二一年七月一日

巴勒莫（帕诺耳谟）

次日一早我便起床了，洗了澡以后下楼去一楼的餐厅用早餐。这次我终于吃到了非常丰盛可口的早餐，培根、火腿、煎肠和鸡蛋都有，当然也缺不了各种奶酪，咖啡也做得好。餐厅里只有一个黑人青年在打点，客人则除了我以外，只看到一对中年男女在用餐。早餐后我回到房间刷牙洗漱，完事以后就拿上装有相机等随身物品的背包，快速下楼朝昨天傍晚停车的位置走去。幸亏我来得及时，因为我走到街上时，看到正有一位停车管理员要抄录我的车牌呢。我连忙走过去告诉她我这就要离开，她没说什么便朝下一辆车走去，继续查车、抄牌。我打开副驾一侧的车门，把随身的背包等物品放在副驾座位上，关上门，再绕到街上从司机一侧开门上车，定好手机导航，就启动引擎出发了。由于是早上，车流量比较大，特别是在接近高速路的路段上，感觉车尤其多。但是此时我却觉得没有昨晚那么拥堵了，也许是因为我已经对路况比较熟悉了，不至于像昨晚那样在全然陌生的复杂路段开车，对扑面而来的各种信息应接不暇、手忙脚乱而放大了心中的窘迫感。

我沿着昨天来时的最后一段路反向而行，上了高速后，又行驶了大约半个钟头，才抵达巴勒莫机场。进入机场区域后，按照路标找到了汽车出租点。我刚把车停好，工作人员就主动走了过来。

机场还车

我随即把租车文件交给她，她拿着车况清单检查了车况：一切完好无损，当初让我担心的驾驶员一侧的车门胶状残留物也没有受到质疑，我顺利地签署了还车文件，随后她就开车送我去机场班车站了。在她把我落在航站楼前的路边后，我在候车点等了不久，机场班车就来了。坐上返城的班车，我在西西里第一次感觉到了作为乘客而非驾驶者的轻松。

洗衣店和文具店

　　没等班车到达更接近古城中心的地段，我就在离我所住酒店不远的地方下了车。这是因为，在开始今天的游览之前，我还要办理一些事情。由于此前在西西里各地访古的途中一路匆匆，又加上沿途都是乡村小镇，所以完全来不及洗衣，而前几天在盛夏酷暑中游览各地的露天古代遗迹公园，挥汗如雨，衣服本应该是每日换洗的，却只好先收起来，等待得机会一并洗。如今终于回到大城市里，我要享受的第一桩都市能够提供的便利就是洗衣。昨天入住时，酒店的前台就已经告诉我，酒店本身并没有洗衣服务，如果客人需要服务，他们也是把衣服转交给我昨天停车的街边上的那家洗衣店。所以我现在需要先回酒店房间，把积攒的该洗的衣服拿到洗衣店去。因为一大早跑了一趟机场回来，我回到酒店时洗衣店已经开门了。我拿着衣服到了洗衣店，却发现这是我见过的最混乱不堪的洗衣店。进门后在用作前台的小房间里堆满了大包大包的衣物和床单，老板——一个中年汉子，在很小的柜台后面几乎都转不开身。可是虽然洗衣店的状况一言难尽，洗衣的设备和服务质量也可想而知，我还是感谢附近能有这样的服务。我很怀念十几二十年前，甚至更早时候——二十世纪八十年代北京的洗衣店，那时北京城内的洗衣店非常多，设备（有意思的是，那时大多是从意大利进口的）和服务也都非常好，它们有的沿街开设在门脸房里，有的开设在大商场内，有的像巴勒莫的这家这样开在酒店旁边。遗憾的是大约十年前由于房租飙升，洗衣店连同街面上的各种小店几乎一夜之间全都消失了，而今沿街的店铺剩下的大多是成人用品店、足疗店、房屋中介店，这种变化岂止是反映了高利贷对商业的吞噬，这简直就是把一座古城、一座曾经繁荣的都市巴比伦化了！

把衣服交给洗衣店之后，我又按照手机查询的指示去寻找附近一家文具店，因为我需要买几支马克彩笔和一个收藏图画用的卷筒，后者是为了安全妥善地收卷我在陶耳米纳买的那幅蚀刻版古西西里地图。——由于我前些天一直在乡野间奔波，现在回到城市里，真是有太多的事要在城市里补办了。——找到文具店的时候发现还没有开门，因为这里一般商铺的营业时间是从上午10点才开始的，而此时大约是9点半左右，我只好等待。好在隔壁是个小吃店，我便点了杯咖啡坐在店外的露天座位上等着。10点的时候，店主——一个30来岁看起来很精神的男子，终于按时开了门。虽然文具店永远能让我流连忘返（记得童年时一走进开设于天津劝业场后面长春道上的杨柳青画店就不愿意离开），我却不便耽搁。买好了笔和卷筒，我再次回到酒店里，先把它们放下，才最终出发开始我在巴勒莫市的这第一天的游览。

从酒店出来沿着罗马道向南走，很快就到了卡乌耳路（Via Cavour）。过了这条作为市中心主干道的马路，我来到了威尔第广场（Piazza Verdi）。广场上屹立着意大利最大、在1897年建成时欧洲第四大的歌剧院马西莫剧院（Teatro Massimo）。此时歌剧院关闭着，而且我也没有参观的计划。我今天上午的目标很明确，首先要去的是位于歌剧院以东的地区考古博物馆（Museo Archeologico Regionale Antonio Salinas），参观来自色林农特等地的古希腊神庙中的建筑部件，从而完成我在西西里寻访古希腊遗迹的访古之旅。之后再去参观巴勒莫市内其他著名的广场、教堂等主要景点，以不辜负我到这座西西里名城游览一遭。

从威尔第广场穿过一条布满了餐馆凉棚的小巷，就走到了博物馆。这座博物馆坐落于一所始建于1598年的教堂圣伊纳爵堂（Chiesa di Sant'Ignazio all'Olivella）旁的司铎祈祷会（Oratorio di San Filippo Neri，图162）里。进门的时候，我看到售票口有教师免费的告示，便询问我作为大学教员是否也可以享受这项优惠。在出示了

巴勒莫
考古博物馆

图162：巴勒莫考古博物馆设在圣伊纳爵堂（右）旁边的司铎祈祷会（左）故址里

图163：巴勒莫考古博物馆藏《顺风的宙斯》雕像，古罗马时代原作，那波利的波旁王朝宫廷雕刻家维拉雷亚莱修补

我在特里尔大学的工作证之后，被告知可以，因为这项优惠政策只适用于欧盟范围内的教育机构，而我目前的身份符合这条规定。后来我在那波利和希腊，发现这个政策在有些文化机构那里得到遵守，在更多的机构中是不被遵守的。不过，工作人员随即又告诉了我一条不好的消息：今天博物馆只有一楼的展馆开放，二楼暂不对外开放。

司铎祈祷会的建筑其实相当精美，从入口进去后，是个天井庭院，庭院的中间坐落着一座雕塑喷泉。可是我没有兴趣和时间欣赏它，而是走进了更里面的庭院，那里才是博物馆的展览部分。在博物馆一层的展品中，罗马时代的石雕类展品大多陈列在游廊上，其他的展品例如陶罐和小件黄金饰物等则陈列在游廊内的展厅中，更重要的、属于古希腊时代的展品则放置在更里面的展厅里。陈列在游廊上的几乎全部是罗马时代的雕刻作品，它们大多数是由近代出生于巴勒莫、服务于那波利的波旁王朝宫廷的雕塑家维拉雷亚莱（Valerio Villareale）将考古发掘的雕像残部残片进行复原而成的，其中最大的雕像之一是在西西里岛东北方的廷达里（Tindari）发现的、创作于罗马帝政初期、带有希腊化时期风格的《顺风的宙斯》像（Zeus Ourios，图163）。这座立在游廊上的雕像，如果游人仔细查看的话，仍能从石材的新旧颜色和质地中看出

218　│　西西里访古纪行

它的头颈部分、举起的右臂，以及大腿上部以下的全部下身全都是维拉雷亚莱增补的。

游廊中的这一部分展品里最有价值的，是一对腓尼基人的石棺卧像（图164—165），发现于巴勒莫附近的米西利梅里镇（Misilimeri）近旁一个叫作芦苇荡（Pizzo Cannita）的地方。据考古学家们研究，石棺雕像创作于公元前五世纪，雕刻的艺术风格带有希腊的影响痕迹。除了这对石像，这里还有一些从海底沉船中打捞上来的迦太基文物。腓尼基的这些文物见证着包括巴勒莫地区在

腓尼基人石棺

图164—165：巴勒莫考古博物馆藏腓尼基石棺雕像

内的西西里西部曾经是迦太基人定居地的历史，由此也可以说明，迦太基人与希腊人曾在这一地区反复争夺，导致两种文化彼此深度重叠，著名的希墨剌战役就发生在巴勒莫东面的地区。迦太基石棺卧像虽然已属艺术精品，不过，对于来西西里寻访古希腊遗迹的我来说，博物馆的藏品中最重要的，还是这里收藏的色林农特的各个神庙的残损部件。昨天我在参观那里的遗址公园时，就看到解说牌以及我自己携带的导游书中屡屡提到它们，所以此时我对终于能见到它们非常期待。这些残部中保存比较完整的、最古老的一组，是三块原属于古代色利努卫城后方的神庙D东面的上古时期的祭坛、被命名为神庙Y，也叫作有小型陇间壁的神庙的陇间壁上的浮雕。

色林农特神庙Y陇间壁浮雕

这三幅浮雕高84厘米，据考证创作于公元前570年。保存下来的三幅陇间壁浮雕的主题分别是踞立的人面狮身兽（Sphinx，图166）、德尔蟠（Delphi，俗译"德尔菲"）三神（图167），即阿波罗与其姊阿耳太米以及二者的母亲累陶（Leto），以及欧罗巴（Europa，图168）遭化身为公牛的宙斯的劫掠——这是已发掘出的存世最古的表现这一神话主题的造型艺术作品。除了这三幅浮雕以外，考古学家于1968年还发掘出两幅在古代就已从原属的建筑神庙Y上拆除移作他用的浮雕，其中一幅主题为厄琉西（Eleusis，图169）秘仪，浮雕中的三个各自手执谷穗的形象分别是地母逮美底耳、她的女儿哥热（Kore）和有多重复杂功能的女神贺卡底（Hecate），另一幅是两位神同御驷马之乘的正面像，关于这两位神的身份，学者们有争议，或以为是日神赫利俄和月神，或认为是地母与其女儿哥热（图170）。这些浮雕的风格都十分古朴，人物乃至动物的解剖比例往往相当失真，人物面部造型，特别是突出的眼睛，也属于更古老的艺术形态，同古埃及的人物雕像更接近，而距后来古典时期的希腊浮雕风格较远。这些陇间壁浮雕都是浅浮雕，雕像中最凸出向前的部分系采用平面来处理的，而不是像后来的圆浮雕那样，用更立体的、近乎三维雕像的造型进行处理。

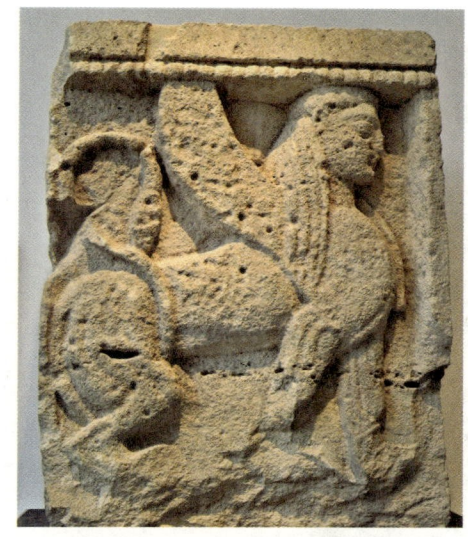

图166：巴勒莫考古博物馆藏色林农特神庙Y陇间壁浮雕：人面狮身兽

图167：巴勒莫考古博物馆藏色林农特神庙Y陇间壁浮雕：累陶与她的女儿阿耳太米和儿子阿波罗

图168：巴勒莫考古博物馆藏色林农特神庙Y陇间壁浮雕：宙斯化作公牛劫掠欧罗巴

图169：巴勒莫考古博物馆藏色林农特神庙Y陇间壁浮雕：厄琉西秘仪，参与的三位女神分别是（从左至右）地母逮美底耳、她的女儿哥热和有多重复杂功能的女神贺卡底

图170：巴勒莫考古博物馆藏色林农特神庙Y陇间壁浮雕：日神和月神（或认为是地母逮美底耳与其女儿哥热）一同驭车

222　│　西西里访古纪行

图171：巴勒莫考古博物馆藏色林农特神庙C幸存的三幅完整的陇间壁和相间的三陇板

比这一组浮雕的创作时间稍后的（据推测约为公元前550—公元前530年间），是色林农特神庙C上遗存的3幅完整的陇间壁浮雕（据神庙的考古复原图，神庙全部的陇间壁浮雕本应有10幅）。这些浮雕是十九世纪初英国人在遗址中发掘出来的，他们本想仿效苏格兰贵族额尔金（Thomas Bruce, 7th Earl of Elgin, 1766—1841）将雅典的处女神庙山花上的浮雕盗往伦敦的"榜样"，把这几块浮雕偷运到英国，所幸当时在波旁王朝统治下的西西里当局及时阻止了他们，把这些珍贵的文物转移到巴勒莫，收藏在这里的博物馆里。色林农特神庙C的这三幅浮雕（图171）从左至右分别表现的是阿波罗的驷马之乘（图172），珀耳修（Perseus）斩首墨兑撒（Medousa，亦译"美杜莎"，图173），以及赫剌克勒肩担倒吊着的林怪科尔叩珀（Kerkopes）这三组神话形象或故事（图174）。其中珀耳修那幅构图最为复杂，表现也最富有戏剧性（图173），画面上不仅有珀耳修和被他斩首的墨兑撒，而且珀耳修身后还站着雅典娜，墨兑撒右臂下还控制着由她脖颈喷出的鲜血里生出的神马培迦所（Pēgasos）。

色林农特神庙C陇间壁浮雕

品达在《匹透赛会赞歌》第十二首里是这样叙述珀耳修斩首高耳戈怪兽三姊妹（Gorgon）之一的墨兑撒的壮举的：

  那时珀耳修大叫，将姊妹中的第三位
  带给海中的色里弗岛及其人民以为其劫难。
  削弱了弗耳哥的怪异种族，
  还令波吕德克底的份子和缧绁所缚的母亲的
  奴役与强制的床榻遭殃；
  达娜婀之子从美颊的墨兑撒项上
  取了头颅——他说我们来自自降的金雨。

  而神庙C的那幅阿波罗的驷马之乘浮雕（图172），若与神庙Y的日神御驷马之乘浮雕（图170）放在一起观赏，就很值得玩味。创作时间前后相距不远的这两幅浮雕作品采纳的都是正面表现的形式，这是一种非常大胆的表现手法，虽然在古希腊艺术史上，这种独特的角度可以追溯到迈锡尼（Mykenai）时代，然而纵观西洋古代艺术史，表现驷马之乘的最常见的构图是侧面图而非正面图。但是在色林农特的这两幅浮雕所属的上古时代，这样的正面马构图相对来说却是最常见的，而上古时代之后到了古典时代，这种正面构图反而就逐渐式微了，到了希腊化时代则完全消失了。这种发展进程似乎有违我们的直觉，因为用浮雕的方式侧面表现马或者马车似乎要比正面表现容易得多。在这一点上，中国古代石刻的发展史也许可以看作一个旁证，因为中国古代石刻上表现正面马车的构图，是汉代才出现的，后于侧面表现的出现，而且据说是受了从希腊经由大夏国传过来的影响。

  色林农特神庙上的这些浮雕都是在石灰岩上雕刻的，再墁以涂灰制作而成。从人物刻画上看，神庙Y的陇间壁浮雕表现手法最原始，例如在欧罗巴被宙斯化身后变成的公牛驮着劫走的浮雕中，不仅欧罗巴的比例与实际的人体比例不符，而且转头正面对着观者的牛首与牛颈的解剖关系也不合理，看起来正面像的牛首与正侧像的

图172：巴勒莫考古博物馆藏色林农特神庙C陇间壁浮雕之一：阿波罗的驷马之乘

图173：巴勒莫考古博物馆藏色林农特神庙C陇间壁浮雕之二：珀耳修（中）斩首墨兑撒（右），左侧站立者是雅典娜

图174：巴勒莫考古博物馆藏色林农特神庙C陇间壁浮雕之三：赫剌克勒肩担倒吊着的林怪科耳叩珀

牛身仿佛根本不属于同一具躯体。总的说来，神庙Y的这三幅浮雕保留了非常明显的埃及风格特点。相比之下，神庙C上的陇间壁浮雕在艺术水平上显示出已经有了长足的进步。无论是人是兽，在解剖学上和透视学上都较前者更讲究了，虽然还远未达到古典时期的准确和精微。相比于后来的古典时期的作品，神庙C的陇间壁浮雕中的人物形象虽然比神庙Y中的有了进步，但是他们的身材仍显得过于敦实，面部刻画也较公式化，对人物和兽类等的姿态的设计和整体构图也比较笨拙。在我看来，一方面这种敦实的风格与多里亚式的神庙建筑风格十分融洽，都是所谓僵硬风格的典型样本，另一方面，从跨文化的角度看，他们让我联想起佛教的很多造像，即呈高度程式化的样式，缺乏个性。

色林农特神庙C山花高耳戈陶雕

博物馆收藏的色林农特神庙C的残部还包括该神庙正面之上的山墙（tympanum）中的巨型陶制高耳戈之首浮雕残片。虽然保存下来的残片非常少、非常零散，但是考古学家们还是能参照其他地区的同类作品复原出原作的样子（图175—176）。复原图与叙剌古考古博物馆所藏发掘于旭卜拉的墨伽剌（Megara Hyblaea）的保存更完好的陶制高耳戈像高度相似，其造型是古希腊时代对神话中的高耳戈怪兽的艺术表现的经典的、常规的形象。我此前在叙剌古时错失了参观叙剌古的考古博物馆的机会，而今在巴勒莫的博物馆里第一次看到它时，心中隐隐觉得它非常违背我对希腊雕刻和绘画艺术中对神话人物、动物和怪兽的表现手法及风格的一般印象，反而觉得它在某种程度上跟中国商代青铜器中对动物或怪物的表现手法有些共同之处。反思我的这种感觉，大约是因为我以往深受德国浪漫派对古希腊的理想化的影响，一直把理想美和合理性当作是希腊造型艺术的根本特征，即便它所要表现的主题是神话中的怪物，例如陶瓶画和雕刻中的斯芬克司（Sphinx）形象，而叙剌古和色利努的高耳戈形象却是怪诞的、狰狞的，表达着某种更黑暗、更凶残的东西，反映了当代希腊神话学家伯克特（Walter Burkert）所论述的人类早期文明阶段嗜杀的人（homo necans）的恶魔般的凶残本性吧。

图175—176：巴勒莫考古博物馆藏色林农特神庙C山花陶塑高耳戈残片和复原图

博物馆中收藏的来自色林农特的保存完整的陇间壁浮雕还有来自神庙E的四幅。其主题分别是赫剌克勒与亚马逊女武士格斗（图177），宙斯揭开赫剌的头纱（图178），处女猎神阿耳太米为报复阿克泰翁偷窥自己洗浴而唆使他本人的猎犬撕咬其主人致他死亡（图179），以及雅典娜在众癸冈与众神的决战中手戮癸冈之一的嗯科拉多（Enkelados，图180）四个神话。同建造时间早于神庙E的神庙C的陇间壁浮雕相比，神庙E的这些浮雕已展现出比较成熟的古典风格了。具体地说，神庙E的浮雕，除了人物的面部和肢体形象刻画更生动、身材更匀称、细节更逼真等等这些非常直观的特征以外，还有这样一些需要仔细考察才能发现的特征：一是浮雕中的男性与女性通过衣着作出了明显的区别，男性几乎全都是裸体的，而女性则全都是穿着衣裳的。这个区别成为古希腊古典风格的雕刻以及绘画作品的通例：雕刻或绘画作品的主题无论是无名的男青年（ephebe），还是各位男性神明，都是裸体的，尤其是那种程式化的青年男子立俑（kouroi），都是全裸的；而女性神明中除了爱神阿芙洛狄忒大多是上身裸体之外，其他女神——比如赫剌、雅典娜、阿耳太米、胜利女神（Nike）、报应女神（Nemesis）等等——的雕像都是穿着裙裾的。这一点同文艺复兴以来欧洲近代艺术中的裸体

**色林农特
神庙E
陇间壁浮雕**

图177：巴勒莫考古博物馆藏色林农特神庙E陇间壁浮雕：赫刺克勒与亚马逊女武士格斗

图178：巴勒莫考古博物馆藏色林农特神庙E陇间壁浮雕：宙斯揭开赫剌的头纱

图179：巴勒莫考古博物馆藏色林农特神庙E陇间壁浮雕：处女猎神阿耳太米唆使猎人阿克泰翁的猎犬撕咬其主人

图180：巴勒莫考古博物馆藏色林农特神庙E陇间壁浮雕：雅典娜在众癸冈与众神的决战中手戮癸冈之一嗯科拉多

表现的性别差异截然相反。这一认识，我是后来到了希腊以后，看到了更多的青年男子、男神俑和雕像时，才更深刻地认识到的。

第二个特点是神庙E的这些陇间壁浮雕，每一幅都像是从一幕活的情景中截取的图像，借用当代关于摄影的术语说就是"抓拍"，而不像神庙C的浮雕那样，是静止的"摆拍"。神庙E的四幅浮雕中的每一幅都有人物甚至动物处在某种极度不稳定的动态之中，其中雅典娜大战癸冈那幅中的癸冈嗯科拉多和阿耳太米与阿克泰翁那幅里的阿克泰翁和他那条跳起来攻击他的猎犬，其把握运动中的人物或动物的所谓"有蕴含的瞬间"〔莱辛（G. E. Lessing）论群雕《拉奥孔》时说过的话〕之准确，令人叹为观止。在更一般的意义上说，这种从静态到动态表现的发展也符合艺术史家沃尔夫林在分析文艺复兴时期意大利雕刻艺术发展时所得出的结论。

在我看来，在这四幅浮雕中，雅典娜的那幅最让人印象深刻。可惜雅典娜的头部没有保存下来，然而即便有这样严重的残缺，这位女神的形象仍然让人无法忘记。她的裙裾是虚虚实实、错落有致的，呈现为几乎跟垂纹一样的飘纹状——文克尔曼曾把古希腊雕刻对衣褶的表现视为继优美的自然和高贵的轮廓之后古代艺术品中第三个突出的优点——虽然这是较早时期的古希腊浮雕乃至瓶画中雅典娜形象的经典样式，但是古希腊的艺术家却在这个经典样式的框架内把逼真和独创性发挥到了极致（图181）。虽然浮雕中女神的头部以及裸露的前臂已经遭到完全的破坏，但是隐约透露于她裙裾下面的双腿和裸露的双足就足以充分表现出女神的美，体现出雕刻家的艺术天才。尤其是那一双脚（图182），全侧面呈现的左足和正面踮起的右足为我们展示了什么是美的理想，什么是希腊式女子的足型，它们在人体静止和运动解剖学上是无懈可击的，在人体透视学上可以立作万世的楷模，它们仿佛就是对荷马所说的这位女神"因膏油而熠熠生光的一双脚"的最具有创造力的图解。如果文艺复兴时期的大雕刻家米开朗琪罗（Michelangelo Buonarroti，1475—1564）的名作《基督立像》中基督的膝盖号称价值罗马全城，那么这幅雅典娜浮雕中的女神的双足也可以说冠绝西西里岛所有古今造

图181：巴勒莫考古博物馆藏色林农特神庙E陇间壁雅典娜浮雕局部一：衣褶

图182：巴勒莫考古博物馆藏色林农特神庙E陇间壁雅典娜浮雕局部二：雅典娜的双足

型艺术作品。

除了这些不同时期的、来自色林农特的不同神庙的保存相当完好的陇间壁浮雕以外，还有两幅更为残缺的来自那里的神庙F的古晚期的陇间壁浮雕（图183），主题都是众神与癸冈大战，其中左边的那一幅表现的是雅典娜和酒神狄奥尼修斯，雅典娜的上身已经全然缺失，但是她的裙裾的衣褶样式和左脚（右足缺失）的样式仍能明白无误地表明她的身份。右边的那一幅表现的是雅典娜击毙一个癸冈，但是由于这一幅破损更为严重，雅典娜的造型范式特征就不那么清晰了。

图183：属于上古晚期的神庙F陇间壁浮雕，众神大战癸冈，左边的是雅典娜和酒神狄奥尼修斯共同作战，右边是雅典娜单独击毙一个癸冈

图184：巴勒莫博物馆藏来自阿格里真托和色林农特神庙的一些其他檐部残片，彩绘的花纹向我们透露了神庙的檐部等处原本是涂有重彩的

　　除了这些陇间壁浮雕，博物馆里还收藏有来自阿克剌迦和色林农特神庙的其他一些檐部残片（图184）和来自那里的地母圣所中的许愿祭祀陶俑。
　　由于博物馆的二层暂不开放，我在书中看到的馆中收藏的其他一些重要文物，特别是来自色林农特的青铜裸体青年男子立像，这次就只好成为遗憾了。至此，我在西西里岛上以品达为主线考察古希腊遗迹的旅行就结束了。其间被我错过的只是叙剌古考古博物馆等两三处室内考古博物馆，还有就是对于品达乃至古希腊考古有意义的几个次要的地方，例如东海岸的旭卜拉的墨伽剌、叙剌古和阿格里真托之间的各拉和卡马里纳，以及西西里岛北岸、巴勒莫东面的希墨剌等地。这些地方虽然也有古希腊时代的文物不断被发掘出来，但是由于除了希墨剌以外，地面成规模的遗迹或是几乎荡然无存，或是只有个别遗存却不成规模，所以都被我选择在此行中略过了。不过我在巴勒莫的参观并未随着古希腊访古的结束而结束，因为这座西西里第一大城市里还有很多精彩的中世纪和近代的古迹值得游览。既然我来到了这里，就不妨好好领略一番这座西西里名城。

2021年7月1日

从博物馆出来，时间已过正午，我拐进刚才来时经过的小巷，发现此前空无一人的露天餐馆现在已经是宾客满座了。而我此时也已感觉饥饿，再加上考虑到如果错过这个有很多餐馆的地区，不知道过后还能不能遇到这样方便就餐的地方，于是就在一家餐馆设在街上的凉棚下坐下，点了一份沙拉和一盘海鲜。在用餐期间，我又借机查看了随身携带的《西西里》书中关于巴勒莫的章节，策划着下午游览的景点。午餐后，我折回歌剧院前的街道，沿着马克达道（Via Maqueda）向东南方向一路走了下去。不久，街道就变成了步行街，街上的游人熙熙攘攘，连马路中间也搭着餐馆为供客人进餐而设置的阳棚，这是我在到达全球疫情中的西西里后，看到的最热闹的城市景象。

就在我一路目不暇接地观看沿街店铺、游人和建筑时，我发现我已经走到了一个相对宽敞的十字路口。一路上沿街的楼屋本来就越来越呈灰褐或者灰黄的颜色，等到了十字路口，这种看去古旧甚至脏乱的色调便愈发深重了，而且奇特的是，午后的艳阳非但没有让街边建筑的晦暗乃至肮脏变得明亮起来，反而衬托得它们益发阴沉了（图185）。记得歌德在他的《意大利游记》里曾经写道，巴勒莫街道尘土飞扬，还说当地人告诉他，街道肮脏的原因主要是每家每户都把垃圾倾倒在自家门口的街面上。这不免让人联想起鲁迅和周作人这两位周氏兄弟都曾提到过的旧时的北平，说二十世纪二十年代的北平居民还都把炉灰等垃圾倾倒在胡同口，久而久之，北平的胡同竟然几乎全都被垃圾掩埋了。这样看来，在现代化到来之前，中国和欧洲城市的垃圾处理大都是无人管理的，只是在中国，城市管理的现代化相比于欧洲要晚得多，周氏兄弟对北平城内卫生状况的批评，要过30多年后才被老舍在庆祝北京城市卫生治理的《龙须沟》中的赞扬所替代。联系歌德的描述，我猜想，巴勒莫的居民虽然今天大多不再像200多年前那样每家每户直接往街上抛那么多垃圾，可是它街道两边的楼屋上的污垢，应该是几百年来沉积下来的吧。无论如何，这种古旧晦暗的色调却并不让我感到压抑，反而使我产生了一种异常熟悉的感觉，甚至比我在卡塔尼亚的斯台西

图185：巴勒莫老城内马克达道接近四区广场的街景

库洛广场后面破败的街区所感受到的还要强烈，几乎就像我梦到过的故乡情景。因为这个十字路口，它的大致形制、色调和氛围，包括四个街口上方架起的霓虹灯拱券，给我留下的最初印象，让我想起了故乡天津和平路劝业场昔日的样子。在我小的时候，劝业场以及坐落在和平路与滨江道交叉的十字路口的其他三个街角上的老浙江银行、惠中饭店和交通旅馆的建筑，连同附近的光明影院等其他建筑，它们的颜色和氛围也同这里相似。只不过巴勒莫的这个街口四周的建筑，无论在历史、风格、精美和奢华上，都要远胜于我曾经十分熟悉的故乡的街边的建筑。

我此时站在这里的这个路口，是巴勒莫老城里著名的四区路口（Quattro Canti，图186—187），它的这个名称是由于巴

四区路口

2021年7月1日

勒莫老城的四个区——从西南角顺时针数起分别是阿尔贝加里亚（Albergaria）、塞拉尔卡迪（Seralcadi）、卡斯太拉马惹（Castellammare）和卡尔萨（Kalsa）——在这里交汇而得名的。不过它还有个更正式的名称，维聂纳广场（Piazza Vigliena），以纪念十七世纪初西西里在西班牙的阿拉贡王朝统治时期西班牙总督维聂纳（Marchese don Juan Fernandez Pacheco de Villena y Ascalon，

图186：巴勒莫老城中心四区广场的四角上四座相同建筑之一：西北角的建筑，其中下层的神话寓意雕像主题是夏，中层的历史人物雕像是西班牙国王腓力二世，上层的宗教圣徒雕像是圣宁法

图187：巴勒莫老城中心四区广场的四角上四座相同建筑之一：东南角的建筑，其中下层的神话寓意雕像主题是冬

1607—1610年间任总督）。令维聂纳广场或四区路口闻名遐迩的，是它周边的四座结构相同的建筑，它们都建造于1609—1620年间（建筑上的装饰性部分有些是后来改造的），是翡冷翠的建筑师拉索（Giulio Lasso）受当时新落成不久的罗马的四泉路口（Quattro Fontane di Roma，1588—1593年间修建，图188，图18）的设计的启发规划修建的。这四个街角的建筑在总体结构上是彼此相同的，它们之间的区别仅在于装饰细节及其所包含的寓意各有不同。首先，在总体结构上，这四幢巴洛克建筑的各个朝向广场或者说十字路口圆心的面都是凹形面，每个面都分为上中下三层，其中中下两层每层都由两根石雕圆柱（其实严格说是半含石柱，因为它们并没有完全独立于墙壁之外）——分别是伊奥尼亚式和多里亚式——或壁柱（上层）分割为左中右三面，其中各层里的中面都立有一尊人物雕塑；在这三层之上、与下面的雕像呈一垂直线的山花则是盾徽

图188：罗马四泉路口四角的建筑前脸下方均有一座泉水雕像（1588—1593年修建）（王艺煊 摄）

式浮雕，分别代表王家元老院和总督府。有意思的是，在意大利建筑史上，巴勒莫的四区路口的建筑设计似乎又反过来影响了之后（1638—1641年间）在罗马的四泉路口西南角修建的巴洛克风格的经典建筑四泉圣嘉禄堂（Chiesa di San Carlo alle Quattro Fontane，图18）的设计。但是无论罗马的四泉圣嘉禄堂与巴勒莫这里的四区路口建筑在风格上有什么相似之处，这里的四座建筑朝着四区路口中心的前脸上的雕刻、浮雕和其他装饰因素所具有的象征的和历史的寓意则是远更深刻的。这四座建筑的前脸上的这些装饰因素虽然风格一致，但是寓意却各不相同，然而它们合起来表达了一个统一的宗教、历史、神话和人文观念。具体地说，各个建筑的前脸的各层中，位于中间的雕像及其辅助装饰成分，在内容上都表现着从位于下层的自然向位于上层的天界的上升；其中各建筑的前脸中象征自然的最低一层的人物雕塑都站立在一座分为两层的半圆型喷泉雕塑上（图187）。从西南角顺时针数起，这些雕像所表现的分别是风神（Eolo），爱神（Venere）、谷神（Cerere）和酒神（Bacco），分别象征着春夏秋冬四季，他们立于其上的四座喷泉也各有不同的寓意，分别象征着巴勒莫的四条古代河流，俄惹陶河（Oreto）、科摩尼亚河（Kemonia）、潘纳里亚河（Pannario）和帕庇惹陶河（Papireto）；四个前脸上表现人世的中层内的主雕像不再是神话形象，而都是历史人物，依旧从西南角沿顺时针方向方向数起，分别是神圣罗马帝国皇帝兼西班牙国王卡尔五世（Carlo V / Karl V, 1500—1558年）、卡尔五世之子西班牙国王腓力二世（Felipe II / Filippo II）、腓力二世之子西班牙国王腓力三世（1578—1621年）和腓力三世之子、在艺术史上极为著名的西班牙国王腓力四世（1605—1665年）；最后，四面前脸表现天界的上层中间的雕像分别是四位基督教圣徒，依照同样的顺序，分别是出生地和生活时代皆不详的基督教早期圣徒圣克里斯蒂娜（Cristina）、出生于巴勒莫的圣宁法（Ninfa，316年殉教）和奥利维娅（Olivia，463年殉教），以及我此前在游览卡塔尼亚时已经提到过的出生在那里的圣亚加大。我在游览卡塔尼亚的马志尼广场时，还曾提到上海福州路和江西路口由汉弥尔登大楼等建筑组成的四角设计,可是若是同巴勒莫的这处最经典的四角路口建筑群相比,在远东的那一处在建筑的精美、用料的讲究,以及寓意的丰富和深刻方面,就不可同日而语了。

先导广场和先导大水法

沿着马克达道走过四区路口,位于四区路口西南方向的是戴蒂尼会圣若瑟堂(Chiesa di San Giuseppe dei Teatini),不过我现在不要进去,而是打算明天再回来参观。我今天要看的,首先是位于四区路口东南角的那座建筑后面的那个更著名的景点,先导广场(Piazza Pretoria,图189)。这个广场位于马克达道东侧,却高于街面约一米,在它上面几乎占据了广场全部面积的,是一座大型喷泉建筑先导大水法(Fontana Pretoria,图190—191)。天然的泉流从古希腊时代被人附会了神话故事、受人尊崇、受到诗人咏赞,到天然与人工的泉流成为近现代城市景观和城市规划的一部分,始终在欧洲文明中占据一个重要地位。我的这次西西里之行一路上看到的欧洲历史不同时期中留下的泉以及泉上建筑或遗址,可以说为西洋建筑史上泉水设施的设计和利用提供了一个系列图示。从俄耳图癸亚岛上的阿惹推撒泉(图90)到色林农特那座实为泉水建筑的所谓神庙M,从卡塔尼亚的主教座堂广场上十八世纪修建的象驮尖石碑喷泉(图35)到同一个广场一侧的水源充沛的阿墨纳诺喷泉(图43),从叙剌古的姹女泉(图102)到眼前的先导喷泉,我见识了传统西洋喷泉的完整建筑史。顺便说,在人们开始使用电力水泵作为现代城市喷泉的动力之前,意大利的能工巧匠们几百年来一直在利用流体力学的原理巧妙地设计泉水的流程来让泉水喷涌。这就难怪意大利十七世纪的科学家托里拆利(E. Torricelli,1608—1647)在水力学上率先取得重大突破了,因为意大利——暂且不论希腊罗马时代——一直有借助流体力引导水源的技术积累。无论如何,此刻出现在我眼前的,无疑是我此行中所见到的最豪华的喷泉建筑。称之为泉或喷泉可能都不如用乾隆年间中国第一次出现类似的设施时为它起的名字来得恰当,大水法,因为在我看来,大水法这个名词

图189：巴勒莫老城中心的先导广场或称耻辱广场，图中右边（南边）的建筑是元老院宫

图190：先导大水法（面朝西方），背后的教堂是戴蒂尼会圣若瑟堂

图191：巴勒莫老城中心的先导广场上的先导大水法（面朝东北方向）

能更充分地说明这一设施和建筑的气势和规模。

　　同它的规模相匹配的是，巴勒莫的这座大水法的建造历史也异乎寻常。它原本是在1554年由建筑师卡米利阿尼（Francesco Camilliani）为翡冷翠的美第奇家的柯西莫一世（Cosimo I de' Medici）的头婚妻托莱多的厄里奥诺剌女大公（Granduchessa Eleonora di Toledo）设计修建的，然而建成后女大公的兄弟、第一任西西里总督兼巴勒莫知府加耳西亚（García Álvarez de Toledo y Osorio）出面干预，让巴勒莫市买下了这座大水法，并于1581年将它拆卸后自翡冷翠迁移至此。十六世纪著名的艺术史家瓦萨里（Giorgio Vasari）曾对这座大水法建筑作出过很高的评价，说它是座"令人为之屏息的喷泉，在翡冷翠甚至可能在全意大利都找不出第二个"。

　　我沿着广场临街的台阶拾级而上，整座喷泉连同喷泉低层的水池、水池下的两层台基、环绕喷泉低层水池的各种人物雕像（总共有48尊），以及喷泉主体的三层石托盘，便映入眼帘了，而我一时以为，这就是这座建筑的全部。大水法建筑的主体，连同那些石雕，都是汉白玉的，在午后的艳阳下，那些雕像闪耀着象牙一般的光泽。然而遗憾的是，围绕着整座建筑立起了一圈铁栅栏，让游人无法沿着石阶走上喷泉的两层台基，就近观赏泉水池和周围的雕刻。另一个让人遗憾的地方是，大约由于是在旱季，喷泉中心的雕像柱只有极少量的水流出，隔着铁栅栏在底下望去，不仔细看甚至都看不到，完全没有喷涌的景象，同我多

图192：罗马的三岔口大水法

年前在罗马看到的澎湃汹涌的三岔口大水法（Fontana di Trevi，图192）不可同日而语。由于不能接近喷泉的水池，我只好在广场上绕着它的台基参观，粗略地看出这个喷泉建筑在结构上是由数个同心圆构成的，最底层的圆最大，是喷泉建筑的第一层台基，然后是面积小于它的第二层基座，最后是泉水池的边沿。从一层到第二层的台基，有四个通道，在平面图上两两相对，构成喷泉的圆形台基的两条直径线，彼此呈90°关系，其中从一层台基到二层台基的四个通道，都有配着汉白玉扶手栏杆的宽敞石阶，通向一层台基的石阶上对着这四个通道的两侧扶手栏杆的位置，也分别立着代表门柱的汉白玉基座，每道扶手栏杆的上下两端和这些作为门柱的基座上，除了在个别位置上缺失以外，都立有雕像。在一层基座的内沿、位于两个石阶中间的位置上，各有三个人物为一组的石雕像群。这些石雕像的主题大多是古罗马神话中的神与英雄，有酒神、交通神、阿波罗、赫刺克勒等等。这些雕像大多是裸体雕像，作为文艺复兴时期的作品，这本不足为怪。然而这座喷泉的地址原本是一座修女院（San Domenico al Maglio）的财产，后来被西西里总督强行收购——巴勒莫市元老院也参与其中，元老院就在广场南边的元老院宫（Palazzo Senatorio，图189）里——，再加上为购买这座原本为翡冷翠建造的大水法建筑，巴勒莫人支付了很高的价钱，就这样，对宗教情感的冒犯和政治上的腐败，再加上大水法安置后用于维护的费用不菲，所以本地人后世都把这片广场称作耻辱广场（Piazza della Vergogna）。

歌德的批评

不过，无论裸体雕像和政治腐败耻辱与否，我此时对这座建筑的直接观感并不是很好。既然我无法登上喷泉的台基近距离参观，那些汉白玉石雕像对我来说就是最能代表它的艺术水平的部分了，而这些文艺复兴后期的雕像（有个别雕像是后来补建的）如果以文艺复兴时代雕塑巨匠多那太罗（Donatello，约1386—1466）或米开朗琪罗等人的作品为标尺进行衡量的话，其水平就明显低劣得多了。它们全都缺乏个性与生动，造型比较程式化，有些雕像甚至人体解剖比例看上去也不太正确，在艺术史上，它们属于做作派（manierismo）而非文艺复兴盛期的风格。实地观看了这些雕像，也就难怪在1787年4月初到达巴勒莫游览的歌德曾经对这座广场上的建筑，特别是先导喷泉，作出过以下这样严厉的批评了：

> ［巴勒莫的］建筑风格大致与那波利相似，可是其公共纪念性建筑，例如喷泉，距离良好的趣味就愈远了。这里没有罗马那里的规范创作的艺术精神；只是出于偶然，建筑才保留了形态和实体。一座令全岛人都惊叹的喷泉原本几乎就不会存在，要不是西西里出产美丽多彩的大理石的话、要不是有一位擅长刻画动物形象的雕刻家那时无意要惠赐的话。在一片不很大的广场上坐落着一座圆形的建筑，都没有一层楼高，基础、侧壁和饰带都是彩色的大理石凿成的；在侧壁上并列分布着许多龛，从中有各种用汉白玉雕成的动物延颈探出头来：马、狮子、骆驼、大象交替出现；人们很难会想到在这样一圈万牲园后面会有个喷泉，从它的四面，有大理石阶穿过故意留出的［石兽］孔洞引向喷泉，好把供给丰富的水扬起来。

关于大水法的喷泉装置，歌德这里着重谈论的，是它的两层台基之间的水池以及第二层台基外壁上的石龛连带着置于其间的作为喷水口的石兽头。可是如今由于游客被铁栅栏阻挡，无法登上喷泉的台基，站在广场的地面上，不要说这些石兽，就连那个位于两层台基之间的环形水池也几乎是完全看不到的，这实在令人惋惜！我是在下午稍晚的时候，意外地获得了从高处俯瞰并且拍摄这座大水法的机会，才得以更全面地欣赏这座建筑的美和巧妙，才得以印证歌德《游记》中的记载（图204）。不过，即便是从高处俯瞰，我也没能用肉眼直接看到喷水的兽头，而是要等到晚上，在整理一天里拍摄的照片时，把照片放大后，才看到隐藏于大水法的二层侧壁之下的那一排延颈吐水的兽头（图205）。不过，公平地说，受到歌德批评的喷水石兽头，在西洋建筑史上虽然早在古罗马时代就已有了雏形，但是像这样成规模地把各种动物雕像组合起来用作喷泉泉眼的设计，在西洋大水法建筑史上是有开创意义的。这一喷泉营造法式影响之深远，甚至可以从远在中国的圆明园中看到。十八世纪意大利国耶稣会士郎世宁（Giuseppe Castiglione）和法国耶稣会士蒋友仁（Michel Benoist）为乾隆皇帝设计修建的圆明园中的大水法上的十二生肖吐水青铜兽头，正是继承和移植了这一西洋文艺复兴时期喷泉建筑的经典设计。圆明园毁于英法联军入侵北京的兵燹，而对园中包括洋为中用的大水法在内的中西式各样建筑的毁灭负有主要责任的英寇渠魁额尔金伯爵八世（Sir James Bruce, the 8th Earl of Elgin）竟然就是曾将雅典的处女神庙上的石雕掠至英国的那位额尔金的儿子，不得不说若论摛玉毁珠焚琴煮鹤，很少有谁比得上这个专擅盗宝家族的父子俩了。

圣迦塔尔德堂

我在先导广场和周边盘桓了许久，才朝着南边与广场一街之隔的两座相毗邻的教堂走去，即水师提督的圣玛利亚堂（Chiesa di Santa Maria dell'Ammiraglio或者Chiesa della Martorana，图193）和圣迦塔尔德堂（Chiesa di San Cataldo，图194）。这两座教堂都位于贝利尼广场的南边，然而教堂所在的地面要高于广场以及周边的街道约3—4米，这段高出的地段其实是布匿（即迦太基）时代巴勒莫的古城墙。此时我站在贝利尼广场上，首先可以清楚地看到圣迦塔尔德堂带有伊斯兰风格特色的四四方方的石砌的主体建筑（Kububau），从我的角度所能看到的教堂的北面和作为教堂前脸的西面上都辟有顶点逼近外壁上端的拱券饰带——在建筑学上，这种徒有其表（只有仅供装饰的饰带）却没有拱洞的式样叫作无目拱廊（arcata cieca / Blendarkade）——，其中西面作为教堂的正面有三个无目拱券，北面有四个。不过，虽然它们都算是无目拱券，但是拱券之内的上方还是开辟有窗户的，其中西面也就是正面居中的拱券下段还辟有正门，北面最靠西的拱券下端辟有旁门。主体建筑的上沿有装饰性的檐部（Cornice / Gesims），檐部上刻有所谓库法体阿拉伯文（cufico / kufische Schrift）饰带。这些风格因素使得这

图193：巴勒莫老城中心的水师提督的圣玛利亚堂

图194：巴勒莫老城中心的圣迦塔尔德堂，教堂所处的高台本是迦太基时代古城墙遗址

座教堂的主体给人一种更接近诺曼城堡建筑风格的质朴无华的感觉（参见图61）。在教堂主体建筑的顶上有三个橘色的圆球体，是这三个球体为整座建筑增添了一种奇特的感觉，因为它们看上去就仿佛是一座石砌的古朴建筑的屋顶上顶着三个只有当代建筑才有的太阳能热水器之类的设备似的。相比之下，它后面的水师提督的圣玛利亚堂更像是一座典型的哥特式建筑，虽然它朝北方向的正门显然

是在巴洛克时代添加的。我穿过广场，沿台阶登上两座教堂所在的高台，发现位于东侧的水师提督的圣玛利亚堂每天开放时间只到下午1点，而此时时间已过，教堂已经关闭，我无法进去参观，所幸它对面的圣迦塔尔德堂还是开放的。我于是买了票，从朝北的那道颇为低矮的侧门进入了教堂。

圣迦塔尔德堂是巴勒莫的阿拉伯–诺曼风格时代最后修建的圣堂之一，建造于十二世纪中叶以后的1154—1160年间，教堂的缔造者是继承了罗杰二世（Ruggero II di Sicilia）的西西里第二任诺曼朝的国王威廉一世（Guglielmo I di Sicilia, 1120—1166年）的水师提督达巴里（Maione da Bari）。达巴里是长筒靴形状的意大利半岛的后跟部位地区阿普利亚（Apulia）人，巴勒莫的这座教堂在建成20年之后，便以这个地区所奉的天主教圣徒迦塔尔德（Cataldo）的名字来命名了。进入教堂后，我对它的最初印象是内堂的古朴风格，跟这里比起来，连俄耳图癸亚岛上同属于诺曼时代的主教座堂都显得精雅了许多。同俄耳图癸亚的那座由雅典娜神庙改造的罗曼式教堂不同，圣迦塔尔德堂内的主堂是穹顶式的，我刚才在外面看到的长方体教堂主体的屋顶之上顶着的那三个橘色的球体，其实就是教堂内的中殿之上的三个突角穹顶（trompa /Trompe/ squinch arch，图195）。教堂内堂是由两排相对纤细的复合式哥林多立柱分别出中殿和两侧的侧殿的，而每根立柱都负责托举彼此呈90°角的四个方

图195：圣迦塔尔德堂内的突角穹顶

向的拱券，从而使得这座石砌教堂内部呈现出近似有十字交叉拱肋（Kreuzrippe）的更经典的哥特式教堂内部的轻盈感，这也同俄耳图癸亚的教堂内部分别中殿与侧殿的方形切边的非古典式立柱以及其上的实体石墙的沉重风格不同。作为阿拉伯-诺曼时期修建的教堂，这座建筑在后世也难免经历改建。在1787年之前，这座教堂在历史上大部分时期里归本笃会（Benedettini di Monreale）托管，但是到了十八世纪，这座建筑却遭到当时的人们依照时下流行的审美趣味的改造，被改造为新古典风格，而且不再是教堂，而是变成了邮政局。直到十九世纪后期，才被擅长古建筑恢复的建筑师帕特里科洛（Giuseppe Patricolo）完全改回它的阿拉伯-诺曼风格的原貌。经过这次复古改造，我们如今在教堂内部看到的突角拱顶、马赛克地板、祭台、以及教堂内毫无装饰的古朴石壁，都保留了十二世纪建筑的原貌（图196）；在教堂外部，后世增添的附属建筑都被拆除，让它得以完全呈现出我刚才在外面看到的历史原貌。此外，这座历史建筑的宗教功能也得到恢复，它已经不再是邮局，现在它归成立于十二世纪、曾参加过十字军东征的耶路撒冷圣墓骑士团（Ordine

图196：圣迦塔尔德堂内的祭台

equestre del Santo Sepolcro di Gerusaleme）所有，教堂内祭台上悬挂的耶稣受难像以及其后的窗上悬挂的十字架，都是该组织用作团徽的所谓耶路撒冷十字。

耶路撒冷十字

圣加大肋纳堂

从圣迦塔尔德教堂出来，我回到贝利尼广场，朝广场北边的教堂圣加大肋纳堂（Chiesa di Santa Caterina d'Alessandria，图197）走去。同我刚刚参观的圣迦塔尔德堂相比，这座教堂的红砂岩前脸在建筑风格上几乎可以说貌不惊人，它的正门高于广场地面约2米多，由一座朝左右两个方向等距下降的有石栏杆围起的石阶连接地面与入口。拱形的正门为两侧的混合式圆浮雕半含立柱和其上托举的额枋石上的装饰浮雕圈起来，额枋石浮雕之上有一个古典风格的龛，

图197：巴勒莫老城内的圣加大肋纳堂的文艺复兴后期风格的前脸

248　　　西西里访古纪行

中间站立着教堂因之命名的四世纪初殉教的圣贞女亚历山大城的圣加大肋纳（Caterina d'Alessandria，约278—305）雕像。正门两侧分布着两组两根一组的哥林多风格的壁柱，然而在前脸的上层，就只有靠内的那两组壁柱延伸上去，而且它们中间所夹的不再是门而是窗。上层之上还有一个阳台，阳台之上才是檐部，但是由于阳台铸铁栏杆的遮挡，我站在贝利尼广场上看不太清檐部的细节。在檐部的中间位置上方，有一个圆形的卷筒式（cartuccia）装饰，由象征受难的棕榈叶、代表贞女所遭受的酷刑的刑具带齿转轮、象征纯贞的百合，以及代表圣女遭到斩首殉教的剑锋等浮雕元素组成。在随后登上这座教堂的穹顶上面后，我才意识到，我此前在先导广场的大水法后面看到的有穹顶的教堂建筑，原来就是圣加大肋纳堂的西门脸，而那个门脸在建筑风格上，同对着贝利尼广场的这个正面门脸大同小异。在整体上看，同属于文艺复兴晚期风格的贝利尼广场上的这个门脸以及西面位于先导广场后面的门脸在装饰性方面可谓极为简约了。然而让我没有料到的是，教堂内堂却极尽奢华繁复之能事，属于巴洛克顶峰时期的风格，同教堂简约的外观形成极大的反差（图198）！

圣加大肋纳堂内堂的繁复装饰是用混合大理石镶嵌（tramischi）、灰墁（stucchi）和彩绘壁画交错完成的，主祭台更是用玛瑙等宝石制成的，而且还或镶或错以镀了金的黄铜，十分奢华，这种奢华效果尤其因为祭台两侧包银的天使木雕闪耀的银色而得到增强（图199）。主祭台的这种制作工艺，应该就是中国人所谓的景泰蓝，在欧洲叫作cloisonné，最初都起源于古代的拜占庭。教堂内堂只有中殿，不像多数这个规模的教堂那样有主殿和侧殿。横亘于中殿和祭坛部分之间的横殿中部的上方是教堂的穹顶。内堂虽然没有中殿，但是在中殿的两侧各辟有三个小礼拜堂，横殿两端也各有一个小礼拜堂，其中横殿右端的小礼拜堂里供奉着教堂因其而得名的亚历山大城的圣加大肋纳（图200）。

由于教堂里包括天顶壁画在内的各个部分中的装饰因素极度繁复，要想在此对它们一一详细描述是不可能的。对于一个参观过

2021年7月1日 | 249

图198：圣加大肋纳堂的巴洛克风格的内堂和天顶壁画

图199：圣加大肋纳堂内玛瑙错金黄铜"景泰蓝"祭台，祭台两边各有一尊镀银天使木雕像

图200：圣加大肋纳堂内位于横殿右端的小礼拜堂，神龛里的雕像是圣加大肋纳

罗马的圣伯多禄（圣彼得）教宗圣殿的游客来说，巴勒莫的这座教堂之所以让人印象深刻，并不是由于它整体上的艺术水平有多么高超——虽然它已经可以藐视世界上绝大多数教堂的艺术水平了——而是由于它那属于反宗教改革时代风格的巴洛克式的繁缛。为了达到这样的繁缛，其背后要有多少匠人的才华和手艺以及多少财富的投入，想一想都会令人钦慕不已、惊叹不已。绘制了这里的天顶壁画的画家们，雕刻了众多基督、圣母和圣徒雕像和浮雕像的雕刻家们固然谁也比不上拉斐尔或者米开朗琪罗，然而没有像帕尔马（Andrea Palma）、加吉尼（Antonello Gagini）等许许多多不那么知名的匠人们贡献才华，没有人民的虔诚和他们的财富的投入，没有弥漫于意大利历史和社会中的对造型艺术的审美和对艺术的尽善尽美的永无止境的追求，又如何能产生那些文艺复兴时期的顶级大师呢？

　　参观了内堂、横殿和祭台与唱诗班区域，再转身看我由之进入的教堂前脸的内面，我看到在有大理石螺旋石柱支撑的拱券之上有

图201：圣加大肋纳堂的正门里面

一层跨殿横廊，然而我却没看到在这个位置上最常见的管风琴（图201；教堂里有两架十八和十九世纪制造和安装的管风琴，都在唱诗班区域，后来我来到跨殿横廊上，还看到一架很小的管风琴）。走到横廊下面，我向左转沿刚才进来的侧门出去，从侧门里面，顺着楼梯登上与教堂正殿平行的属于修道院二层的大厅，再从大厅沿一条狭窄的通道向东走，沿途可以参观昔日修女院中修女们居住的宿舍。然后沿着通道继续向西走，就走上了我刚才在教堂正殿里看到的跨越教堂入口处的二层横廊，在这里隔着铁栅栏可以从更高的角度观看教堂的内堂。随后沿着通道再向东走，就走出了教堂，进入了附属于教堂的修道院上面的露台。从这里向南可以俯瞰贝利尼广场以及广场南边的水师提督堂和与之并列的圣迦塔尔德堂的屋顶（图202）。不过这还不是游人可以登上的顶层，沿着一条位于教堂穹顶东面的狭窄的楼梯，我登上了更高的露台，从这里，就像我几天前在卡塔尼亚登上圣亚加大修会堂的穹顶那样，我可以绕着露台环视巴勒莫古城的天际线，远眺位于城市西北方向的名山佩莱格里诺山和位于城市东北方向的海面（图203）。虽然这样壮观的视野已足以让在酷暑中观光了一整天的我精神为之一振，仿佛瞬间驱除了一天里奔走的疲倦，然而这些还不是我所看到的最美妙的景观。最出人意料、最神奇的景观是当我绕到露台的西侧时，赫然看到下面的先导广场和先导大水法！从这个鸟瞰的角度，我终于得以领略我此前在先导广场的地面上无法见识的先导大水法的全貌（图204—205），并且借助相机的镜头，得以看清大水法水池中的细节。从这个角度俯瞰，米色和土红色交错的石台、四面对称的阶梯和对称布置的象牙色的雕

252 ｜ 西西里访古纪行

图202：从圣加大肋纳堂的穹顶外的露台上向南俯瞰贝利尼广场对面的水师提督的圣玛利亚堂（左下方）和圣迦塔尔德堂（右下方）

图203：从圣加大肋纳堂的穹顶外的露台上向西南眺望佩莱格里诺山

图204：从圣加大肋纳堂的穹顶外的露台上俯瞰先导广场和先导大水法

像同大水法二层和三层中间环形的水池里波光粼粼的绿水在几何构图和配色上呈现为一幅绝美的图画。我不知道歌德当年是否也曾登上这里，从这个角度俯瞰过先导大水法，我怀疑他没有，否则他对这座西西里第一泉的评价可能会更高些。

参观完圣加大肋纳堂已是下午4点多，接下来我想去位于罗马道东边的巴勒莫现代艺术博物馆（Galleria d'Arte Moderna Palermo）看看，虽然我并不期望

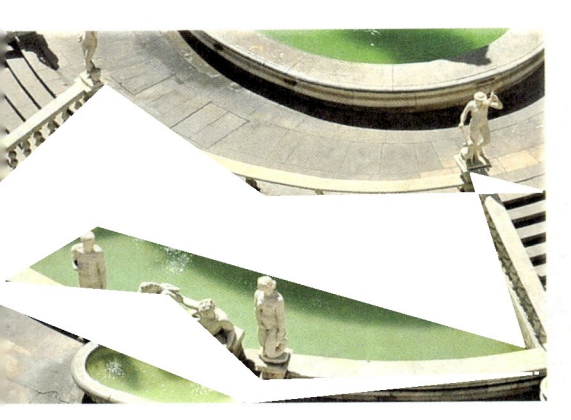

图205：先导大水法设置于第二层侧壁的喷水兽头

在那里能看到什么大师的杰作。博物馆位于原本附属于巴洛克时代的教堂慈悲圣亚纳堂（Chiesa di Sant'Anna la Misericordia，图206；建成于1632年，前脸在地震中倾圮后重建于1726年）的修道院。遗憾的是，我走到那里后发现，教堂和博物馆都已关闭，教堂前的菜市场此时也空无一人。至此我已经不想再步行去寻找更远处的其他景点了，于是我决定就此结束这一天的参观，这特别是因为我还要回到酒店附近的洗衣店赶在它关门前取出洗好的衣物，否则我明天就没有干净衣服穿了。我走回到罗马道街边，恰好看到有向北行驶的公交车站牌，便决定搭乘公交车而不是靠两条腿走路回去。就这样，我回到了酒店附近，先从洗衣店里取了洗好的衣服，带回了酒店，然后再出来到附近寻找超市，买些瓶装矿泉水、水果和酸奶，因为这一天的疲劳和酷暑已经让我失去了去餐馆吃一顿正式晚餐的欲望了。

图206：慈悲圣亚纳堂巴洛克风格的前脸

二〇二一年七月二日

尾声：巴勒莫（帕诺耳谟）

水师提督的圣玛利亚堂

我在西西里寻访品达踪迹的访古之旅在昨天就已经结束了，但是我在巴勒莫又待了一天。在这次西西里之行的最后一天里，我参观了数座独立的教堂和一座建在古堡内的教堂，再加上一个博物馆。巴勒莫的艺术和文化遗产极其丰富，我就是再多待上一个礼拜，也不可能都参观完。

一早起来，在酒店里用过早餐后，我便走向昨天由于闭堂而没能参观的水师提督堂的圣玛利亚堂。因为这次已是熟路，而且目的明确，所以很快就走到了。但是我来得太早了，到达时教堂还没开门，于是就先在附近的贝利尼广场周边遛达了一会儿，在朝晖中从不同的角度又欣赏了一遍圣加大肋纳堂、先导大水法等昨天已经参观过的建筑。就这样，我走了一圈回来，教堂就开门了。我随着不多的游人很顺利地进入了水师提督堂，参观这座历经千年沧桑、其间遭到过多次改建的巴勒莫的著名教堂。不过，虽然教堂的里里外外在历史上都曾遭到过多次改建，在改建中添加了很多彼此风格并不和谐的部分，但是它的内堂正殿仍然保留着富丽堂皇的拜占庭风格。拜占庭风格所特有的贴金镶嵌壁画让教堂的正殿看上去金碧辉煌，同教堂建筑已明显风化的石砌外壁形成强烈对比（图207—208）。拜占庭风格以涂料、彩绘、彩色石子、陶片和玻璃镶嵌等平

图207—208：巴勒莫水师提督堂内穹顶上的拜占庭时期的镶嵌画和壁画，图207中正中的圆室部分的壁画是巴洛克时代绘制的，图208是侧殿穹顶上的拜占庭风格彩绘装饰

面装饰为其基本表现和装饰手段，虽然由于大量使用金箔甚至宝石而显得富贵炫目，但由于其造型手法主要依赖线描，在本质上仍属于古朴风格。除了拜占庭时代遗留下来的主体部分，水师提督堂内堂里后世增添的部分主要是巴洛克风格的，而且在细节上同圣加大肋纳堂内的风格如出一辙。这种以繁复卷曲的叶纹、花纹、衣纹浮雕为特征的巴洛克风格和以平面装饰为主的拜占庭风格分别代表了古代之后拉丁化的西方与希腊化的东方在艺术发展上的两条截然相反的道路。我们可以说，位于西方的意大利人继承和光大了古希腊人在雕刻和建筑艺术上的成就，无论是文艺复兴时期理想化的造型还是巴洛克时期做作派的造型，都始终保持着立体的、三维的造型传统，哪怕是在绘画中，也通过透视法、明暗法和艺术解剖学的运用力图在平面里营造出三维世界的幻觉；相比之下，作为希腊文明"嫡子"的东方拜占庭风格却仅仅继承了在今天的古希腊神庙建筑遗址中已基本消失了的彩绘、陶彩和马赛克壁画的技巧，全然放弃

或者遗失了古希腊人在神庙建筑、雕刻和浮雕中杰出的三维造型能力。在这种意义上说，诗人荷尔德林在他后期的诗歌中所表达的希腊文明西移说在造型艺术领域还是颇有道理的。

戴蒂尼会圣若瑟堂

从水师提督堂出来，我随后向西过街去了四区路口西南角的戴蒂尼会圣若瑟堂（图209）。这座教堂兴建于1612—1645年间，由出生在意大利北方萨沃纳（Savona）的建筑师贝西奥（Giacomo Besio）设计。教堂的内堂多使用镀金的浮雕装饰花边，用以镶嵌壁画等其他装饰因素，中殿和侧殿的伊奥尼亚式立柱都是用整块大理石雕凿成的（图210）——顺便说，在中国境内的西洋建筑里，据我所知，唯一有整块大理石雕凿的立柱的是上海外滩原汇丰银行大厦，其大堂内一共有四根整石雕成的伊奥尼亚式堂内立柱，用以雕凿石柱的石料都是从意大利进口的（图211）。

图209：圣戴蒂尼堂南面临街的正门
图210：圣戴蒂尼堂的巴洛克风格内堂
图211：上海外滩原汇丰银行大厦内部用从意大利进口的整块大理石雕凿成的伊奥尼亚立柱

博洛尼亚广场

我进入戴蒂尼会圣若瑟堂后发现,教堂里面正在做礼拜,观光客不便在教堂内走动打扰教堂正常的宗教活动,我于是只好站在后殿的位置,悄悄地观察教堂的内堂。由于不便仔细参观,我没有在这座教堂里逗留很久,而是很快就出来回到了街上。此时,我站在东西方向横穿四区路口的厄玛奴耳道(Via Vittorio Emanuele)路边上,打算沿着这条街向西走,去参观西边不远处的巴勒莫的大主教座堂。可是没走多远,我就被一个位于路南边、中间立着一尊全身铜像的广场吸引住了,于是便在此驻足观看了起来。这个广场叫作博洛尼或者博洛尼亚广场(Piazza Bologni或Piazza Bologna,图212),建于1566年,广场的名字来自十六世纪一个本地望族的氏名。这个贵族家族曾经出过一个著名诗人,本名叫作安东尼奥·贝卡代利(Antonio Beccadelli,1394—1471),但是作为一位主要用

图212:巴勒莫老城中心区的博洛尼亚广场,前景是卡尔五世雕像

拉丁语写作的诗人，他在历史上以巴勒莫的拉丁古称巴诺耳摩人（Il Panormita）这个绰号知名。在巴勒莫长大以后，他永久地告别了西西里，先是在意大利各地求学，后来长期在南意大利的都会那波利服务于阿拉贡王朝的阿方索五世（Alfonso V）及其继任者斐迪南一世（Ferdinando I），直到去世。博洛尼亚家族中另一位显赫的成员是诗人的堂弟西蒙内·贝卡代利·地·博洛尼亚（Simone Beccadelli di Bologna, 1419—1465），他成为巴勒莫的大主教，参与过确立了在其后几个世纪里规范西西里立法和司法程序的宪法性文件，还从教宗尼各老五世（Papa Niccolò V）那里赢得了教廷对巴勒莫教区升格为大都会教区的批准。有些讽刺的是，虽然我眼前的广场是以博洛尼亚家族命名的，可是广场上的铜像人物却与这个家族无关。铜像表现的是神圣罗马帝国皇帝、来自哈布斯堡皇族的卡尔五世（Karl V），他因为在1516年至1556年期间兼任西班牙国王而拥有西班牙的阿拉贡王朝统治下的西西里和那波利。雕刻家沃尔西（Scipione Li Volsi）制作这尊铜像原本是打算立在不远处的四区广场上的，后来在1631年，也就是博洛尼亚广场建成近一个世纪之后，才改立在这里。由于Carnabuci的《西西里》书中没有提到这个广场，所以我来到这里参观纯属偶然。然而在这看似偶然的邂逅里，却包含着某种诗性的逻辑。巴勒莫老城的中心地带到处都是几百年的古老建筑，在这些各有特色的亭台楼宇中，这座广场特别吸引我的注意、让我驻足欣赏的地方，并非是屹立在广场北边靠着厄玛奴耳道的卡尔五世铜像，而是位于广场西边一座看上去十分破旧，然而当初必定十分奢华的宫府。这座宫府叫作维拉弗兰卡的阿利亚塔宫府（Palazzo Alliata di Villafranca，图213），它原本是广场因其得名的博洛尼亚家族所出的巴勒莫大主教博洛尼亚的西蒙内·贝卡代利的宫府，由于这个家族后来乏嗣，才于1640年出售给了原本居住在意大利半岛中部的托斯卡纳地区（Toscano）比萨城邦的意大利最古老的贵族之一的阿利亚塔家族（Alliata）在西西里的支脉维拉弗兰卡家族（Villafranca），并因此一直以它的次任业主的姓氏命名。维拉弗兰卡宫府直到1984年才被它的合法业主阿利亚塔家族后裔的遗孀赠予

维拉弗兰卡的阿利亚塔宫府

了巴勒莫大主教区，如今已被改造为博物馆。博物馆开放的时间似乎不太规律，我此时不巧正碰到它闭馆，没能进去参观这座宫府的内部结构和里面收藏的来自弗莱芒（Flanders）的巴洛克画家凡·戴克（Anton van Dyck）等大师的画作。这座宫府虽衰败却难掩的往日奢华，在我看到它第一眼时就深深地触动了我。我注意到，它的凋敝同我此前在卡塔尼亚看到的破败街区不同，因为后者的破败是属于平民的，而我眼前的这座宫府的破败却是属于没落贵族的。如果一定要拿我在卡塔尼亚看到过的古旧建筑与它相比，那么卡塔尼亚的马志尼广场周围凋敝的四座宫府勉强可以说与它有些相像，只是巴勒莫的这一座要远更奢华。

图213：巴勒莫的博洛尼亚广场西边的阿利亚塔-弗朗宫破败的大门和族徽（族徽下的纪念牌是后来加上去的，纪念加里波第曾在此下榻）

无论如何，是这座由著名的建筑师瓦卡里尼设计的宫府的昔日奢华与当下的悲惨之间的强烈对比，让我对它产生了强烈的兴趣。站在它前面，此时我脑海里不由得虚构出昔日从这个豪门里走出来的人们可能有过的爱恨情仇、他们生前的显赫与身后的寂寞，以及他们身上承载的意大利文艺复兴时代的辉煌。我之所以会有这种虚构的冲动，是因为作为一个接受了传统训练的比较文学学者，我太了解从莎士比亚到维加（Lope Félix de Vega Carpio，1562—1635）、从拜伦到歌德那些戏剧诗人们是多么喜爱中世纪晚期和文艺复兴时期包括西西里在内的意大利的各个城邦或城市里豪族之内

韦伯斯特和亨利·詹姆斯

和之间的那些爱恨情仇的故事了。特别是有着英国文艺复兴时期第一悲剧之称的约翰·韦伯斯特（John Webster，约1580—约1632）的悲剧《马尔菲的公爵夫人》（*The Duchess of Malfi*）的素材就来自诗人"帕诺耳谟人"的孙子安东尼奥·贝卡代利·地·博洛尼亚和阿拉贡的斐迪南一世的庶生孙女阿拉贡的乔万娜（Giovanna d'Aragona, duchessa di Amalfi）之间的悲惨爱情故事。在剧中，为了惩罚乔万娜秘密再婚，嫁给地位过低的安东尼奥，使人杀害了自己孪生妹妹及其儿女的斐迪南公爵，最终自己也被自己所雇佣的凶手杀害了，临死前他叫道：

我的妹，哦！我的亲妹，这是事出有因的。
不管我们因野心、血债还是情欲而死，
就像钻石，我们都被自己的粉尘切割。

由文艺复兴时期的英国悲剧，我进而想到生活在十九世纪末二十世纪初、在纽约出生却归化了英国的小说家亨利·詹姆斯（Henry James，1843—1916）的名作《金钵》（*The golden Bowl*）。小说所讲的故事是典型的詹姆斯式的故事：一位来自美国巨富之家的天真的千金小姐玛吉·维耳沃为落魄的意大利贵族亚美利哥公子的优雅气质所吸引，接受了他的求婚。可是婚后不久玛吉发现，原来自己的婚事在相当大程度上是由家境贫寒的昔日女同学伙同自己这位意大利丈夫秘密策划完成的，而这位女同学与同样贫寒的意大利公子多年以来一直保持着隐秘的情人关系；双方的贫寒阻止了他们的合法结合，却促使他们共同设计出这样一个获得财富的阴谋。类似的情节也可以在詹姆斯的另一部名作《一位女士的肖像》（*The Portrait of A Lady*）中读到，只是在这后一部作品中，对应的三个主要人物全都是美国人，小说的主人公伊莎贝尔·阿彻错嫁的是一个长期生活在欧洲、已经意大利化的很有艺术气质的美国人奥斯蒙德，婚后不久她便发现，她与奥斯蒙德从恋爱到结婚，其过程也是在自己丈夫的秘密情人的推动下完成的。作为天真、能量、青春、新获得的财富的化身的来自美国新英格兰和东北地区的年轻小姐和代表着优雅、陈旧、心机和没落的意大利的男人之间的爱情与联姻，在詹姆斯的笔下，都符合这样一个模式，即二人的结合表面上都是由于女方把自己的爱好和幻想一厢情愿地投射到一个在她看来体现了意大利文化的男人身上而玉成的，而实际上却都是在她们没有财产的丈夫和他们同样没有财产的秘密情妇的精心设计下促成的。这些富有的小姐们仿佛飞蛾投火，成为她们自己对意大利文化热爱的牺牲品。这样结合的结果对于天真且跋扈的女方来说是令人失望的，然而她们也以此完成了人生从天真到世故的成长教育过程。从前我从詹姆斯的小说中读到的，并不超出这种成长教育小说模式的框架，在情感的向背上，也全盘接受了作者所预设的判断。而今，在读过它们的几十年后，当我站在这座破败的王公府邸前面时，我所感慨的，却是反面的道理。我在想，对于来自新大陆的小姐或者阿彻小姐们来说，要想亲身获得几千年来的文明的积淀，要想融入一千多年来延续的贵族血统，要想修炼出几个世纪以来才形成、才只在意大利形成的审美与趣味，一句话，要想接触历史并且融入历史，天真与财富大约是她们所能出得起的最高价钱了罢，虽然最终的结果难免含有一丝酸楚和无尽的失望，因为我们看到，即使付出了这样高的代价，新大陆的新富们却依然无法拥有意大利的"金钵"：

> 这个年轻人［按：即亚美利哥］直到今天还记得她在说这句话的时候，她的美丽看上去有多么异乎寻常地明晰——他找不到别的词来形容了。他也记得当时他受到激发时说出的话："我们被教导说，最幸福的政体是没有任何历史的政体。"
>
> "哦，我可不怕历史！"她对此曾一度十分确信。"如果你愿意，你尽可以把它称作不良的部分，你的这一部分肯定是十分凸显的。关于让我第一想到的——"玛吉·维耳沃又说，"还能是什么呢？它肯定不是你所说的什么未知的品质，你独特的自我。而是你背后的世世代代，那些蠢行和罪行，那些劫掠和挥霍，——那个邪恶的教皇，对，首先是那个怪兽，你的

2021年7月2日

家族图书馆里那些卷帙浩繁的簿册都是讲他的。[……]因此说，"她向他反问道，"要是没有你们的那些档案、纪年、丑闻，你会在哪里呢？"

的确，《金钵》中的这位意大利的公子不是他本人的个体，而是历史与文明的载体，然而维耳沃小姐们也不是她们自己，而是财富与美貌的租赁人。他们的区别在于，这位意大利公子背后的历史、教宗、档案、纪年、历代大师们为他们所作的雕像、画像，乃至全部漫长的古罗马、中世纪、文艺复兴、巴洛克等时代是不可复制的，是唯一的，其精神的高度是后人永远无法企及的，而维耳沃小姐们暂时拥有的财富与美貌却是可复制，而且是可以大量，甚至无限复制的。

眼前的这所破败的王公府邸还让我联想到了一生热衷跻身于贵族圈中的来自波西米亚的诗人里尔克。他最有名的贵族保护人图恩与塔克西斯－霍亨洛赫的郡主玛丽（Marie von Thurn und Taxis-Hohenlohe），就是像卡尔五世那样兼有奥地利和意大利的双重领地和封号的贵族。这位出身低微的诗人对自己生母的非日耳曼血统讳莫如深，作为补偿，却一直幻想和虚构他的父系有奥地利贵族血统。这种自我仇恨和自我欺骗扭曲了他的人生，却同时也带给他诗名和荣誉。在个人德行和人生的一般意义上说，他的自我欺骗是可悲可悯的，然而要是把他在小说《马尔特手记》等作品中所表达的对欧洲条顿贵族和封建文化的景仰放到一个更大的背景下考察，我们或许就会对这位诗人抱有更多的同情。里尔克也许不是一个现代派诗人，但是他的确直觉到，平均主义的民主制相比于欧洲中世纪的贵族封建制而言是不利于艺术的产生和存在的。其实非但是贵族封建制，哪怕就是最遭政治哲学家们贬斥的僭主制，如果僭主是相对开明且有人文主义倾向的，例如古希腊时代叙剌古的僭主希厄戎和阿克剌迦的僭主台戎，往往也要远比民主制或者其他类型的平民政权更有利于文艺。这也从另一个侧面——从政体演变的角度——为黑格尔著名的艺术衰亡论提供了论据："因此我们的现时代，就其一般状态而言，对于艺术是不利的。……在所有这些关系中，艺术就其最高定义这一方面而言，对我们来说是且一直是一种已经过去的东西。"

离开了卡尔五世广场，沿着厄玛奴耳道再往西走几步，就来到位于巴勒莫的蒙雷阿莱大教区大主教座堂，它正式的名称是新圣

巴勒莫新圣母主教座堂

图214：巴勒莫圣母南门加泰罗尼亚式拱廊

图215：中央圆室外部，建筑风格混合着诺曼、阿拉伯、西班牙哥特式和巴洛克风格

2021年7月2日 | 265

母主教座堂（Cattedrale di Santa Maria Nuovo di Monreale，图214—216）。这座主结构是诺曼式的规模庞大的教堂始建于诺曼王朝威廉二世统治西西里时期的1174年（具体时间学者们有争议），是在跟随威廉一世从今天的法兰西地区来到西西里的大主教瓦尔特（Walter Ophamil，传统上称作Walter of the Mill，盛年在1160—1191年）的主持下兴建完成的。大教堂原址此前大约是巴勒莫大清真寺，教堂建成后在1182年由教宗路爵三世（Papa Lucio III）敕令升格为蒙雷阿莱教区的主教座堂。但是由于后世不

图216：巴勒莫主教座堂正门（西门，在路右）及其一侧的钟楼，正门对面（路左）是大主教官，现为博物馆

断加建和改建，教堂十二世纪时的原貌在今天的大教堂外形上已是难寻踪迹了。比如传统上大教堂的前脸和正门在教堂的西面，这一部分现有的形态是文艺复兴时期的两位建筑师多米尼哥（Giovanni Domenico）和加吉尼（Fazio Gagini，1547—1569）设计的，呈现的是文艺复兴时期的风格（图216）。再有就是位于教堂南面的今日游客们进入教堂的主入口，其建筑风格是加泰罗尼亚哥特式的（Gótico catalán），修建于约1465年（图214）。但是这些十五到十六世纪的改建尚且可以说各有特色，虽然这些改建改变了教堂拜占庭-诺曼风格的原貌，然而新添的部分仍有其各自的艺术特色和优点。但是后

来的改建就非常有争议了。教堂在1767年的大地震中遭到了破坏，建筑师富迦（Ferdinand Fuga）在震后主持了修复工作。有些现代艺术史家把这次改建式修复称作是"灾难性的"，其中最突出的地方在修复后的教堂内堂，因为今天游客们所能看到的内堂可以说毫无特色，不仅难以同圣迦塔尔德堂内诺曼风格或水师提督堂内拜占庭风格的旧貌相比，而且也远逊于同属巴洛克时代的圣加大肋纳堂内堂的精致。结果是这座巴勒莫市内最大的、在教会中地位最高的教堂在建筑史和艺术史上的价值反而是比较低的，作为文物和景点远远比不上巴勒莫市内像水师提督堂、圣迦塔尔德等其他相对完整地保留了诺曼风格的古教堂。大教堂里更让我感兴趣的，是里面停放着的包括罗杰二世在内的西西里诺曼王朝的列王以及罗杰二世的外孙、神圣罗马帝国皇帝兼西西里王、来自诗人荷尔德林故乡施瓦本（Schwaben）的霍亨施陶芬家族的弗里德里希二世的石棺柩和他的皇冠。

诺曼王宫

从主教座堂出来，我继续向西走去。我的下一个目的地是诺曼王宫。这座王宫所在的位置是腓尼基/迦太基人于公元前八世纪最初建造的帕诺耳谟古城的最高处，原初的建筑是迦太基人古城墙上的城防戍楼。在阿拉伯人统治西西里的时代，这里成为西西里首府的行政和文化中心。从九世纪起，这座戍楼成为西西里的埃米尔——阿拉伯最高统治者的称呼——的避暑行宫。1130年诺曼人驱逐阿拉伯人征服西西里岛之后（另一部分诺曼人已于34年前的1166年征服了英格兰），罗杰二世把它改建为王宫，因而这座建筑后世就被称作诺曼王宫或者诺曼人的王宫（Palazzo dei Normanni，图217）。不过此后这里随着西西里失去独立王国的政治与法律地位而逐渐式微了，直到十六世纪西班牙总督统治西西里的时代，才把总督府从位于城市东边沿海的基亚拉蒙蒂宫（Palazzo Chiaramonte）迁回到这里，诺曼王宫遂得以翻新修复。翻修时拆除了原诺曼王宫四角的四个戍楼，王宫的东面依照文艺复兴时期的风格加建了一个新的门脸。我从大主教座堂走过来，上坡抵达的便是这个门脸下的

图217：巴勒莫的诺曼王宫，建筑中间的部分保留着诺曼时代的原貌

大门。从这里进入王宫的东门后，首先看到的是一个文艺复兴时期风格的天井内庭，这也是在十六世纪的那次翻修中增添的（图218）。这个文艺复兴时期风格的天井内庭四面都是三层的敞廊，王宫内最主要的观光景点、诺曼王罗杰二世在位时建造的王宫礼拜堂（Cappella Palatina，图219—221）就位于北面敞廊后面。此时我看到游客们在门口排起了很长的队。由于疫情期间限制同时进入封闭空间的人数，我们要等到此时在礼拜堂内参观的人结束参观、从入口的另一边出去，才能被一一放行入内。

图218：巴勒莫的诺曼王宫内文艺复兴时期增建的三层敞廊内庭

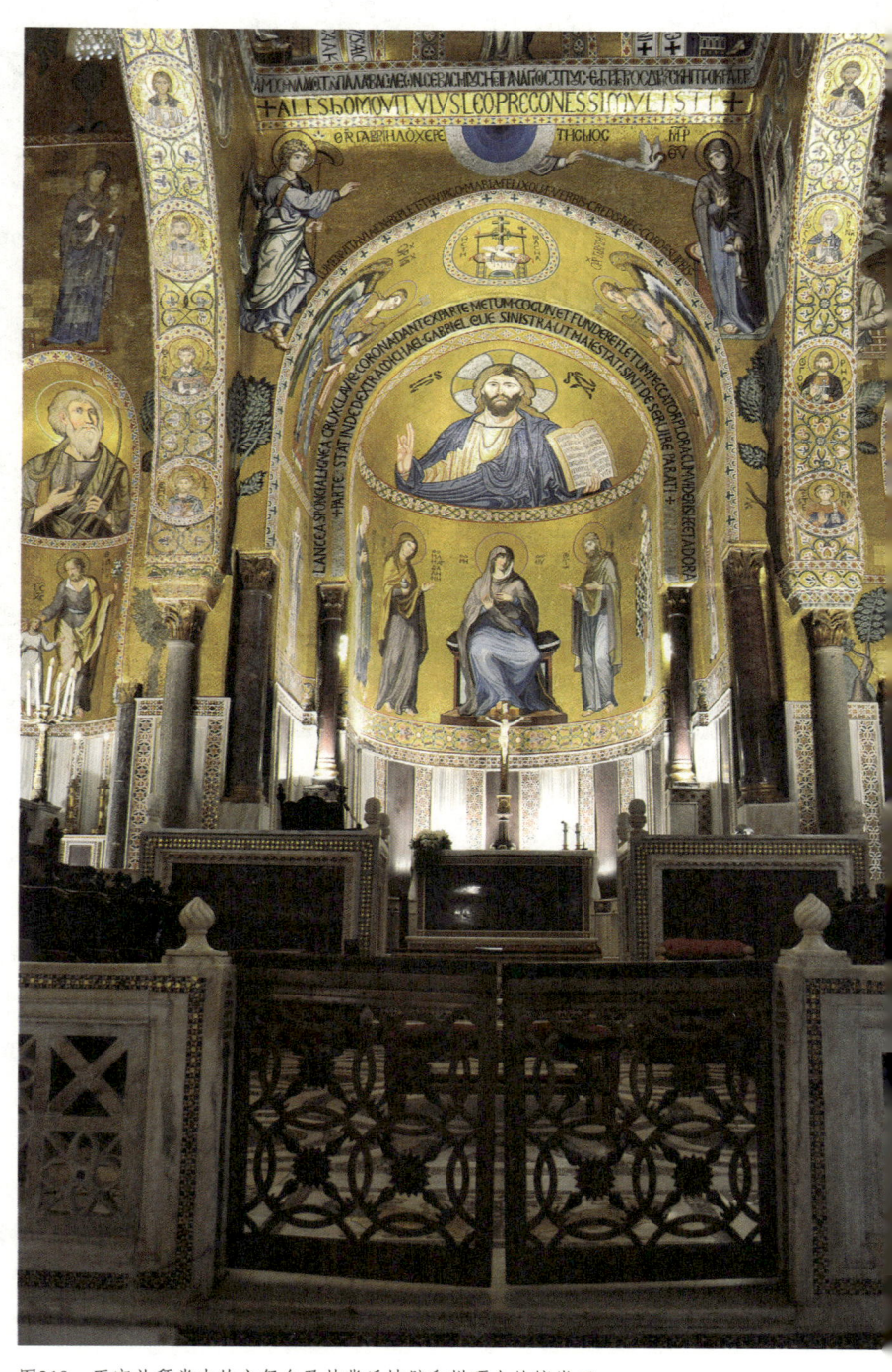

图219：王宫礼拜堂内的主祭台及其背后墙壁和拱顶上的镶嵌画

图220：王宫礼拜堂内伊斯兰的法蒂玛式屋顶

图221：王宫礼拜堂内的布道坛，图中最前面的木雕柱是著名的复活节烛台

王宫礼拜堂

等轮到我被允许进入时，走进王宫礼拜堂的那一刹那，我所感受到的震撼与惊异，超过了此前我在包括梵蒂冈的圣伯多禄教宗座堂在内的意大利任何一座教堂的体验。内堂里虽然有透过为数不多的镶有彩绘玻璃的窗子照进来的天光和已经改用电灯的壁灯和烛台光的照明，总体上仍然十分昏暗。然而这是一种弥漫着金光的昏暗，其色调跟伦勃朗的名画《戴金头盔的男子》颇为相像，因为礼拜堂内堂里的穹顶、拱券、立柱的柱头、内壁与侧壁的上部等属于教堂内上层建筑的部分，全都覆盖着镶嵌有金箔的彩画，这些金箔在幽暗中熠熠生辉，整体上远比我今天一早参观过的水师提督堂的拜占庭式正殿要显得更辉煌。在最初的纯感官的晕眩之后，游人们的注意力首先集中的地方都会是穹顶和穹顶圆座（tholobate）的内

壁、侧壁的上部以及立柱上面的拱券等在部分涂金的底子上镶嵌绘制的无数精美的人物画。这些镶嵌壁画中最早完成的是由拜占庭的匠人们于十二世纪四十年代制作的，它们都集中在教堂的或呈球形或为平面的屋顶部分和内堂横殿中，这些壁画的题材主要都是希腊东正教的教父们，壁画中人物的身旁表示人物身份的题词大都是希腊文。其余的镶嵌壁画完成于十二世纪六十到七十年代，人物身旁的题词使用的是拉丁文。

拜占庭风格并非是王宫礼拜堂内唯一的风格因素，它的内殿之上的天花板采用的是木质的伊斯兰波斯风格的法蒂玛风格的蜂窝檐口（也译作"钟乳石檐口"，图220）。我对于中国的伊斯兰建筑了解不多，但是就我所去过的内地和新疆的清真寺而言，从未见过这种建筑元素。无论如何，这个设计同教堂内的整体风格不仅并无任何龃龉之处，甚至可以说是天作之合，因为虽然这个法蒂玛天花板是木质的，但是由于表面鎏金彩绘，所以在效果上同教堂天顶其他部分的拜占庭风格的贴金镶嵌彩绘十分统一。

结束了王宫礼拜堂的参观，我匆匆看了看王宫内其他拜占庭诺曼风格的走廊和现用作西西里地区议会厅等军政机构办公用地的十八世纪风格的厅堂，便离开了诺曼王宫。从诺曼王宫里出来，我朝着王宫南面的另一处景点独修者若望堂（La chiesa di San Giovanni

独修者若望堂和修道院

图222：独修者若望堂，建筑风格为含有阿拉伯因素的早期诺曼风格

degli Eremiti，图222）走去。不过，与其说它是一座教堂，不如说这里是教堂和连带的修道院的遗址。诺曼征服者罗杰二世在西西里称王获得教皇伊诺曾爵二世赞许之后，他便创建了这所西西里首个罗马天主教修道院，修道院的教派属于本笃会下面的处女峰修会（la Congregazione verginiana）。而今，修道院和教堂早已不再有任何宗教职能，而是成为一处观光景点。由于同属于诺曼征服时期的建筑，这座教堂的塔楼看上去同圣迦塔尔德堂的风格极其相似，都是带有浓烈阿拉伯风格因素的诺曼-拜占庭式建筑。塔楼四面上的无目拱券，还有塔楼和主体建筑上面的红色球形拱顶，都与圣迦塔尔德堂如出一辙。由于不再具有宗教职能，教堂内部如今没有任何陈设，没有壁画等装饰（内壁原有壁画只存有几乎完全看不出的一些痕迹），也没有当代人设置的祭台。但是如果说教堂内部除了它石砌的结构以外，没有什么可以让人去仔细观赏的，这个遗址中最

图223：独修者若望修道院花园遗址，拱廊内石砌的小房为阿拉伯式泉

美妙的部分其实是教堂后面原属于修道院的花园遗址。花园里的中心位置由两条十字交叉的小径标出，在那里立有一个阿拉伯式的古朴的泉水建筑，花园的四周有诺曼式的双柱拱券拱廊合围，这些柱头为植物叶饰的托斯卡式的双排柱都是大理石凿刻成的，在烈日下拱廊与之上的高大的棕榈、夹竹桃等热带树木的枝叶掩映成趣（图223）。由于此时游人稀少，漫步在静谧的花园里，让人在恍惚中仿佛能回到十二世纪，变成了一个在园中苦修的修士。

我结束了在这里的参观后，随后去了位于罗马路东面深巷里的西西里地区美术馆（Galleria regionale della Sicilia），沿途欣赏随机看到的街景和建筑。美术馆的收藏虽然颇值得一看，但是并没有文艺复兴等时期大师们的作品。尽管如此，我还是在博物馆中花了约一个半小时的时间参观包括雕刻、绘画甚至家具等历代艺术品。

参观完地区美术馆，我便完成了在巴勒莫的全部观光计划。在这一天余下的时间里，我除了找餐馆吃饭、逛街以外，就是为明天离开这里前往南意大利的那波利市做准备。我决定乘坐明天一早出发的跨海火车前往，全程需要6个多小时。在疫情期间，这么漫长的火车旅行将是对耐力和运气的考验。

2021年7月2日

古西西里地图

A.纳克所；B.卡塔奈（卡塔尼亚）；C.德尔菲的墨伽剌；D.它普所（Thapsos）；E.各拉；F.卡马里纳；G.叙剌古；H.勒昂提挪（Leontinoi）；I.贺牢洛（Heloros）；J.臧克累（墨西拿）；K.阿克剌迦（阿格里真托）；L.米诺的赫剌克勒；M.色利努（色林农特）；N.希墨剌；O.厄各斯塔（色各斯塔）；P.帕诺耳谟（巴勒莫）；Q.陶罗墨尼翁（陶耳米纳）；R.埃特纳火山

壹卷
YE BOOK

洞 见 人 和 时 代

官 方 微 博：@壹卷YeBook
官 方 豆 瓣：壹卷YeBook
微信公众号：壹卷YeBook
媒 体 联 系：yebook2019@163.com

壹卷工作室
微信公众号